网络生态治理现代化研究

杨选华 著

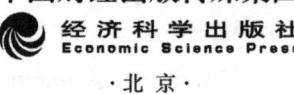

中国财经出版传媒集团
经济科学出版社
Economic Science Press
·北京·

图书在版编目（CIP）数据

网络生态治理现代化研究 / 杨选华著． -- 北京：经济科学出版社，2025.4． -- ISBN 978-7-5218-6909-5

Ⅰ．TP393.4

中国国家版本馆 CIP 数据核字第 2025BK5040 号

责任编辑：宋　涛
责任校对：李　建
责任印制：范　艳

网络生态治理现代化研究

WANGLUO SHENGTAI ZHILI XIANDAIHUA YANJIU

杨选华　著

经济科学出版社出版、发行　新华书店经销
社址：北京市海淀区阜成路甲 28 号　邮编：100142
总编部电话：010-88191217　发行部电话：010-88191522
网址：www.esp.com.cn
电子邮箱：esp@esp.com.cn
天猫网店：经济科学出版社旗舰店
网址：http://jjkxcbs.tmall.com
北京季蜂印刷有限公司印装
710×1000　16 开　18.25 印张　236000 字
2025 年 4 月第 1 版　2025 年 4 月第 1 次印刷
ISBN 978-7-5218-6909-5　定价：92.00 元
(图书出现印装问题，本社负责调换。电话：010-88191545)
(版权所有　侵权必究　打击盗版　举报热线：010-88191661
QQ：2242791300　营销中心电话：010-88191537
电子邮箱：dbts@esp.com.cn)

前 言

随着互联网的发展而兴起的网络文明,是人类文明发展历程的新阶段,同时也是现代社会进步的关键指标。党中央始终高度重视网络生态治理和网络文明构建。2000年,第九届全国人民代表大会常务委员会第十九次会议通过了《全国人民代表大会常务委员会关于维护互联网安全的决定》,该决定旨在促进中国互联网的健康发展,维护国家安全与社会公共利益,保障个人、法人及其他组织的合法权益。党的十八大以来,以习近平同志为核心的党中央对网络生态治理和网络文明建设给予了高度重视。2014年,中央网络安全和信息化领导小组成立,习近平担任组长。2018年领导小组改为中央网络安全和信息化委员会,该委员会负责统筹协调涉及中国网络信息安全的重大问题,并实施了多项重要决策和部署,推动中国网信工作取得了历史性成就,开创了具有中国特色的网络治理模式。

习近平总书记在2014年的首届世界互联网大会上提出了"国际互联网治理体系"的概念。随后,在2015年的第二届世界互联网大会上,他强调了"依法开展网络生态治理"和"推进全球网络生态治理体系变革",使得"互联网治理体系"与"网络空间命运共同体"的概念变得更加清晰。在

2016年的全国网络安全和信息化工作座谈会上，习近平总书记指出："网络空间天朗气清、生态良好，符合人民利益。网络空间乌烟瘴气、生态恶化，不符合人民利益。"① 在2017年的第四届世界互联网大会上，习近平总书记宣布"全球互联网治理体系变革进入关键时期，构建网络空间命运共同体日益成为国际社会的广泛共识。"② 到了2018年，在全国网络安全和信息化工作会议上，习近平总书记深入阐述了网络强国战略思想，并强调了需要形成由党委领导、政府管理、企业履责、社会监督、网民自律多主体参与，经济、法律、技术多种手段相结合的网络治理格局。2019年，党的十九届四中全会通过的《中共中央关于推进国家治理体系和治理能力现代化若干重大问题的决定》中，提到了"建立健全网络综合治理体系，加强和创新互联网内容建设，落实互联网企业信息管理主体责任，全面提高网络治理能力，营造清朗的网络空间。"③

2020年，党的十九届五中全会提出"加强网络文明建设，发展积极健康的网络文化"的战略部署。2021年，中共中央办公厅、国务院办公厅公布《关于加强网络文明建设的意见》，详细阐述了网络文明建设的指导思想与目标任务。同年11月，习近平总书记在致首届中国网络文明大会的贺信中强调："网络文明是新形势下社会文明的重要内容，是

---

① 胡江春，谢华. 还网络一个清朗空间[J]. 新湘评论，2017（14）：18-19.
② 全球互联网治理体系变革进入关键时期 习近平贺信给出中国方案[EB/OL].（2017-12-04）[2024-06-03]. http://news.cctv.com/2017/12/04/ARTIVojgAl0oNkcN4c6yFT8J171204.
③ 班玉冰. 多元共建推进网络空间治理现代化[J]. 海峡通讯，2019（12）：2.

建设网络强国的重要领域。近年来，我国积极推进互联网内容建设，弘扬新风正气，深化网络生态治理，网络文明建设取得明显成效。要坚持发展和治理相统一、网上和网下相融合，广泛汇聚向上向善力量。各级党委和政府应该承担起责任，网络平台、社会组织、广大网民等应该发挥积极作用，共同推进文明办网、文明用网、文明上网，以时代新风塑造和净化网络空间，共建网上美好精神家园。"① 这深刻阐释了在新的历史条件下，加强网络生态治理和网络文明建设的重要性及实施路径，为我国网络生态治理和网络文明建设提供了明确方向和根本遵循。

当前我国网络社会日渐清朗，积极健康、向上向善的网络生态文明正加速培育，网络社会精神文明程度也不断提升。我们要坚决贯彻落实习近平总书记系列重要讲话精神，不断增强推进网络文明建设的政治责任感、历史使命感、现实紧迫感，自觉把思想和行动统一到党中央重大决策部署上来，自觉参与网络生态治理，加强网络文明建设，努力为全面建设社会主义现代化国家提供坚强思想保证、强大精神动力、有力舆论支持、良好文化条件、坚实群众基础，共筑美好精神家园。

---

① 习近平致首届中国网络文明大会的贺信［EB/OL］.（2021-11-19）［2024-06-03］. https：//baijiahao.baidu.com/s?id=1716824771451218594&wfr=spider&for=pc.

目 录

第一章　网络生态治理现代化的重要意义……………………… 1

　　第一节　建设社会主义精神文明，满足人民美好生活需要…… 2
　　第二节　维护网络空间社会秩序，推进国家治理能力现代化… 11
　　第三节　加快实施网络强国战略，增强我国网络国际话语权… 18

第二章　网络生态治理的理论依据与指导原则………………… 28

　　第一节　网络生态治理的理论依据…………………………… 28
　　第二节　网络生态治理的指导原则…………………………… 32

第三章　网络生态治理的总体布局与国际经验………………… 47

　　第一节　网络生态治理的总体布局…………………………… 47
　　第二节　网络生态治理的国际经验…………………………… 67

第四章　网络生态治理现代化的制度体系……………………… 88

　　第一节　加强网络生态治理的党委领导制度………………… 90
　　第二节　加强网络生态治理的政府负责制度………………… 105
　　第三节　加强网络生态治理的民主监督制度………………… 120

第四节　加强网络生态治理的社会协同制度……………… 134
　　第五节　加强网络生态治理的公众参与制度……………… 141
　　第六节　加强网络生态治理的法治保障制度……………… 158
　　第七节　加强网络生态治理的人才培养制度……………… 179

第五章　网络生态治理现代化的实践路径………………………… 197
　　第一节　加强网络生态治理的思想引领…………………… 197
　　第二节　加强网络生态治理的文化培育…………………… 202
　　第三节　加强网络生态治理的道德建设…………………… 220
　　第四节　加强网络生态治理的文明创建…………………… 226
　　第五节　加强网络生态治理的行为规范…………………… 233
　　第六节　加强网络生态治理的话语导向…………………… 241
　　第七节　加强网络生态治理的技术创新…………………… 246

参考文献……………………………………………………………… 274

第一章

网络生态治理现代化的重要意义

党的十八届三中全会对推进国家治理现代化提出了明确要求,特别指出需要加快完善网络生态治理的新举措。党的十八届四中全会进一步强调了依法治国的重要性,并着力加快网络生态治理的新形态发展。在2015年的国务院《政府工作报告》中,引入了"互联网+"行动计划,目的在于加速网络生态治理。同年12月16日,习近平总书记在第二届世界互联网大会上提出了关于构建网络空间命运共同体的相关主张,强调"保障网络安全,促进有序发展,构建网络生态治理体系,促进公平正义"。此外,习近平总书记的其他论述,如"没有网络安全就没有国家安全"[1]"建设网络强国"[2]"共同构建和平、安全、开放、合作的网络空间"[3]等,也凸显了网络安全的至关重要性。这些观点在"互联网+"信息技术迅速发展和网络空间重塑的当下尤为关键。加强网络生态治理不仅关系到广大人民群众的根本利益,还对建设社会主义精神文明、推动国家治理现代化以及保障国家安全和社会稳定起到了关键作用。当前我国正处于"互联网+"信息技术发展与网络空间重塑的关键时期,加强网络生态治理对维护最广大人民的根本利益、建设社会主义精神文明、推动国家治理现代化以及保障国家安全和社会稳定起到了关键作用。

---

[1] 沈昌祥.关于我国构建主动防御技术保障体系的思考[J].中国金融电脑,2015(1):4.
[2] 赵银平.建设网络强国——习近平一直"在线"[J].理论导报,2019(4):7-19.
[3] 杨冬梅."互联网+"时代网络空间治理策略[J].哈尔滨市委党校学报,2015(6):5.

第一节　建设社会主义精神文明，满足人民美好生活需要

在互联网快速发展的背景下，信息传播也逐渐呈现多样化趋势，伴随信息传播速度的提升以及传播渠道的进一步扩展，不管是对于经济发展、社会进步，还是科技普及等都产生了显著的正向作用。网络公众的思想观念和生活方式也因此悄然发生变化。当前我国网民数量已超过十亿人，尤其是手机上网比例达99.2%，领域涵盖了在线政务服务、远程办公、网络新闻、网络视频、在线教育、在线医疗、电商直播、网络零售、网络支付，网民规模不容小觑。网络已成为公众政治生活、物质生活、精神生活的重要场域。随着互联网在日常生活中的渗透愈加深入，公众对网络的依赖也随之不断增强。这种依赖既影响着公众的精神状态，也对社会文明程度产生了显著影响。因此，构建一个风清气正、积极向上的网络空间，成为弘扬民族精神和时代精神的重要途径。此外，互联网也成为继承和发扬中华优秀传统文化的新平台，对社会主义精神文明的建设起到了重要的促进作用。这些因素共同作用，形成了网络文化对现代社会的深远影响。

互联网作为信息和沟通的新平台，极大地扩展了个人发表言论的空间，网民既可以通过网络成为自媒体或草根新闻发布者，又能够借助图片、视频、音频等新媒体应用发布原创内容。然而，随着网络新媒体和移动媒体的兴起，网络空间也变成了各种声音的集散地。这种开放性虽然提供了前所未有的便利，但同时也带来了一些难以避免的干扰与困惑。网络环境中存在散布虚假信息的问题，如错误的新闻报道、在论坛和聊天室中出现的侮辱性言论和网络暴力等；互联网的匿

名性和开放性也助长了低俗文化的传播、网络诈骗事件的频发,以及个人隐私信息的非法传播和滥用。这些问题不仅侵犯了个人隐私,扰乱了公众的日常生活,还对经济社会的发展乃至国家安全构成了威胁。因此,如何有效治理这些网络现象,确保网络环境的健康发展,已经成为网络生态治理的关键任务。

世界变得越来越小,网络突破时空制约,时效性大大提升。互联网的高度发展极大缩短了信息传播的流程,减少了传播过程中的制约因素。在这种环境下,信息发布者既可以成为传播的主体,也可以转变为信息的接收者,这使得公共危机相关信息能够迅速传播。互联网使全球社会日益紧密,形成了人类命运共同体的新局面,但同时也对国家的主权、安全、发展利益提出了新的挑战。侵犯个人隐私、侵犯知识产权的行为频繁发生,网络犯罪、网络监视和网络恐怖攻击等活动在全球范围内不断上演,已成为国际社会需要共同应对的公共灾难。除此之外,一些公关公司通过有序分工的产业链,策划各类主题,利用网络影响力大的人物("大V")推波助澜,主导舆论的发展方向。一些网络媒介平台通过出售排名、榜单位置等评价指标,积极参与这一市场活动中,从中获利。在这种情况下,舆论成为营销的工具,热搜瞬间成为赚钱盈利的工具,群体事件在网络空间中持续发酵,口水与流量不断涌入。

网络社会结构作为一个高度开放的动态系统,伴随信息技术革命的快速发展,相应地引发了一系列治理问题。这些问题涉及多个方面,包括数据安全、隐私保护、信息真实性以及网络犯罪等。动态系统的特性导致网络环境不断变化,这要求治理策略也需要具备相应的灵活性和适应性,以有效应对信息时代带来的挑战。网民参与网络生态治理,其主体作用发挥将直接影响公共领域的功能与存在的意义。但是,网民素质参差不齐,网络暴力文化、负能量可能产生并迅速蔓延。网络空间作为现实社会的映射,其中存在的问题无疑会对现实生活产生深远影响。尤其是在社会主义精神文明建设方面，网络空间的诸多挑战亟须得到系统性解决。强化网络文明建设成为应对这些挑战的关键途径。首先，加强网民公共精神教育，通过教育增强网民的社会责任感和法治意识，可以有效提高其网络文明素养。例如，通过学校教育、社区活动以及媒体宣传，普及网络道德和法律知识，使网民更加理解和重视网络行为的社会影响，此外，建立和完善网络行为规范也是提升网络文明的有效手段。培养网民的自律意识，引导他们依法上网、文明上网，是构建健康网络环境的基础。制定明确的网络行为指导原则和监管措施，可以引导网民在享受网络服务的同时，恪守网络伦理。开展网上文明实践活动对于推广网络文明同样重要。通过"争做中国好网民""文明使者""讲文明树新风"等主题活动，既可以激发网民的文明自律精神，又可以增强网民的公共参与意识。此类活动通过示范效应，鼓励广大网民遵守网络道德和管理法规，形成文明表达、理性表达的网络交流习惯。通过这些策略的实施，可以逐步形成一个文明、理性、法治的网络环境，从而为推进新时代中国特色社会主义生态文明建设提供坚实的支撑。

加强网络生态治理和网络文明建设反映了以人民为中心的发展思想，体现了对社会和人民的责任感。[①]这种做法符合社会主要矛盾的变化，顺应了人民对美好生活的向往，是维护广大人民根本利益的必然选择。互联网的普及和发展已深刻改变了公众的日常生活。社交媒体应用如微信、微博、微视频及各种App的广泛使用，对媒体格局和舆论生态产生了深远的影响。网络社交成为公众生活的重要部分，网络文明的倡导因此成为社会关注的焦点。在这种背景下，构建一个风清气正的网络环境变得尤为迫切，这反映了公众对健康网络生态的期待

---

① 夏红莉.新时代加强网络文明建设问题研究［J］.安徽行政学院学报，2021（2）：77-82.

和要求。如何在不断变化的社会条件下维护网络环境的清洁和秩序，成为当前社会发展的重要议题。

网络空间已成为现实社会不可分割的一部分，网络文明建设是现代社会有序运行的关键条件之一，同时也是社会道德文明构建的重要方面。在当前的信息环境中，由于信息量巨大且复杂，公众能够通过多种渠道迅速获取信息，交流互动变得异常便捷，资讯内容越发丰富。这种环境促使网民的思想活跃，不同观念的碰撞引发了思想的多元化和价值取向的多样化，带来了一系列新的挑战，尤其是在净化和治理网络环境方面的任务越发艰巨。在互联网信息的大潮中，如果社会主流价值声音不能适时表达，就可能被庞大的信息量所淹没。因此，开展网络生态治理和建设网络文明有利于公众在网络社会中更好地协调人际关系，规范网络行为，还有助于社交网络秩序的建立，保持网络社会的良性运转。网络文明建设对于在网络媒体传播环境中维持有效的道德文明引导，传播主流价值观念，以及发挥积极正面的社会影响力具有重要作用。作为开放式的信息传播和交流工具，互联网是社会主义精神文明建设的主战场，也是正能量传播的关键平台。因此，提升广大网民的网络道德水平已经成为公民道德建设乃至国家社会主义精神文明建设的重要组成部分。这种情况下，网络文明的建设和维护对于营造健康的社会环境和促进社会的全面发展具有深远的影响。

"互联网不是法外之地"[①]。在互联网这个广阔的领域中，适当的网络规制和法律治理成为保障网络安全和社会稳定的基础。正如"法律是准绳，任何时候都必须遵循；道德是基石，任何时候都不可忽视"[②]，这一准则在中国的网络生态治理中也得到了应用。法治和德治

---

① 梁野.跨语言舆情传播与控制研究[M].北京：光明日报出版社，2021：204.
② 周仕凭.建设美丽中国，法律与道德"双管齐下"[J].环境教育，2018（9）：1.

需要并驾齐驱，道德要求应当贯穿法治建设之中，以此引导社会向善。随着全面依法治国的步伐加快，网络法治在推动法治国家建设中扮演了重要角色。网络环境因其特殊性，丰富了法律关系的形态，并在其中体现了法治的有效性。从互联网发展之初，中国便秉承依法管理的原则来进行网络生态治理。多年的实践已使中国网络法治管理体系趋向成熟，整体安全可控，舆论也逐渐趋向理性。然而，网络空间的治理仍面临不少挑战。网络空间作为一个多元化的公共平台，反映了各种社会矛盾和问题。法律的施行与道德的引导关乎网络环境的健康发展和公共秩序的维护。在法治和德治的共同推动下，网络生态治理的路径虽然复杂，但也在逐步展现出其正面的影响。

坚持依法治网、依法办网、依法上网的原则，是确保互联网沿法治轨道健康运行的关键。此原则在新时代依法治网的基本目标中得到了系统阐述，强调了网络法治的全面实施。立法、执法、守法构成了维护网络法治的三维结构。通过这一结构，可以逐层保障人民权益、维护网络安全、净化网络环境，并逐步形成法律自觉的嵌套制度体系。这种体系的构建不仅涉及网络环境本身，还涉及广泛的社会层面。在法治国家建设的核心架构中，法治国家、法治政府、法治社会的构建需聚焦重点、难点、关键点及根本点，形成三位一体的现代化法治体系。这一体系的构建是中国网络法治化进程中的核心内容，旨在通过法治思维和法治方式管控和治理网络，确保网络空间的法律秩序。从发展路径来看，应采用法治思维和法治方式来管理和治理网络。这种方式强调从实际问题出发，针对网络空间的不法行为进行规范，从而确保网络环境的公正与安全。这种基于问题导向的法治实践，是中国网络法治化建设的关键方向，也是其持续发展的基石。依法治网的实践如图1-1所示。

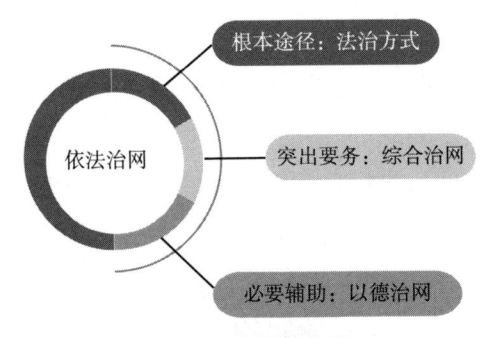

第一章
网络生态治理现代化的重要意义

图 1-1　依法治网的实践

　　第一，以法治方式为根本途径。根据《中国互联网法规汇编》，国内目前实施的专门互联网立法共计 86 件，这些法规涵盖法律、行政法规、部门规章、规范性文件以及司法解释五大类。① 自党的十八大以来，以习近平同志为核心的党中央在全面依法治国及建设网络强国的过程中，开辟了一条既符合国际通行做法、又具有中国特色的依法治网之路。此举为全球互联网治理提供了中国智慧和方案。在网络生态治理的法治融合方面，中国提出的重要论述具有战略价值，深谙网络治理的基本规律，并在实践中作出了重点部署。这些论述涵盖了从"法治思维"到"网络立法""网络执法""网络监督""国际网络新秩序"的五个维度，呈现了逻辑的延展。这种结构化的逻辑揭示了网络法治实践的多层面影响，也阐明了其根本目标在于维护网络安全，以及保障中国特色社会主义事业建设的顺利推进。这些法律框架和政策导向表明，坚持依法治网是中国自互联网在国内普及以来持续深化的决策部署。该策略是网络治理的基本方向，也是中国特色治网之道的根本遵循和基础特征。这一系列法规和措施确保了中国网络空间的健康发展和国家安全，同时也展示了中国在网络法治方面的独到见解和实践成效。

---

① 王秀．习近平网络空间治理重要论述研究［D］．兰州：兰州大学，2020：17.

第二,将综合治网作为突出要务。中国正在由网络大国迈向网络强国的关键阶段,这一过程中的网络治理实践孕育了具有中国特色的治网布局。历经多年的网络治理实践,中国网络治理经历了从科研主导到产业发展主导,进而转向媒体的意识形态管理,最后达到网络空间的主导地位的三次重心转移。[①] 在这一过程中,逐步建立了一个涉及政府、企业与社会各方的公共协商治理结构。这种多方参与的治理结构是对中国网络空间特有情况的适应,反映了综合治网的复杂性和系统性。随着网络空间的扩大和重要性的增强,这种公共协商的治理模式提供了一个平台,通过它各相关方可以协商,形成更为高效和包容的网络治理机制。关于网络治理资源、权限和结构的多方面配置方面,在经历了"先发展,后管理,再治理"的探索过程后,逐渐形成了以政府权威引导、网信行业自律、公民行为规范为核心的治网结构。此结构体现了从顶层到基层的广泛参与。在提升网络综合治理能力方面,强调了多主体的参与,包括党委领导、政府管理、企业履责、社会监督与网民自律,结合经济、法律与技术的手段。[②] 这种多元化参与确保了治理措施的全面性与有效性,同时促进了网络空间的有序发展。提出网络综合治理格局的思路标志着对传统网络治理方式的重要改进,有效解决了权责归属的问题。这种改进符合新时代中国网络生态治理的战略要求,展示了现代国际治理理论在中国互联网领域的应用,同时也体现了与时俱进和本土化的适应性。通过整合多种治理资源和主体,这一格局加强了网络生态治理的系统性和协调性,促进了网络空间的健康与有序发展,确保了治理活动的高效与前瞻性。

---

① 方兴东,张静.中国特色的网络治理演进历程和治网之道——中国网络治理史纲要和中国路径模式的选择[J].汕头大学学报(人文社会科学版),2016(2):5-18.

② 何洁.落实网络强国战略大力加强网络生态建设[J].西部学刊,2020(15):3.

第三，以德治网为必要辅助。美国计算机协会的《伦理与职业行为准则》明确八项网络道德规范，为网络空间道德治理树立了标杆。2000年12月7日，文化部、团中央、广电总局等十家单位联合发起"网络文明工程"，倡导文明上网、文明建网，并启动了网络文明工程绿色行动计划，表明了中国在推广网络道德规范方面的决心和努力。虽然网络伦理和网络法律服务于相似的社会功能——协调和解决网络中的矛盾与冲突，但道德教育在培养网民自我约束力方面发挥着独特的作用。"要加强网络伦理、网络文明建设，发挥道德教化引导作用，用人类文明优秀成果滋养网络空间、修复网络生态。"[①]这是网络治理的一部分，也是文化传播的重要途径。利用互联网的传播优势，打造文化交流的共享平台，可以有效促进国内外优秀文化的交流和共享。通过这种方式，网络空间并不只是信息传播的场所，而且成为文化交流的新前沿。同时，这也有助于培育一个积极健康、向上向善的网络文化环境。以德治网的关键突破点在于激发网民对网络伦理规范的内在思考，进而提高其遵循网络道德规范的自觉性。通过这种方式，网络空间能够得到实质性的文化滋养和道德提升，从而有效传递社会正能量，弘扬中国的主旋律。这种以道德武装头脑、推动实践的方式是提高网民道德素质的根本目标。

网络生态治理作为一个长期且复杂的系统项目，依赖于多元主体的参与以及德法并重的治理方法。随着网络技术的快速发展，技术创新和考核督导制度成为德法协同治理的关键支撑。在这一框架内，加强网络技术的创新与发展，以及提高网络监管技术的效能，是确保网络空间健康发展的重要技术措施。同时，吸收和融合国际先进的网络管理经验，并结合本国的具体实际，对强化和完善国内的网络管理制

---

① 岳鹏.习近平网络意识形态建设系列论述的核心要义及时代价值[J].学校党建与思想教育，2019（22）：4-8.

度至关重要。这包括从系统层面完善网络生态治理的问责制、责任制、应急处理机制及安全管理制度，以构建一个更为全面和规范的网络治理体系，此外，确保多元主体在网络治理责任实施过程中的考核制度化、常态化和规范化，也是实现有效网络治理的关键环节。通过这种方法，可以有效地监管和指导网络空间的各方参与者，确保网络治理活动的透明性和责任性。这样的系统性管理既可以促进网络空间的健康发展，也有助于提升治理效果的持续性和稳定性。在新时代背景下，建设网络强国、构建网络命运共同体及推动中华民族的伟大复兴，为网络空间的德法协同治理提供了新的动力和期望。在网络生态治理领域，道德和法律应当发挥各自的调节优势，形成互补的治理结构。这种互补性体现在多个维度：道德与法律在规范层次上的互补，可以确保治理的全面性；在制约方式上，自律与他律的结合可以实现更有效的行为规范；在干预方式上，补救与预防的互补则能够及时纠正问题并防止其发生。[①]这种多维度的互补有助于法律的全面执行，同时还能够让道德规范深入人心，从而促进网络空间的健康发展。通过这种综合治理，网络环境将更加美丽、和谐、文明和平安，真正实现法治与道德治理的有机结合。通过调动各方资源，网络治理将更趋合作与高效，为构建法治完善、道德崇高的网络命运共同体奠定坚实基础。

在网络治理的领域中，依法治网和以德治网并行不悖，共同营造了一个更加公正和道德的网络空间。依法治网，作为依法治国战略的一部分，涵盖了立法、执法、司法、守法的全过程，而以德治网则重视道德的引导作用，加强网络空间的道德框架建设。这两种治理方式在精神层面上相互吸收，在规范实施上相互转化，促进了网络治理体系的深化和完善。这种双轨并行的治理模式，不仅加强了网络生态的

---

① 王淑芹，武林杰.法治与德治结合的正当性证成［J］.伦理学研究，2017（3）：47-50.

规范管理，也促进了网络文明的建设和网络强国的发展。此外，这一模式还致力于推动网络治理体系与治理能力的现代化，以实现网络空间的社会公平正义。最终目标是构建一个网络空间命运共同体，为全人类的福祉作出贡献。

第二节　维护网络空间社会秩序，推进国家治理能力现代化

随着我国全面深化改革的推进，社会利益结构也经历了显著的调整，引发了利益主体的多元化和利益诉求的多样化。公众的自主意识在网络社会中得到了显著增强，个体和群体在感受到自身利益受损时，越来越倾向于利用网络这一平台来表达自己的不满和诉求。在这种背景下，政府的行为和决策因网络的广泛传播而更加透明，公众对政府的监督也因此更为直接和有效。当现实中的利益表达渠道不畅通或显得形式化时，不同利益群体便会将其政治表达的重心转移到网络空间，通过转发和评论来引发舆论关注，进而推动政府作出反应或改变。在这样的网络舆论环境下，政府不能忽视由网络空间带来的压力。这种由下而上的压力机制，加强了公众对政府行为的实时监督，也促使政府部门更加注重公众利益，避免行政效率低下或不作为的现象。因此，网络空间成为一个表达和解决社会矛盾的重要场所，也成为增强政府透明度和提升政府回应能力的关键平台。这种现象说明了网络政治舆论在当代社会中的活跃性及其对公众吸引力的根本原因，显示了网络在现代社会治理中的独特作用和重要性。在数字时代，网络舆论成为塑造政府形象的重要途径。在面对公共危机时，政府的处理方式将会直接影响其形象。然而，由于实际公共危机处理中的不足，政府经常面临来自网络的批评和不满。权威的官方言论，无论其

内容多么中肯，往往在公众心中激起不信任的反应。这种不信任感在网络的传播下，因蝴蝶效应而使得社会矛盾和不平等感快速扩散，有时甚至被歪曲和放大。网络空间的特性易于放大负面信息，使得政府形象受损，且这种损害难以通过传统的沟通方式迅速修复。当不满情绪在网络上获得共鸣时，对政府的对立情绪可能迅速升级，形成强大的社会反响。这种情绪一旦形成，简单的官方回应往往难以平息，而更多的需要通过实际行动来恢复公众的信任。因此，在网络时代，政府形象的正面传播变得尤为复杂。公共危机的妥善处理是政府应对网络舆论的需要，也是其长期树立良好公众形象的基础。确保在危机处理过程中能够真正做到公开透明，体现对人民利益的重视，是重建信任和权威的关键。此时，政府的形象不是单纯通过言辞来构建的，而是通过行动和公众的实际体验来验证和塑造的。

在工业时代，政府能够通过集中化的政治权力，有效地管理和调整各种社会危机，如金融危机和各类社会发展障碍，这在很大程度上得益于其在资源配置和信息传播上的控制优势。然而，互联网的兴起与普及可能会对这种权力结构产生根本的影响。随着信息技术的发展，尤其是互联网技术的进步，公众获取信息的途径变得更加广泛和即时，这改变了信息流通的格局，减少了政府在信息传播中的独占性。20世纪80年代，互联网迅速崛起，伴随而来的是社会交往行为和生活方式的变革。尽管互联网促成了信息在虚拟空间的快速流通，但这一现象也逐渐削弱了政府在网络空间的政治权力。在这样的背景下，传统的集中管控型权力模式显然需要调整。随着信息技术的发展，尤其是互联网的普及，促使政府在国家行政改革中重新思考权力的配置。政府权力的演变主要表现在内部权力从集中向分化转变，管理权力在横向与纵向上进行重新配置、分解与平衡。这种变化旨在使政府的权力结构更加符合网络时代的需求，实现与公众需求的有效对接。① 互联网的广泛应用也为公众提供了参与政治生活的新平台。在处理重大公共事件的决策过程中，政府逐渐开放门户，鼓励公众积极参与，贡献自己对公共政策的见解。既增强了政策的透明度和公众的参与感，也促进了政府与民众之间的互动和沟通。这种由信息技术推动的政府权力重构，标志着政府适应信息化社会的一个重要转型，旨在通过更加开放和动态的方式，应对数字化时代带来的挑战和机遇。政府在这一过程中，正逐步形成一个更为灵活、更能反映公众意愿的治理模式。

在当今知识经济的背景下，互联网作为信息与知识的集散地，正在重塑政府的权威。知识和信息成为支撑政府权威的核心资源，这一转变影响了政府的权力结构和行使方式。随之而来的是，政府权力的知识化和信息化既改变了权威的性质，也增加了治理的复杂性。这种复杂性源于知识和信息的固有属性——分散性和复合性。政府权力结构的转变促使行政权力的重新分配，尤其是向基层机构的下放。在这一过程中，基层机构获得了更多的决策自主权，同时也确保了公众在政治过程中的参与权和表达权。这种变化是对传统治理模式的一种创新，反映了从顶向下的单向治理向双向互动的治理模式转变的必要性。在治理模式的转变中，互联网为政府与公众之间提供了一个互动的平台，促使治理模式从线下转向线上，形成了一个更为广泛的社会参与网络。在这个网络中，政府机构、社会各方主体也参与到系统治理中来，标志着从单一政府监管向多元主体共治的趋势转变。培养互联网思维，增强社会互动能力，实现在新治理模式下的角色转换，对于打造共建共享的社会治理模式至关重要。

网络治理是国家治理结构的关键组成部分，对国家的社会安全构成了基本的制度保障。合理的政策与法律体系是构建一个积极、健康

---

① 吴林桂. 网络空间政府公共危机治理的困境与路径选择［D］. 南京：南京师范大学，2018：11.

的网络环境的基础，而互联网治理体系的持续改进则是实现这一目标的必要步骤。在全球化的今天，网络空间不单单是信息的交流平台，更是各种文化、政治观点交锋的舞台，这要求网络空间应是和平、安全、开放及富有合作精神的。随着信息技术的飞速发展，任何小范围的事件都有可能迅速蔓延，成为全球性的讨论焦点。这种现象显示了政府在危机管理中的核心角色。政府通过有效地使用媒体工具来引导公众舆论，是提升其权威和地位的一种手段。面对公共事件、群体性事件及敏感问题所引发的舆论波动，政府机构需保障舆论表达的自由，确保公众可以通过多样的渠道表达意见。与此同时，政府还应构建与公众和媒体的互动平台，公众在成为信息发布者的同时，也要成为信息的接收者和回应者。通过这种方式，政府与公众之间的平等互动，增进双方的真诚交流，相互尊重，从而营造一个和谐的网络环境。这样的互动关系，有助于政府在公众眼中树立更加积极和服务导向的形象，而不仅仅是权威的象征。

中国共产党的长期执政和成功，深受其对互联网治理重视和先进性建设的持续推动。习近平总书记在党的新闻舆论工作座谈会上明确表示："我们过不了互联网这一关，就过不了长期执政这一关。"① 这一论断凸显了互联网时代下政党治理方式的重要转变。中国共产党能够持续执政并取得显著成就，根源于其不断加强党的先进性建设，确保党能够引领时代潮流并塑造发展方向。习近平总书记对网络生态治理的重要论述，展示了党组织系统对时代变迁的敏感度和应对的前瞻性。通过这些论述，中国共产党加强了自身的政治生态建设，确保了在信息时代中的领导地位，体现了对长期执政能力的深刻认识和持续追求。政党的长期执政与其在信息化、数字化领域的适应性和治理能

---

① 车辚.中国共产党执政生态系统的思想边界控制［J］.湖北行政学院学报，2017（3）：68-74.

第一章
网络生态治理现代化的重要意义

力密切相关。在这一语境下，提高网络治理能力是技术问题的解决，更是政党先进性和领导力维持的必要条件。通过这种方式，党的理念和政策能够得到更广泛的传播和认同，进而增强政党的公信力和影响力。

中国共产党在漫长的执政过程中，逐步构建了一套符合时代发展的执政理论，这些理论涵盖了执政理念、方式、体制及基础等多个方面。在互联网这一新兴变量的影响下，对执政规律的深化理解尤显关键。其一，执政理念的核心在于"为人民服务"，这一点在网络生态治理中同样适用。互联网的普及进一步加深了党与民众的互动，也增强了对民意的理解和快速反应的能力。在网络空间中，厚植党的执政基础意味着要确保网络政策和管理实践坚持以人民为中心的发展思想，充分体现了执政为民的根本宗旨。① 其二，网络治理的方式也必须体现科学、民主和法治原则。信息化时代要求执政党在网络空间中实行科学化的管理，确保决策的民主性和透明度，同时严格依法行政，维护网络空间的法治秩序。这种方式不仅有助于提升治理的效率和公正性，还能增强公众对政策的认可和信任。其三，维护党在网络空间的领导地位，是确保执政理论与实践有效对接的关键。在数字化时代背景下，坚定不移地强化党的领导，是应对网络时代挑战的重要保障。明确党的领导地位，可以有效整合资源，统筹网络空间的各种力量，维护国家的信息安全和网络空间的秩序。

中国共产党的核心价值观包括代表先进生产力的发展要求、引领先进文化的方向以及维护最广大人民群众的根本利益。这些标准形成了党的先进性的三大支柱，并通过其治理成效进行验证。党的治理有效性既体现在政策理念的先进性上，更反映在其能否准确地把握民

---

① 习近平.决胜全面建成小康社会夺取新时代中国特色社会主义伟大胜利——在中国共产党第十九次全国代表大会上的报告［M］.北京：人民出版社，2017：61.

意、动员和团结人民大众。政策的制定是否能够正确地反映人民群众的需求和期望，是否能够实际提升人民的生活质量，这些都是衡量党的先进性的重要指标。党的政策和方针在实际执行中，需体现对广大人民利益的关照和服务。这是政治责任的体现，也是党与人民群众之间信任关系的基石。[①] 有效的治理实践，应确保政策的每一项决策都能够在满足经济发展的同时，兼顾文化与社会进步，确保政策的全面性和平衡性。网络生态治理反映了中国共产党对时代发展趋势的敏感性和适应性。这种治理策略既揭示了党在新形势下的治理活力，也标志着理论与实践的创新。网络时代的到来要求党在执政策略上展现出前瞻性和创新性，这正是保持党的先进性所需的根本动力。在当前的治理环境中，实体与网络的融合形成了双重空间，这是党面对的新执政环境。通过有效的网络生态治理，党展现了其对新技术和新媒体环境的驾驭能力。中国共产党的策略调整和政策创新，是其领导力与时代敏感性的体现。推进网络治理，是党领导下的一项重要战略部署，旨在确保党能够在信息时代保持其理论和实践的领先地位。这种领先不仅表现在技术或管理上，更体现在党通过这些新工具与社会进行更广泛、更深入的互动和联系上。互联网作为当代社会中最活跃的生产工具，不仅革新了传统的生产关系，也加速了信息的流通。网络经济的崛起，以其虚拟性质推动了生产力和生产关系的重构，开辟了发展的新路径。在这一过程中，以习近平同志为核心的党中央通过对网络信息事业的全面指导，确保了党能够有效把握和保护网络空间中的先进生产力，这是其维护先进性要求的实际体现。同样地，互联网的普及也极大丰富了文化交流的形式，推动了文化市场的繁荣。在这种背景下，党政干部的任务是培养和推广健康积极的网络文化，确保这种

---

① 曾水英，殷冬水.改革开放以来中国共产党先进性的生产逻辑与发展战略［J］.广西社会科学，2019（6）：30-37.

文化能够引领社会价值观的发展。通过这些行动，党既代表了网络空间的先进文化立场，也展现了主动诠释先进文化方向的决心。

"互联网+"为现代信息技术与党的建设的融合提供了新的视角。网络党建表现为政党在信息化时代对自身角色的再认识及其价值和功能的再评估网络党建体现了对政党的政治理念、组织结构进行现代化改革的努力，旨在通过网络系统、平台和网站的全面开发和应用，重新塑造政党的价值观念。通过网络党建，党的执政理念、方针政策得以在更广泛的范围内传播，同时也更有效地塑造了党的亲民形象。这种方式加强了政党与公众的互动，提高了政策解释的透明度和理解度。电子党务作为网络党建的关键组成部分，已经成为党务管理数字化的重要组成部分。网络党建的核心意义在于，它标志着党组织结构对网络信息时代的适应与自我革新。这种自我革新不仅仅是技术的应用，更是党组织功能和作用在现代社会背景下的一种深度适应和创新。

习近平总书记关于网络生态治理的论述为网络党建提供了明确方向，这包括网络党建的技术功能、组织功能和政治功能的全面发展。其一，网络党建的技术功能通过科技创新的应用，实现了党建信息管理系统的数字化。这种数字化转型，区别于传统的纸质运作模式，大幅提高了信息传输效率，有效降低了层级间的信息损耗。其二，网络党建的组织功能着重于党组织系统在网络空间的整合应用。网络平台的使用不仅仅是技术层面的更新，而且是组织结构重组的关键环节。通过网络空间，党组织能够更有效地整合党员信息、实施日常教育及增强党性，这一进程有利于消除传统党组织中存在的成员关系的特殊化现象，从而增强内部凝聚力。其三，网络党建的政治功能强调在网络空间中的政治引导和舆情管理。网络空间作为新时代思想政治工作的重要阵地，承担着网络党建在正面宣传和党群沟通中的基本职责。加强这一功能的建设，对深化党的政治建设具有重要意义。这些成就充分说明,党的十八大以来党中央关于加强党对网信工作集中统一领导的决策和对网信工作作出的一系列战略部署是完全正确的。我们必须旗帜鲜明、毫不动摇坚持党管互联网,加强党中央对网信工作的集中统一领导,确保网信事业始终沿着正确方向前进。①

第三节 加快实施网络强国战略,增强我国网络国际话语权

互联网技术具有其独特的双重性,既为全球化的信息交流提供便利,也带来一系列安全挑战。在当前全球政治经济格局变化的背景下,网络空间已成为各国力量角逐的新战场。网络的虚拟性和跨界性特点使其成为文化和政治影响的工具,部分国家通过网络渗透,煽动民族矛盾,传播虚假信息,这些行为不仅可能会破坏社会的稳定,也可能会威胁到主权国家的安全。网络信息的垄断现象日益严重,这对主权国家的文化安全构成挑战。信息在互联网时代变成了至关重要的资源,掌握信息的实体往往能够影响公众意见和政策决策。这种控制和影响力的集中,进一步加剧了网络空间的安全风险,展现了网络技术的复杂性和风险性。

随着互联网的普及和发展,网络空间的影响力显著增强。在这一背景下,网络犯罪活动问题也日益突出,对国际社会的安全构成严重威胁。我国在这方面始终主张不参与任何危害他国网络安全的活动,并呼吁其他国家同样不应纵容或忽视此类网络违法犯罪行为。自党的十八大以来,以习近平同志为核心的党中央加强了对互联网内容的建

---

① 庄荣文.推进网络强国建设的强大思想武器和科学行动指南[J].网信军民融合,2021(5):11-12.

设和管理，致力于培育积极健康的网络文化。推广社会主义核心价值观和人类的优秀文明成果，旨在滋养人心和提升社会的文化素质。这种对网络文化和网络安全的持续关注和努力，反映了对当前国际网络环境下意识形态渗透现象的严肃对待。这些举措，既强调了网络空间的管理重要性，也体现了文化建设在塑造健康网络环境中的关键作用。在当前的治国理政中，统筹发展与安全，增强忧患意识，并始终保持居安思危的态度是中国共产党的重要原则。[①] 这一原则要求在网络安全领域实现全面加强，确保安全措施既可管又可控。通过建立统一而高效的网络安全风险防御机制，以及实施网络安全责任制，中国的网络安全防御和震慑能力得到持续地增强。互联网，作为现代舆论斗争的中心舞台，对于意识形态安全和政权安全的维护起到了决定性作用。在这个"战场"上，能否有效抵御攻击、取得胜利，直接影响到国家的安全和稳定。加强网络文明的建设和实施网络强国战略，对于保障国家安全至关重要，同时也是提升国家治理能力的关键。

  中国持续位居全球网民数量之首，表明其在全球网络领域的重要地位。尽管我国已经成为网络大国，但在成为网络强国的道路上还面临一系列挑战。尤其是在网络信息基础设施建设和核心技术领域，还存在一定的短板。这些短板主要表现在核心技术的外部依赖性较高，以及从"中国制造"向"中国智造"的转型进程较为缓慢，这些因素共同影响了国家在网络领域的核心竞争力。独立自主一直是中国立国之本的重要原则，这一原则同样适用于网络生态治理。网络强国战略是国家整体战略的重要组成部分，强调在任何时候和任何情况下，都必须坚持网络自主性，以确保在全球网络竞争中保持战略自主和技术独立。通过加强网络基础设施建设和核心技术研发，努力克服现有短

---

① 习近平.决胜全面建成小康社会夺取新时代中国特色社会主义伟大胜利——在中国共产党第十九次全国代表大会上的报告［M］.北京：人民出版社，2017：24.

板，以推动从网络大国向网络强国的转变。发展自主可控的中国互联网根服务器是对国家网络生态治理体系的关键强化，尤其在当前国际网络环境中的国家局域网趋势下，这一措施更显重要。自主管理网络空间符合中国在全球网络治理中的立场，并且也有助于实现网络强国战略的根本目标，即自力更生。中国在提升网络生态治理能力方面的努力，旨在增强国家在全球舞台上的自信和影响力。通过建立独立的网络基础设施，中国能够更有效地参与国际网络治理中，推动构建一个尊重网络主权、自由平等的全球网络环境，此外，这也有助于保障和促进发展中国家在网络发展中的共享权益，推进一个更公平正义的国际网络治理体系。[①] 通过这种自主的网络发展模式，中国提出了网络生态治理的"中国方案"，为全球网络治理提供了新的理论支持，也示范了如何在保持国家网络主权的同时，促进国际合作与发展。这种模式强调自主与开放并重，旨在构建一个更加包容和公正的国际网络环境。

互联网的快速发展已经在全球范围内引发了对生产力和生产关系的根本变革，影响的广度和深度是其他科技成就所难以匹敌的。这种变革不仅重新定义了世界政治和经济格局，对国家主权和国家安全构成了前所未有的挑战，同时也极大地影响了不同文化和价值观念的交流、融合与对抗。在这一背景下，全球范围内的国家正面临一场新型的全方位国力竞争，其核心是对互联网发展的适应与引领。掌握互联网技术和资源，成为决定国家兴衰的关键因素。据此，全球各国均将信息化视为国家战略的核心，将其置于优先发展的位置，而争夺网络空间的发展主导权和制网权也成为国际关系中日益激烈的焦点，互联网已成为影响世界发展和变革的关键力量。在当今的全球化时代，掌

---

① 谢俊，胡歌子.习近平关于网络空间治理重要论述的研究综述［J］.重庆邮电大学学报（社会科学版），2022（2）：16-23.

第一章
网络生态治理现代化的重要意义

握互联网的国家能够引领时代，而未能充分利用互联网的国家则可能被历史潮流所淘汰。

信息化在当前全球科技革命和产业变革中提供了突破口，成为中国抢占发展先机、构筑国际竞争新优势的关键。随着云计算、大数据、物联网和人工智能等技术的迅速发展，以及与生物科技、新能源、新材料、神经科学等领域的深度融合，一场以绿色、智能、泛在为标志的技术变革正在全球范围内展开。这些技术的集成和应用，加速了劳动力、资本、能源及信息等生产要素的流动与共享，并且也促使社会生产力实现了质的飞跃。互联网及相关网络信息技术作为创新驱动发展的先锋，极大提高了人类认知世界和改造世界的能力。这些进步不仅提升了社会的整体生产效率，还反映了国家治理现代化的进程与能力水平，显示出通过技术进步实现社会治理和经济发展的紧密联系。

虽然信息化为发展带来了前所未有的机遇，但其对治国理政的影响也伴随着复杂的风险与挑战。意识形态领域内，网络空间成为某些西方国家通过互联网对我国进行渗透、颠覆、破坏的平台，这使得网络意识形态的斗争日益激烈。社会风险通过网络快速扩散的趋势也越来越明显。在网络安全方面，关键基础设施的网络安全问题成为突出的挑战，同时网络空间的军事化趋势正在加剧，网络违法犯罪活动频繁发生。技术依赖问题依然存在，国家在核心技术方面仍受制于外力，新兴的互联网技术和应用不断带来新的安全风险。从国家治理角度来看，信息化对生产生活方式带来的深刻变革，以及就业和利益结构的深度调整，都是需要紧密关注的重大风险点。在抓住信息化发展的同时，对于这些挑战的响应不能有丝毫迟疑或懈怠，以避免可能出现的历史性失误。

实施网络强国战略，关键在于最大化利用互联网。网络空间，作为一个充满潜能的领域，其价值的充分挖掘是建设技术先进、网络安全有力、在国际网络治理中拥有话语权的国家的基石。互联网被视为一个变量，其在业务发展中的作用不容忽视。"我们必须科学认识网络传播规律，提高用网治网水平，使互联网这个最大变量变成事业发展的最大增量。"① 网络生态的有效管理，旨在促进互联网生产力的提升，并与网络强国战略目标相契合，这些目标均聚焦于网络空间的潜在发展。

习近平总书记关于网络生态治理的论述准确把握了网络强国战略的关键方向和紧迫性。必须在网络治理的整体架构中优化互联网平台的使用，顺应发展趋势，确保网络强国战略的实际效果。② 网络空间不仅是信息的汇聚地，更是民意的集散地，任何忽视都将是不可取的。加强网络思想宣传口的建设，可以有效地引导公众正确使用互联网，增强网络文化的正面影响力。加强网络空间的思想宣传，有助于形成积极健康的网络文化环境，还可以增强社会主义核心价值观在网络空间的传播力和影响力。这是对网络强国战略的有效补充，也是实现网络治理现代化的重要步骤。对网络空间规律的深入理解与研究，将有助于准确把握网络空间的发展动态，提高治理效率。科学分析网络行为和网络舆情的发展趋势，可以在保障网络安全的同时，更好地满足人民群众的信息需求和文化需求，从而在复杂多变的国际环境中稳步推进网络强国建设。把握和利用网络空间这一"最大变量"，需在确保网络空间安全的前提下，充分发挥其在社会管理和文化建设中的积极作用。

自党的十八大以来，以习近平同志为核心的党中央，进一步强化了对网络安全与信息化发展的重视。为此，成立了中央网络安全和信息化领导小组，并提出了实施网络强国战略和国家大数据战略的明确

---

① 赵德光.把互联网"最大变量"变成党建"最大增量"[J].社会主义论坛，2018（10）：1.
② 王秀.习近平网络空间治理重要论述研究[D].兰州：兰州大学，2020：46.

第一章 网络生态治理现代化的重要意义

目标。① 2014 年，习近平总书记在中央网络安全和信息化领导小组会议上首次阐述了"网络强国"战略的目标，此后该战略在党的十八届五中全会上被进一步强调并纳入规划。到了党的十九大，战略部署更加宏观，不仅提出建设"网络强国""数字中国"，还强调了互联网、大数据、人工智能与实体经济的深度融合，旨在推动数字经济和共享经济的发展，从而培育经济增长的新增长点和新动能。② 这标志着中国数字经济的迅速发展。在习近平总书记的领导下，党中央不断在理论和实践上进行创新，探索具有中国特色的网络治理模式，形成了一系列关于网络安全和信息化建设的新理念和论断，这些都为"网络强国"战略思想的形成和发展奠定了基础，如图 1-2 所示。

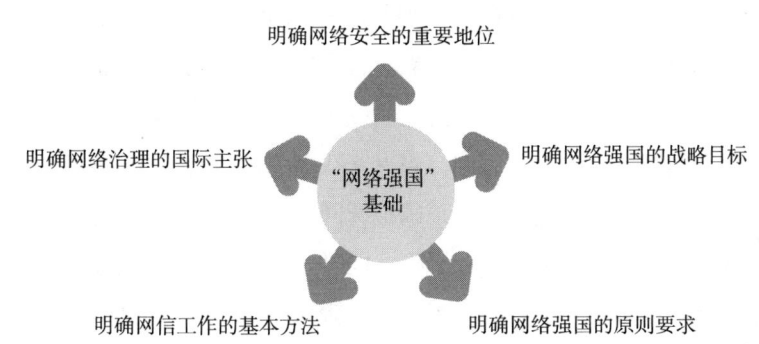

图 1-2 "网络强国"战略思想的形成和发展基础

第一，明确网络安全的重要地位。网络安全被赋予极高的战略地位，直接关系到国家安全的整体框架。认识到网络安全的关键作用是维护党的长期执政基础、保证国家的稳定与持续繁荣，以及保障经济与社会的健康发展。网络安全对民生福祉的影响不容忽视。强化网络信息工作的重要性，要求将其纳入党和国家的总体事业规划中，确保

---

① 朱佩佩，高小伶.大数据背景下高职院校网络空间治理的有效路径研究［J］.开封文化艺术职业学院学报，2019（3）：176-177.

② 郭炜.数字中国的使命——打造智慧社会［J］.中国建设信息化，2018（6）：38-41.

在党的集中统一领导下，对网络安全进行系统性的规划和管理，以应对互联网带来的挑战，确保党和国家的长期安全与发展。

第二，明确网络强国战略目标。在全面实现"两个一百年"奋斗目标及中华民族伟大复兴的背景下，网络强国战略目标被提出为重要的国家任务。该战略强调将技术创新、内容丰富、基础坚实、人才充沛及国际话语权增强作为发展要求。具体目标为实现网络基础设施的广泛普及，自主创新能力的显著提升，数字经济的全面进步，网络安全的有力保障，以及网络攻防能力的均衡发展。这些措施旨在构建一个技术领先、产业繁荣、攻防兼备的网络环境，从而确保网络空间的主导权和安全防护的不可摧毁性。

第三，明确网络强国的原则要求。网络强国战略需强调多个核心原则以确保其有效实施和长远发展。首要原则是科技创新，科技创新是引领发展的首要动力，通过信息化激发经济的新活力，推动社会进步。同时，必须坚持依法治网原则，确保互联网的运作始终符合法治框架，保障网络运行的健康与正义；正确把握网络安全视角，旨在建立坚固的国家网络安全防线，防范潜在风险，同时促进网络空间的健康发展；该战略还坚守以人民为中心的发展理念，旨在确保广大人民群众能够共享互联网改革与发展的成果，实现公共利益的最大化。这些原则共同构成了网络强国战略的基础，引导其向着全面且均衡的发展方向前进。

第四，明确网信工作的基本方法。网信工作的核心方法是多领域的统筹协调和综合治理。网络安全与信息化的建设必须通过强化合作和协调机制来实现，确保各领域的互利共赢。在此基础上，确保发展与安全、自由与秩序、开放与自主、管理与服务等对立元素之间达到平衡，是推动网络文明、网络安全、信息化建设及国际网络治理的关键。[①] 这

---

① 姜伟.新时代网络强国建设的方法论与路线图——学习习近平总书记关于网络强国的重要思想[J].国家治理，2023（23）：8-12.

些思想为网信工作提供了遵循，并应被长期坚持与不断发展。在执行这些核心方法时，需要重视国内外的大环境，对策略进行总体规划，调动各方力量，推动科技创新，从而加快我国网络强国建设的步伐。这样的方法既促进了网络与信息化的协同进步，也为国家带来了网络领域的长期稳定与繁荣。

第五，明确网络治理的国际主张。网络治理的国际主张强调在全球范围内推动互联网的和谐与有序发展。这包括尊重各国的网络主权，维护网络环境的和平与安全，促进开放性合作，以及构建一个良好的网络秩序。提倡快速发展全球网络基础设施，创造网络文化交流和共享的平台，推动网络经济的创新，保障网络安全，并努力构建一个包容的互联网治理体系。这些主张旨在促成网络空间命运共同体的构建，强调了发展、安全、治理和成果的共享。通过这种方式，各国可以共同参与，共同维护网络空间的和平与安全，共同推进开放与合作，实现网络空间的全球利益最大化，从而为全球各国人民带来实际益处。这一系列国际主张体现了一个开放、包容、合作与共赢的网络治理视角。

中国特色治网之道，源于对国内网络治理实践的深入分析与总结，已被整合进网络强国战略的理论框架中。这一道路反映了习近平总书记在中国网络发展及治理领域所坚持的独立自主和创新不断的核心思想。通过这种方式，中国不仅进一步巩固了其作为网络大国的基础，也不断加强了在全球网络生态治理中的影响力。中国特色治网之道的实施，展现了在网络技术、管理及国际合作方面的战略眼光与实践智慧，推动了中国网络治理能力的提升和国际话语权的增强。党的十九届五中全会提出实施"网络强国战略"。这关系到国家和民族的未来，具有重要深远的意义。采用大数据技术支持网络生态治理体现了对习近平总书记在该领域思想的深刻理解与实践。这种做法是对网络强国战略的落实，也符合国家大数据战略的执行要求。通过整合和分析大规模数据资源，可以更科学地把握网络治理的复杂性和动态变化，进而在提升国家网络治理水平和实现网络安全保障方面发挥关键作用。这一过程强调了数据驱动的决策支持在现代网络政策制定中的重要性。

习近平总书记关于网络生态治理的论述为网络强国战略的实施提供了具体的行动框架，涵盖价值、目标、制度、模式等多个方面的细化要求。[①] 在信息领域的发展过程中，必须在党的集中统一领导下进行，这一原则对于推动网络强国战略也同样适用。在中国的社会治理实践中，坚持中国共产党的领导是基本的政治保障，这一点在构建网络强国的过程中尤为关键。网络强国的建设需要遵循中国的基本政治经验和中国特色社会主义制度的优势，以确保施工蓝图的顺利实施。习近平总书记强调以人民为中心的治理理念，是治国理政的基本遵循，也是网络强国战略的核心价值。无论是在国家和社会的哪个发展阶段、哪个战略部署，或是哪个具体领域，以人民的福祉为核心都是必须坚持的。这种以人民为本的思想，确保了网络强国战略在推动技术和治理创新时，始终保持其为民服务的根本目的，从而有效地增强了该战略在国内外的正当性和实施力度。习近平总书记关于网络生态治理的指导思想明确了三个主要方向：增强网络空间的经济效益、创新治理手段以及培养健康的网络文化。这三个方向为网络强国战略提供了物质基础和制度保障，也增强了文化软实力。通过这种多维度的推进，网络强国战略能够持续地增效和发展，同时在国际舞台上提升网络话语权。这一路线图确保了战略的全面实施，通过系统性的发展，提升了国家在全球网络治理中的影响力和主导地位。

加强网络生态治理与构建网络强国是中国在全球网络舞台上增强信心和能力的关键。通过这种努力，中国才能够在尊重各国网络主权

---

① 王秀.习近平网络空间治理重要论述研究［D］.兰州：兰州大学，2020：46.

第一章
网络生态治理现代化的重要意义

的国际倡议中发挥领导作用，确保发展中国家能共享互联网的发展成果。中国的参与也旨在推动国际网络治理体系朝着更加公正和正义的方向发展。通过这样的贡献，中国希望为全球网络生态治理体系的变革提供新的动力和中国的解决方案，从而促进全球网络环境的健康和持续发展。

推动网络强国和构建网络文明的进程被视为推进社会主义现代化国家全面发展的关键环节。这一过程既涉及物质文明的增长，也关系到精神文明的提升，两者相互依赖，共同促进中国梦的实现。网络文明的不断进步，无疑是文化传承和发展的现代表现形式，它对于文化的弘扬与繁荣起到了基础性的作用。在加速网络强国建设的同时，核心技术的突破、基础设施的完善、数字经济的繁荣及网络安全的加固，均为必要条件。然而，构建良好的网络生态同样不可或缺，这包括丰富的网络服务、优质的网络内容和健康的网络文化。在这一框架下，网络文明建设被纳入网络信息事业的高质量发展中，发挥着汇聚民心、教育新人、丰富文化生活、提升国家形象等多方面的作用。通过积极传播网络正能量，网络平台成为展示社会主义核心价值观和弘扬真善美的重要阵地，此外，建设线上线下的同心圆，也是夯实全国人民团结奋斗的思想基础的重要措施，有助于形成广泛的社会共识和集体认同。

第二章

网络生态治理的理论依据与指导原则

第一节　网络生态治理的理论依据

马克思与恩格斯对科技创新的哲学分析强调了技术进步在社会变革中的核心作用。马克思在著作《机器、自然力和科学应用》中，深入探讨了科技在资本主义社会中的作用和表现。马克思、恩格斯的科技创新思想，涵盖了科技与社会互动的多个方面，包括科技在实践中的应用、科技创新对价值的贡献、技术带来的异化现象以及技术发展所伴随的风险等。这些思想在他们的理论体系中占有重要地位，并且也为后续社会主义国家在追求科技进步和现代化建设中提供了理论基础。马克思与恩格斯关于科技创新的理论，强调了技术发展与社会结构变动之间的密切关联，进一步阐明了科技力量在推动历史进程中的重要性。这为理解技术如何在不同社会制度中发挥作用提供了深刻见解，并对现代社会主义国家在科技策略方面的决策提供了指导。在无产阶级革命的背景下，列宁基于马克思和恩格斯关于科技的理论，进一步发展了科技实践的思想，强调了先进技术在构建社会主义国家中的核心地位。他认为，掌握现代生产技术是改善生产条件的关键。[①]随后，斯大林推动了苏联重工业化的经济战略，明确提出建设过程中

---

① 列宁全集　第30卷［M］.北京：人民出版社，1985：394.

对科学知识的需求,[1]实质上继承并发展了列宁及其前辈的科技创新观念。这些理论进展表明,经典的马克思主义理论家们深刻理解了科学技术在社会发展中的决定性作用,认识到科技进步是历史发展的客观规律。

中国共产党人在马克思主义的科技生产力理念基础上进行了创新与拓展。在中国社会主义的改造与建设期间,毛泽东深入研究马克思与恩格斯的经典著作,吸收其理论精髓,提出了技术革命的概念,强调科技现代化是实现国家富强的关键。[2]邓小平首次明确提出"科学技术是第一生产力",突出了党在科技发展中的引领作用。[3]江泽民明确提出"在全国形成实施科教兴国战略的热潮",认为科学技术是先进生产力的核心和标志,这一观点基于对马克思主义科技观的深入理解,并且结合了中国实际情况进行了创新性探索,涵盖了科技、人才、教育和制度等多个方面。中国的科技政策强调了创新在国家发展中的关键作用。2006年,在全国科学技术大会上,胡锦涛特别提出"重点跨越,就是坚持有所为有所不为,选择具有一定基础和优势、关系国计民生和国家安全的关键领域,集中力量、重点突破,实现跨越式发展。"[4]此战略指向科技发展的重要性,也强调了在关键科技领域集中资源以实现重大突破的必要性。2010年,在中国科学院和中国工程院的院士大会上,进一步强化了科技在国家安全和公共安全体系中的作用,指出:"要加快发展空间安全、海洋安全、生物安全、信息网络安全技术,提高对传统和非传统国家安全和公共安全的监测、

---

[1] 斯大林全集 第11卷[M].北京:人民出版社,1955:65.
[2] 毛泽东文集 第7卷[M].北京:人民出版社,1999:316.
[3] 张仲秋.世纪性的总结 人类认识的升华——纪念邓小平科学技术是第一生产力讲话发表十周年[J].党政干部学刊,1998(11):2.
[4] 《全国科学技术大会在京开幕 胡锦涛发表重要讲话》,中华人民共和国科学技术部,2022年5月27日。

预警、应对、管理能力，加强安全生产技术研究和推广，构建先进国家安全和公共安全体系，有效防范对人民生活和生态环境的生物威胁，维护信息和网络空间安全，维护国家利益，捍卫国家主权，保障社会稳定。"①

在互联网时代的背景下，习近平总书记针对网络生态治理提出的深入论述，体现了对历史发展和现代需求的全面理解。从人类社会及国家发展的综合视角分析，习近平总书记指出互联网在当前发展阶段的核心地位，并围绕网络治理的主权、安全、自由和秩序问题进行了详细阐释。②通过对网络政治、经济、文化、生态及国防空间的系统分析，确立了网络生态治理的多维视角。这种视角强调了网络治理的复杂性与多样性，指出在不同国家与社会阶段中，互联网扮演的角色及其管理都需灵活适应时代的需求。关于网络安全与自由的平衡，只有在保障国家安全和社会秩序的前提下，网络自由才能得到真正的保障和发展。在构建网络空间命运共同体的过程中，提倡国际化沟通与合作，强调共享网络成果的重要性。这一点在当前全球化与互联网高度融合的背景下显得尤为重要。习近平总书记关于网络强国的重要思想为中国网络生态治理提供了方向，也为国际社会在互联网时代的共同发展提供了思路，其继承并发展了马克思主义的科技观，同时也吸纳了先前中国共产党领导人关于科技与网络的思想，表现了对传统理论的创新与实践的深入应用。通过这种理论与实践的结合，习近平总书记关于网络强国的重要思想既具有理论的深度，也具备操作的可行性，为网络空间的治理提供了全新的视角和方法。

网络生态治理理论，源于西方治理的广泛框架，适应了治理从实

---

① 《两院院士纵论科技发展重点：创新中国科技为先》，新华社，2010年6月10日。
② 刘先春，王秀.习近平关于网络空间治理重要论述的三大特征［J］.广西社会科学，2020（3）：12-18.

第二章
网络生态治理的理论依据与指导原则

体社会到数字世界的转变。西方的治理理论倾向于通过协商民主实现权力的多元分布，倡导去中心化，反映现代政治理念中的自由与平等的原则。这种思想在网络生态治理中得到特别的体现，其中治理主体不仅局限于传统的政府角色，而且涵盖了各种网络主体，如企业、民间团体及个人。这种转变揭示了网络空间治理的核心特征——多边多元主体的协作与交流。[①]网络治理的实质在于如何在保持网络自由与开放的同时，确保安全与秩序，此外，网络生态治理模式还考虑到网络世界的全球性和无边界特征，追求在全球范围内构建共识与合作。

在全球治理理论的讨论中，西方的治理观点往往占据主导地位，这一现象在中国治理理论的发展过程中尤为明显。中国的学术界长期以来在引介与批评西方概念中寻求理论的突破，但不可避免地面临文本意义的偏移和理论话语的外来依附。这种状况导致了中国治理理论在寻求自我定位和话语权构建上的困境。在此框架下，习近平总书记就网络生态治理提出了一系列创新论述，这些观点既针对当前的治理挑战，也回应了中国在全球治理话语中的定位需求。习近平总书记的重要论述深刻地体现了中国治理理论的本土化转型，强调了在理解治理的基本原则的同时，将国家、市场和社会的动力融合于网络治理的实践中。这种合作式治网模式，旨在建立一个既符合国际治理趋势又具有中国特色的治理框架，有效地打破了以往对西方理论的依赖，缓解了中国学界在治理理论创新上的集体焦虑。通过这种方式，中国不仅在网络生态治理领域取得了理论上的突破，同时也在国际治理论坛上重塑了话语权，展示了中国对全球治理理论贡献的信心和能力。

在网络生态治理的早期发展阶段，网络自由主义成为一种主导思想，主张互联网应保持其自由、平等和开放的特性，对互联网的规制持保留态度。这一观点对美国及其他西方国家的网络治理策略产生了

[①] 王秀.习近平网络空间治理重要论述研究[D].兰州：兰州大学，2020：36.

深远影响，并在后续的实践中形成了具体的治理框架。在美国的网络治理模式中，自由主义的理念被用来强调技术团体的作用，同时相对削弱了政府在网络治理中的权威。这种做法在国际层面上也有所体现，美国在国际网络治理的讨论中故意保持模糊立场，排斥发展中国家的参与，制造了一种围绕核心盟友的封闭圈子，从而在话语上限制了其他国家的参与和表达。在这种国际网络治理环境中，中国作为一个网络发展较晚的国家，面临着由美国主导的网络治理模式带来的话语压制。习近平总书记关于网络生态治理的一系列论述针对这一现状提出了中国的立场，强调需要加强国际合作，推动构建更加公正合理的全球网络治理体系。他的讲话为中国在网络生态治理领域争取到了应有的国际话语权，还促进了全球网络治理体系向更加平衡和包容的方向发展。

第二节　网络生态治理的指导原则

在整体综合治网理念的引领下，全面推进网络生态治理指导思想落地生根具有极大挑战性。一方面由于治理体系本身具有复杂性；另一方面由于网络特性，网络空间存在多种潜在风险与挑战。有效推进网络生态治理和网络文明建设是值得关注的重点内容，必须加强马克思主义阵地建设。

一、方向性原则

第一，网络空间的治理应积极响应社会主义意识形态的发展需求，通过与时俱进的内容更新与理论创新，增强社会主义主流意识形态的影响力和说服力。这要求在维护新时代马克思主义的阵地中持续努力之外，也需要将马克思主义的基本原理与中国特色社会主义的建设实际相结合，推动理论的不断进步与深化。在这一过程中，社会主义意识形态的话语体系应融入马克思主义经典著作的精髓，同时注重理论的实际应用与创新。中国共产党长期以来已通过将马克思主义基本原理与国内建设的具体实践相融合，逐步形成了一系列具有中国特色的马克思主义理论成果，包括毛泽东思想、邓小平理论、"三个代表"重要思想、科学发展观以及习近平新时代中国特色社会主义思想。这些理论不仅为党和国家的发展指明了方向，也有效地夯实了社会主义意识形态的基础，促进了意识形态的稳定与发展。自党的十八大以来，面对国内外形势的深刻变化，以习近平同志为核心的党中央基于新时代的历史条件和实践要求，采用创新的视角重新审视了共产党执政的规律、社会主义建设的规律以及人类社会的发展规律，取得了一系列重要的理论创新成果，最终形成了习近平新时代中国特色社会主义思想。这一思想加深了对21世纪马克思主义的理解，也展示了其强大且具有说服力的真理力量，极大地增强了我国主流意识形态话语体系的说服力和影响力。这种持续的理论创新和应用，是网络生态治理中坚持方向性原则的具体体现，它确保了网络空间的内容管理既符合国家的意识形态需求，也符合时代要求。

　　第二，网络空间治理需要对意识形态话语体系传播方式进行创新与强化，确保主流意识形态的传播更为有效。实现这一目标，关键在于构建一个全面、多层次、立体化的现代意识形态传播体系。这一体系需依托新时代的传播技术和平台，扩展传播渠道，以确保理论的广泛传播和深入人心。在这个过程中，重视新平台的开辟和新途径的探索是必不可少的。通过这种方式，可以显著提升主流意识形态话语的传播力、引导力、影响力以及公信力。这种创新性的传播有助于加深理论的社会影响，也有助于理论在不同群体中的普及和接受。通过有效的传播机制，意识形态的核心内容能更好地与公众的日常生活和认知体系结合，从而增强社会主义核心价值观在公众中的认同感。在大数据的时代背景下,虽然传统媒体如电视和报刊依旧扮演着关键的宣传角色,但网络媒体和大数据技术的兴起也提供了新的传播机遇和挑战。为有效提升主流意识形态的影响力和覆盖范围,必须对这些新型传播载体进行积极的开发和利用。尤其是微博、微信等社交平台以及即时通信工具,这些平台因其传播速度快、影响范围广、覆盖人群多、动员能力强等特点,成为意识形态工作的重要阵地。意识形态工作的从业者应利用大数据技术,加强对这些平台的正面内容引导,同时监控和过滤不良信息的渗透,以确保在公众自由表达和交流意见的舆论环境中,主流声音能够持续占据优势地位并扩展其传播渠道。这种策略的实施,既可以增强主流意识形态的传播实效性,也能够为社会提供一个更加健康和富有建设性的信息环境。通过这样的多维度传播,主流理论和价值观在数字化时代继续发挥其引导和塑造社会的核心作用。

二、系统性原则

网络生态治理遵循系统性原则,要求全面实施一个综合性的管理框架。这一框架强调信息流的核心作用,利用其驱动技术流、资金流、人才流和物资流,进而优化资源配置。通过将信息化元素作为核心推动力,成功构建了一个综合的网络资源生态链。这种系统性的治理方法提高了网络空间的管理效率,也优化了资源利用,展示了一个高效和协同的网络治理体系。

第一,以技术元素加强网络空间载体创新。在网络生态治理中,技术元素起着核心作用,尤其在推动网络空间载体的创新上表现突出。技术是信息化的基础,也是构成网络空间的关键因素。依赖信息流,互联网技术实现了将现实空间中的个体互联成一个广泛的网络,从而形成了复杂的网络空间。这种空间的本质在于连接性,而信息的核心价值则体现在互通性上。为了增强这种网络结构的效能,加速网络基础设施的建设成为必要行动。运用先进的技术手段来推进网络空间载体的建设,并在关键技术领域实现重大突破,可以显著提升整个网络生态系统的功能和效率。这种系统性的推进可以优化资源的配置,也促进信息技术与社会实践的深度融合,进一步拓展网络空间的应用与发展。

第二,以载体元素吸引网络空间人才加盟。网络空间的便捷和自由特性使其迅速发展成为人们生活和工作的重要领域。为了进一步提升这一空间的吸引力并减少其潜在的负面影响,需要通过优化载体元素来吸引更多网络空间人才。通过创新和完善网络平台和工具,可以增强网络空间的正面功能和减少不良效应,从而有效促进人才的聚集和贡献。

第三,以人才元素拓宽网络空间平台力量。在构建网络空间生态的过程中,人才因素发挥着决定性作用。加强人才队伍建设,可以有效推进网络空间生态的优化与有序发展。网络平台作为高级的网络空间载体,既提供了文化、经济、政治等多方面的功能实现,同时也能够形成针对性的公共治理体系,对完善网络治理结构具有积极效果。网络文化空间的平台需要通过培养健康的网络文化和加强内容建设来提升网络新闻舆论的正面影响力。经济领域的网络平台则可以依托"互联网+"和"数字经济"模式,推动全球金融治理的现代化。在政治领域,通过发展电子政务和增强党管媒体的能力,网络政治空间平台能够提升政府信息的透明度和公共服务的效率。这种以人才为核心,通过优化网络平台功能,提升网络生态的整体质量,也为实现更广泛的社会治理目标提供支持。通过这样的整合和创新,网络空间能够更好地服务于社会的多元需求,推动网络生态治理向更高效和更具包容性的方向发展。

三、协同性原则

协同性原则体现在网络治理的多个方面,包括德法共治和综合治网。其核心思想是通过治标（立即解决问题）的手段来促进治本（解决问题的根源），并以治本的策略来巩固已达到的治标成果。这种双向互动的治理模式强调在网络空间创建一个命运共同体，旨在实现全面而持久的网络治理效果。此治理策略解决了网络空间的即时问题，也致力于构建一个长期稳定的网络环境，从而保障网络空间的健康发展。

在网络生态治理中，从治标入手是采取的首要策略。这包括初步的治理措施，即提前介入和预防潜在问题，确保网络安全和发展的协同进步。第一，突出重点。在网络空间治理中，需将发展和安全视为相互依存的双重任务。治理策略需首先聚焦于网络空间的持续发展，确保信息技术和互联网服务的创新不断推进。同时，强调网络安全的重要性也是治理工作的一个核心组成部分。安全与发展之间的关系需要被理解为一种相辅相成的关系，其中安全措施为网络的可持续发展提供保障，而网络的健康发展又进一步强化了安全架构。网络文化建设也应受到特别关注，尤其是在网络舆论的导向上。这涉及营造健康的网络环境和促进社会共识。这些措施旨在加强网络空间的整体治理，确保网络空间的活力与安全，并通过建设性的网络舆论环境，增强社会的凝聚力。第二，补短板。当前，核心技术依赖性和网络立法体系的不完善是两个主要的挑战。为解决这些问题，已经制定了战略性政策来推动信息基础设施的建设以及互联网核心技术的自主发展，目标是减少对外部技术的依赖，增强自主创新能力。同时，对于网络立法的不足，已明确指出立法工作的基础性和紧迫性。网络立法是维护网络秩序的基石，也是提升治理效率的关键。因此，加强网络空间法治建设，全面推进立法工作，确保网络法律框架的完整性和现代性，是提升网络治理水平的必要步骤。第三，强弱项。在应对中国网络生态治理中的系统性弱点，如分散的管理结构，所谓的"九龙治水"问题时，采取了一系列策略来增强治理结构的一致性和效力。这包括成立专门的中央网络安全和信息化委员会，以统一领导和协调国家的网络安全和信息化策略。通过推出"互联网+"行动计划和国家大数据战略，进一步强化了对网络空间的科技驱动和创新支持。通过举办世界互联网大会，提升了国内外对中国网络治理能力的认知，加强了国际合作与交流，使中国在全球网络治理中的话语权得到提升。[1]这些措施共同作用，有效地提高了网络治理的效率和质量，同时也增强了网络生态的整体稳定性和安全性。通过这种系统化的改进，网络生态治理的体制弱点得到显著改善，为持续改善和适应快速变化的网络环境奠定了坚实基础。

从治本抓常，提出网络空间长效治理机制。为确保网络生态治理的长远成效，关键在于形成一个持久且细化的治理结构，强调持续性和细节的重要性。此种治理结构有助于应对即时的问题进行管理，并且需规划长远的发展策略，确保网络环境的健康和可持续性。第一，建立网络生态治理的党政领导机制。在网络生态治理体系中，党的领导机制起着核心作用。确立党的指导地位是为了满足长期治理和稳定的需要，凸显了党在网络治理中的中心角色。同时，这种治理框架强调了党政干部队伍作为组织保障的重要性，将其作为网络生态治理成功的关键要素。因此，构建有效的党政领导机制，并对党政干部进行信息化能力的系统培养，成为强化网络治理结构的主要策略，包括技术技能的提升，涵盖对网络治理理念和实践的深入理解，以确保在快速变化的网络环境中能够有效应对各种挑战，并保持治理的连续性和效果。第二，建立网信人才队伍培育机制。在构建网络生态治理体系中，网信人才的培育和发展具有决定性作用。将人才发展置于优先地位，并为此建立一套与网信专业特性相符的人事制度，是确保人才培

---

[1] 刘先春，王秀.习近平关于网络空间治理重要论述的三大特征[J].广西社会科学，2020（3）：12-18.

养质量的关键。这种制度设计旨在匹配现代网络技术的需求，确保从业者在技术娴熟的基础上，也能适应快速变化的网络环境。通过这种人才策略，可以有效提升网络治理能力，同时为持续的技术创新和网络安全提供坚实的人力支持。第三，制定一套能够与国家政治结构无缝衔接的网络治理机制，确保治理效果的最大化。这种机制应能促进不同治理层级之间的协作，实现网络空间的协同治理。通过这种集成化的策略，网络治理体系才能更有效地响应国家战略需求，同时增强网络空间的整体稳定性和安全性。

四、导向性原则

从增强问题意识入手，将识别出的问题转化为具体的行动。通过这种转换，能够针对网络治理中常见的盲点和障碍进行精准地干预和解决。[①] 在实际操作中，遵循发现问题、分析问题、解决问题的系统方法是关键。这将有助于理解问题的本质，确保采取的措施既科学又有效。网络生态治理的实践显示，坚持问题导向可以显著提高治理质量和效果。

第一，善于发现问题，抓住薄弱环节。互联网的发展带来的国家主权、安全、发展利益方面的挑战，要求国际社会积极参与和响应。这种情况下，紧抓网络治理的薄弱环节成为必要行动。一方面，国际网络生态治理规则制定权的不平衡问题日益明显。信息鸿沟在不同国家和地区之间不断扩大，现行的网络治理规则往往无法充分反映大多数国家的意愿和利益。这种全球网络治理体系的不均衡，反映了在网络空间中主权国家间利益的不平等，可能导致互联网领域的混乱，威胁到国际安全。另一方面，中国在科技创新领域的网络生态治理存在差距，核心技术的依赖性成为显著隐患。这种技术瓶颈可能对国内网

---

① 刘云山. 增强问题意识 坚持问题导向 [J]. 党建，2014（6）：6-9.

络安全构成重大威胁。通过深入洞察全球及国内的发展态势,清晰地界定了网络生态治理的关键薄弱环节。识别这些问题需要宽广的国际视野和对未来趋势的敏锐感知,更需要具体的战略来应对和改善。

第二,科学分析问题,抓住关键环节。网络生态治理的复杂性和广泛性导致其在研究和实践中会出现多种连锁反应。针对这一现状,必须深入分析具体问题,从而实现精准治理。网络安全和信息化发展是治理网络生态的关键,需要在全面推进的基础上,对问题进行准确把握和解决。在澄清网络治理的问题症结上,有三个方面值得关注。首先,关注风险攻坚是网络生态治理的必要前提,这要求对可能的风险因素进行精准识别和有效管理;其次,增强自信是解决网络生态问题的根本,既涉及技术自信,也包括治理理念和策略的自信;最后,网络生态治理要实现全局把控,这需要多方面的合力和协作,从而形成强有力的治理网络。以上观点揭示了理解和应对网络生态治理复杂性的必要性,阐释了深入挖掘和解决问题的有效途径。通过聚焦关键词和症结,可以提出更为准确和具体的治理措施,确保网络安全和信息化的健康发展。

第三,敢于正视问题,抓住重点环节。对各种网络问题进行公开、直接的处理,不回避、不推脱责任,并迅速采取有效措施以达到解决的目的。在全球网络治理体系中,着重解决网络主权的重大问题是优先事项。这包括对那些损害人民利益的突出问题进行识别和应对,同时对倾向性、苗头性及潜在性的问题主动承担责任,展现出对网络生态治理改革创新的勇气和智慧。

在互联网与国家未来的关联上,着重利用信息化发展的历史机遇。明确指出过去在工业革命中错失机遇的教训,并强调互联网必须与中国经济的深度融合,必须与中华民族的伟大复兴和国家现代化建设的同步发展。在综合网络治理体系的构建上,强调综合施策和直面可能存在的争议,例如党政机构在网络空间治理中的领导作用。必须勇于明确立场，阐述利害关系，同时，必须考虑如何平衡和协调不同利益主体在网络治理中的权力分配，提出综合治网的新模式。

五、精细化原则

在网络信息安全的法规体系未完全成熟及监管机构职责界限模糊的情境中，建立精细化的网络监管机制显得尤为关键。这种机制旨在通过最小化信息安全风险，应对网络侵权行为的各种动态与静态表现形式。作为国家治理架构的一环，网络监管机制的持续优化是实现网络治理价值目标与功能的有效途径。

依法治国是现代国家治理的核心原则，其中包括国家机构的合法设立与运作。网络监管机构，作为监督网络运行的官方实体，其职权范围、操作规程及成立的法律依据均应严格法定。这种法定化确保了监管活动的透明度和公正性，同时也符合行政法的基本要求。网络监管机构的构建必须以网络监管的具体内容、监管对象和预期的行政效果为依据，以确保其结构和功能的适应性与合理性。通过法律程序设定这些机构，可以确保它们在执行职责时有足够的权威和清晰的责任界限，从而有效执行监管任务。监管机构的设置、调整或取消，必须依照相关法律和行政规定进行，以适应和应对网络空间的变化需求和新出现的挑战。法律的预见性和灵活性可以确保监管机构能够持续有效地履行其职责，同时促进网络空间的健康发展。我国的网络监管框架涵盖多个关键内容，旨在维护网络空间的安全和秩序。网络安全的维护不仅涉及网络运行本身的安全性，还包括信息的安全保护；对于网络信息服务及其管理，规范操作主要通过对网络服务提供者实行必要的许可和备案管理制度，区分其服务性质为经营性或非经营性；网络著作权的保护通过将计算机软件包含在内，明确了信息网络传播权的具体规定，展示了对创作成果的尊重与保护；在电子商务领域，法律明确了合同书和数据电文等多种形式的合同效力，并认可了电子签

第二章 网络生态治理的理论依据与指导原则

名和数据电文的法律地位，确保交易的正当性和可执行性；个人信息保护也是监管的重点之一，众多法规致力于防止个人数据的非法获取、出售和使用；在未成年人保护方面，国家通过法规限制有害信息的传播，还通过推动对未成年人友好的网络产品的研发来预防网络成瘾，同时在学校周边禁止设置上网服务场所，以减少对未成年人的不良影响；对网络侵权及网络犯罪的预防和惩治体现了监管机构在维护网络法治方面的坚定立场。①

网络安全监管是一个涉及广泛的领域，其核心任务是维护数据的完整性、保密性和可用性。数据在传输、存储和处理过程中，必须受到严格保护以防止未经授权的访问和篡改。在网络信息服务管理中，技术支持的先进性直接关系到系统的安全性。若技术落后，将难以应对日益复杂的网络威胁，如恶意软件、钓鱼攻击及其他网络入侵行为，这些威胁可能导致重要数据的泄露或丢失。在电子商务环境中，数据传输的安全尤为关键。加密技术和电子签名是保障电子数据交换安全的重要技术。一旦这些安全措施出现漏洞，就可能暴露敏感的交易信息和个人身份信息，增加法律纠纷和经济损失的风险。因此，确保这些技术的实时更新和维护是防止数据泄露和保护用户隐私的关键。基于此，各国政府和监管机构需根据网络安全的特殊性和技术性，制定专门的法规和监管措施。监管机构的角色并不只是监督和执行现有的网络安全政策，也应该参与新技术的安全评估和标准制定过程。

未成年人在网络环境中由于其独特的生理和心理条件，例如较低的信息判断力和自我控制力，处于相对脆弱的状态。这一群体的隐私和安全尤其容易受到侵害，因此需要通过法律和监管措施来提供特别保护。在考虑到未成年人的权益时，尤其是在涉及可能对其造成负面

---

① 任妍.我国网络信息立法的现状和对策建议[J].中国发展观察，2011（11）：52-55.

影响的网络游戏领域，监管机构应采取积极行动。例如，网络监管机构应明确规定未成年人访问游戏网站的具体程序、可访问的时间以及允许的持续时间。未成年人的健康权应被视为优于游戏设计者和游戏运营网站经济利益的权利。在这一框架下，网络监管部门应确保游戏设计者和运营商履行其保护未成年人健康与安全的法定义务。监管框架还应包括对未能履行这些责任的游戏设计者和运营商的法律责任制定明确规定。这样的措施将有助于确保未成年人在网络环境中的权益得到优先和有效的保护，从而防止其信息的无意泄露及潜在风险的出现。

六、去科层化原则

网络空间，作为基于数字化连接的非物质实体，展示了其本质上的平面性结构，其中信息能在全球任一地点被即时访问和共享。这一结构特性对传统的垂直科层管理体制构成了挑战，因为科层体制的决策和响应速度往往无法匹配网络传播信息的即时性。在网络环境下，信息的快速变动使得传统的指令和命令系统在应对快速变化时显示出不足。网络的技术特性，如信息的多路由传输方式，已经改变了信息流的传统可控性。在这种环境下，对网络信息的管理不能简单采用物理阻断如封锁、堵截等方式。相反，需要采用更为灵活的管理手段，如引导公众舆论、鼓励网络自律和通过协商解决问题等手段，从而实现从被动接受到主动管理的转变。在新时代的网络信息环境中，传统的科层行政管理体制已不足以适应网络信息的海量汇聚和快速传播的特点。因此，网络治理需要适应网络自组织的结构形态，采取去科层化的管理原则。这要求采用更灵活、更迅速的监管机制来提高网络治理的效率，尤其是在数据信息安全方面。去科层化的治理模式强调第一时间内的有效响应和干预，以适应网络环境的即时性和不断变化的需求。这种模式支持创建更为直接和动态的管理路径，能够快速适应和解决网络空间内出现的各种挑战和安全问题。

一方面，在新时代的网络治理中，探索和建立一个由党委统一领导、政府部门各司其职、社会各界共同参与的综合治理模式变得至关重要。这种模式强调在党中央的统一指挥下，对互联网监管职责进行集中整合，以提高监管效率和反应速度。应当将原本分散于各个部门的网络监管职责集中到一个或几个关键部门，如文明办、综治办等，以实现职责的统一和管理的集中。明确和细化各职能部门的具体职责也是必要的。例如，公安机关需依法承担维护网络秩序、保障网络安全和打击网络犯罪的责任；互联网企业应担负起关键的"把关人"角色；而新闻管理等部门则应与其他机构协作，确保联动管理和网络防控措施的有效实施。这样的治理模式确保了责任和权力的对应一致性，通过跨部门合作，强化了网络治理的协同效应。通过这种方法，可以更系统地解决网络空间的治理问题，形成一个高效、响应迅速的网络治理体系。另一方面，为了加强网络空间的安全和治理，需要构建一个全方位、多层次的网络巡防系统。这一系统将整合网络警察、网络协管员、社会信息监督员、网站与网吧安全员及广大群众的力量，形成一个坚实的社会防线，旨在防范网上有害信息，维护网络秩序和网络安全。同时也应当建立一个健全的管理机制，包括中央与地方管理部门之间的协同配合、网上舆论引导的协调、舆情研究与报送、应急处理以及责任追究机制。[①] 这些机制将确保网络治理的连贯性和有效性，增强对网络空间风险的预防和应对能力。

七、有限共享原则

在网络空间中，数据信息的整合能力极大地展示了其从样本化向

---

① 冯斌元.网络虚拟社会安全管理面临的挑战与对策[J].上海公安高等专科学校学报，2010（3）：43-48.

整体化转变的特性。这一转变意味着零散和分散的数据可以通过网络搜索功能迅速汇聚，形成关于特定目标的完整信息画像。虽然这种功能为社会和科学研究带来便利，但同时也对个体隐私和数据安全提出了严峻挑战。针对这种情况，必须认识到无限制地共享数据信息的风险。公民个人信息，如职业、健康状况、教育以及日常生活细节，如果在未经适当监管的情况下流通于不同的政府部门和社会组织之间，可能会被不当使用，导致侵权行为和未来潜在的威胁。这些信息不仅涉及个人生活的方方面面，还可能涉及个人身份和职务相关的敏感信息，从而影响国家安全。

在大数据环境下，制定严格的公民数据信息共享标准是网络监管部门的核心任务。这些标准要求所有掌握公民数据的组织和机构，在使用这些数据时，必须基于公共利益或国家利益的必要性，并遵循既定的法律程序，此外，使用的数据量和范围应仅限于实现具体行政目标所必需的程度，确保不对公民的隐私权造成不必要的侵犯。鉴于各种网络安全威胁，如黑客攻击和技术漏洞，机构间的数据信息共享需设限，以防数据泄露可能带来的广泛风险。这要求每个机构在处理和共享数据时，都必须采取高标准的安全措施，确保数据传输和存储的安全性。

在建立和管理大型数据库时，对公民数据信息的安全措施必须被严格考虑。虽然集中数据能提高行政效率并促进公共管理，但这种做法同时增加了数据泄露的风险。因此，确保数据的物理分离是维护信息安全的关键手段。建设大数据库时，不能单纯追求信息的数量和完整性而忽视潜在的安全威胁。数据越集中，一旦发生安全事故，可能引发的信息泄露和随之而来的利益损失将成倍增加。因此，在设计和实施大型数据库时，我们不应追求数据量的扩展，而应该优先考虑数据的安全性和风险防范。这包括采用分层的数据存储结构，确保不同类型和敏感度的数据分别存储和处理，以及实施严格的访问控制和数据处理协议。通过这种方式，可以有效地减少一个单一的安全漏洞导致整体系统崩溃的风险，同时也能够在确保数据安全的前提下，更好地利用数据资源服务公共管理。这种平衡方法有助于保护公民的个人信息，也提高了公共服务系统的整体安全性和效率。

八、立法保护原则

确立立法保护原则是网络信息安全的核心。依靠技术单独保护数据安全显然不足，必须借助法律和制度的力量来保障技术的合理应用和网络行为的规范。随着网络技术的演进，监管法规需要适时更新以适应新的挑战和现实需求。网络立法的制定应充分考虑技术特性，合理解决网络监管中遇到的法律问题。这要求法律要在技术发展的基础上构建，还需有预见性地解决由技术发展带来的潜在法律冲突。法律制定之后，其实施过程中需要社会各方面的适应和认知，但由于技术发展迅速，已制定的法律往往会面临落后于技术的现实。因此，动态更新的法治理念成为法律能够有效调整和规范网络行为的重要基础。在法律的修改和完善过程中，应优先考虑数据安全和保护公民个人信息的原则，确保立法活动能够预见并解决未来可能出现的问题。

强化国家层面的网络安全立法是保障公民数据信息安全的关键路径。基于现行的相关法规，如《中华人民共和国计算机信息系统安全保护条例》和《中华人民共和国电子签名法》，并借鉴国际先进经验，如德国的《多元媒体法》等，我国应由全国人大常委会主导，制定更全面的网络安全法。[①]此举旨在解决现行网络治理体制中存在的立法级别偏低等问题，提升网络立法的效力与实效性。立法应明确网络监管职能部门、网络运营商及网民的权利和责任，增强网络治理的针对

---

① 刘素华.大数据时代保障公民数据信息安全的网络治理[J].理论视野，2016（11）：45-49，59.

性。这包括对网络中的不实言论、侮辱、诽谤行为以及可能破坏社会稳定或损害国家利益的行为，采取法律措施进行制止和处罚。同时，立法还需精准界定监管的范围与限度，避免过度干预可能阻碍网络技术的进步和公民基本人权的实现，如言论自由和信息自由。这种综合性立法更新，既可以增强法律对网络空间的规范力，还能在保障国家安全和公共秩序的同时，促进技术创新和文化多样性的健康发展。这样的法律框架将确保网络生态治理在法治的轨道上高效、有序地运行，从而实现网络空间的长期稳定。

第三章

网络生态治理的总体布局与国际经验

第一节 网络生态治理的总体布局

自党的十八大以来，习近平总书记关于网络治理领域的新思想，明确将服务民众置于核心位置，强调科技创新作为这一方针的基石。网络安全已成为推动治理前进的关键力量，而整体管理策略则是实施路径。此举标志着中国网络治理进入新阶段。习近平总书记重要讲话聚焦于网络治理多维度，如网络场域构建、技术应用及网络状态控制等，明确指出了治理的目标与运作框架，标志着理论与实践的深度融合。这种融合展现了马克思主义的理论精神，也体现了中国共产党的理论追求，为中国网络治理提供了坚实的理论和实践基础。

一、治理为民是根本目标

网络信息技术的迅猛发展对传统社会结构产生了深刻影响，推动世俗社会中的"人民"逐步转化为网民身份，使得网络属性更加突出，"人民"这一概念也因此被赋予了新的内涵。"群众在哪儿，我们的领导干部就要到哪儿去，不然怎么联系群众呢？"[①]这句话强调了以人民利益为中心的治网理念，贯穿了网络发展的整个过程。网络生态

---

① 冯文强.善用网络 畅通民意[J].共产党员（河北），2016（24）：1.

治理必须始终以人民为中心,通过依靠人民、组织人民、宣传人民、引导人民、服务人民,来推动互联网的改革与发展,使其成果惠及全体人民。这一理念强调,网络治理不仅要关注技术与安全,更要注重人民的需求与利益,走群众路线,确保14亿多人民都能从网络发展中受益。

网络空间的治理目标应侧重于民众利益。在这个领域中,普通公众不仅是参与者,更是政策制定的直接受益者。维护网络生态,确保其反映并服务于广大群体的需求与期待,是优化网络环境的关键,此外,这种聚焦于民众需求的治理模式,有助于增强网络政策的接受度与执行效率,从而形成一个既稳定又富有活力的网络社会环境,如图3-1所示。

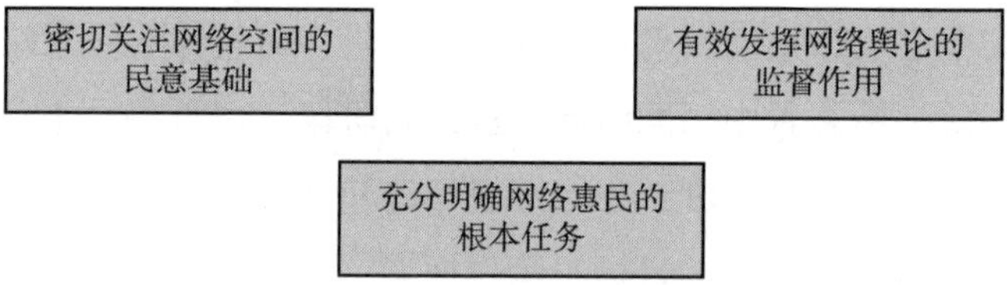

密切关注网络空间的民意基础	有效发挥网络舆论的监督作用

充分明确网络惠民的根本任务

图3-1 根本目标:治理为民

第一,密切关注网络空间的民意基础。在数字化时代,互联网空间逐渐成为民意表达的重要场所。民众通过网络平台广泛地分享观点与看法,从而形成一种独特的民意层面。这种民意来源广泛,更新速度快,为决策者提供了迅速而直接的社会反馈机制。在这种背景下,了解与利用这些信息成为优化治理和增进公共福利的关键环节。网络民意,虽然内容丰富却也存在信息的真实性难以鉴别的问题。这一现象要求决策者在倾听和利用网络民意时必须具备辨识信息真伪的敏感度。只有通过综合分析和筛选,才能从复杂的网络信息中提取有价值的意见,进而指导实际的政策制定。实际操作中,采纳网络上的民意并加以应用,要坚持综合多样意见的原则。这种"兼听则明、偏听则暗"的手段，有助于全面了解公众需求，还能促进政策的公正与有效实施。

第二，有效发挥网络舆论的监督作用。网络平台由于其信息共享的属性，公众监督得以实现其集合和扩散效应。此种环境下，网络不只是信息流通的场所，也转变为民众表达意见、监督政策执行的重要阵地。为了提升网络舆论监督的效果，确保其在社会治理中的积极作用，重视并利用网络平台的反馈机制是非常有必要的。这一平台使得每个人都能参与监督中，共同促进政策的透明度和公正性。网络监督的双刃剑特性也需要引起足够的注意，对于网络上的不实信息，必须以法律为准绳，合理处理，避免误导公众。在新时代的背景下，互联网舆论监督需要被认知和重视，更需被恰当地引导。监督机制的建立应强化法律和道德的边界，确保网络空间的健康运行。对于如何应对虚假舆论的挑战，持续采用科学理性的态度，强化监管，将为网络空间创造更为良性的互动环境，确保信息的真实性和监督的有效性。

第三，充分明确网络惠民的根本任务。网信事业的发展应致力于服务于人民，以提升民众的生活质量为核心。这要求网络生态的治理既要基于民生需求，还要引领新的发展理念，从而使公众在享受网络服务的同时，获得更多的实际利益。为了实现这一目标，必须重视互联网与实体经济的深度融合，通过创新驱动发展，激发公众参与互联网经济的热情。鼓励民众探索网络经济的可能性，培养他们在"互联网+"时代的思维模式，以此来提高他们的经济效益，增强对新技术的适应能力。同时，支持网信企业的发展与壮大是推动社会发展的重要一环。这些企业在稳定经济增长、促进就业、改善民生等方面具有独特的优势，更因其直接面向市场，能够精确掌握并快速响应公众需求。因此，强化互联网企业的使命感和责任感，鼓励它们在追求商业成功的同时，积极回馈社会，是构建良好网络生态的关键。

二、科技创新是技术保障

在当前，全球科技革命与产业变革正快速前进，其对全球经济与竞争格局的影响深远。网络信息技术作为这一变革的核心，是网络空间的基本构成元素，也是推动产业和社会创新的关键驱动力。这些技术的发展与应用，促使网络空间中的各项要素发生创造性的转化，催生出更多的技术创新需求，为网络生态的治理提供了坚实的技术基础。随着未来几十年科技与产业的进一步革新，工程科技的进步将更显著地推动社会发展。在这一宏大的历史背景下，科技革命为科技创新带来前所未有的机遇。尤其是在全球化、信息化、网络化日益融合的环境中，信息技术的创新成为解决网络生态治理问题的关键。基于此，科技创新是技术保障的表现，更是支持社会持续发展的重要力量。在信息技术不断突破与创新的推动下，网络空间的治理和优化能够得到有效实现，确保社会发展与技术进步的同步，如图 3-2 所示。

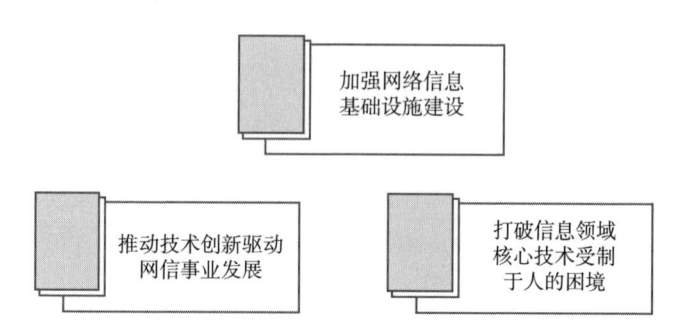

图 3-2 技术保障：科技创新

第一，加强网络信息基础设施建设。网络信息基础设施，包括物理网络和信息平台，依托计算机技术与现代通信技术，负责信息的收集、传输、交换、存储和检索。这些基础设施构成了信息资源互联互通的核心，是实现信息自由流动的物理与技术基础。加强这些设施的建设，可以有效地促进信息畅通，缩减各国家、地区及不同人群间的信息差距，进而推动信息资源的充分利用和流动。加强这些基础设施的技术支持对于全球网络信息基础设施的发展尤为关键。通过提升系统设备以及软硬件部件的性能和互操作性，可以更好地满足当前日益增长的数据需求和网络服务的复杂性。这种持续的技术革新和基础设施升级，增强了网络的稳定性和安全性，也为全球信息技术的进步和经济社会的发展提供了强大的支撑。一方面，实现宽带网络基本覆盖中国行政村。2013年8月，国务院宣布"宽带中国"战略，标志着宽带网络正式被确立为国家级的战略性公共基础设施。此举旨在通过提升宽带网络覆盖率，解决光纤入户等技术障碍，确保每个人都能接入互联网。此战略的核心在于通过网络基础设施的均衡发展，消除城乡之间的信息服务差异，进而促进全面的信息化发展。加强宽带网络的基础建设，可以提高网络的普及率和使用效率，还有助于实现移动互联网的全面普及。这一战略的实施对推动中国城乡信息一体化的进程具有深远的意义，是实现社会经济全面发展的重要支撑。宽带网络的普及和优化，有望为居民提供更为丰富和便捷的网络服务，缩小数字鸿沟，增强全民的信息获取能力。另一方面，推动核心关键信息基础设施保护工作。关键信息基础设施，如金融、能源、电力、通信及交通系统，构成了国家经济与社会运行的核心。然而，目前这些系统在安全标准和保护机制方面存在一定的不足，整体安全架构的缺失使得网络服务面临着重大的安全威胁。这些基础设施由于其在社会运作中的中心地位，成为网络攻击的高风险目标。为应对这一问题，需要强化这些基础设施的网络安全防护。建立健全的监督管理系统和提升安全防护水平，可以有效预防和减少网络恶意攻击事件的发生。此举既可以保障关键基础设施的稳定运行，也能够确保国家经济和公众利益的安全。

第二，推动技术创新驱动网信事业发展。随着中国经济发展模式的转变，网络信息技术的创新已成为新常态下经济增长的关键驱动力。这种创新不仅促进了经济结构的优化升级，还为网信事业的发展提供了强大动力。通过不断探索和应用新技术，网信领域能够在全球信息经济中持续增强其竞争力和影响力。技术创新的推进也有助于增强网信事业在支持国家治理现代化方面的作用，进一步推动社会和经济的全面发展。一是推动数字产业化。在应对"中等收入陷阱"的背景下，数字经济通过信息技术创新，提供了经济增长的新途径。依赖信息技术的创新驱动，数字经济能够为经济增长注入新的动力，还有助于推动新经济业态的扩展和升级。数字经济的核心优势在于利用信息技术创新所带来的经济效益，这要求迅速而有力的技术创新。为实现这一目标，迫切需要快速技术开发与应用的步伐，不容缓慢或滞后。推动数字产业化是对现有经济模式的优化，也是打破经济发展瓶颈的一种方式。二是推进产业数字化转型。推进产业数字化是应对产业结构发展不均衡的有效途径。此过程涉及对传统产业进行深度的数字技术整合，实现全链条的技术刷新，从而提高全要素生产率。尤其是在制造业领域，信息技术的创新应用为提高产业质量和效率提供了必要的技术支持，推动了传统产业向高端价值链的转移。此类转型对于第一、第二产业的升级具有重要影响，有助于实现产业的持续增长和技术进步。同时，数字化转型还有助于平衡城乡发展差异。通过电子商务等信息化手段的扩展，可以有效支持农村地区的精准扶贫和经济活力的激发，促进数字乡村建设。这样的措施既促进了传统农业经济的现代化转型，也为农村地区带来了新的经济增长点和就业机会。

第三，打破信息领域核心技术受制于人的困境。在信息技术领域，核心技术的自主掌控是提升国家战略安全与经济竞争力的关键。目前，依赖外部技术的状况尚未得到根本改变，这要求通过持续的努力与决心，加速本土核心技术的发展。在此过程中，重点应放在三个主要类别上：基础技术与通用技术、非对称技术及所谓的"杀手锏技术",以及前沿技术与颠覆性技术。[①]尤其是基础性技术,是构成技术自主的基石。加强这一领域的研究,将促进整个技术体系的升级和集成发展。这不仅涉及技术创新本身,还关乎整个技术生态的持续进步和独立性。强化基础研究将直接推动高级技术的创新,形成技术发展的强大后盾,为国家信息技术的独立与安全打下坚实的基础。国家核心技术的发展需采取系统化的战略布局,通过层次分明、功能明确的技术结构,确保关键领域的技术突破,此外,技术领域与产业、政策的整合,是推动资金、信息和技术三者之间良性互动的关键。这种协同发展模式有助于加快技术创新与应用,提升国家在全球科技竞争中的地位。同时,加强核心技术成果的市场转化也非常重要。科技成果不应局限于理论研究或实验阶段,而应通过实际的市场应用体现其价值。这需要构建产学研用的有效联盟,以确保新技术和新产品能够快速从实验室走向市场,从而驱动经济增长和产业升级。这种从研发到产业化的转变,是提升国家竞争力的核心环节,确保科技进步能够转化为实际的产业优势。

科技创新作为国家社会生产力和综合国力提升的关键引擎,对于加快特色自主创新道路的发展发挥了核心作用。在实现网络强国目标的过程中,"建设网络强国,要有自己的技术,有过硬的技术"[②]成为基本要求,显示了科技创新与网络强国战略之间的互动关系和相互依存的共生态。强化科技实力是推动国家从大国向强国转变的必经之路。科技创新既要注重问题的解决和瓶颈的突破,更应关注全球科技发展趋势,通过跟踪国际先进水平来缩小与发达国家在关键领域的差距。通过这种方式推动创新,实现关键技术的重大突破,此外,强调

---

① 王艳.习近平总书记关于网络强国重要思想研究[J].学理论,2021(5):1-3.
② 惠志斌.美国网络信息产业发展经验及对我国网络强国建设的启示[J].信息安全与通信保密,2015(2):3.

科技自信是增强国家综合实力的重要方面，它为网络强国目标提供了坚实的基础动能。此战略涉及科技的自主创新，还包括对外部技术的跨越式吸收和改造，使之与国内创新体系紧密结合。因此，科技发展策略应致力于创建一个创新生态，其中包括从基础研究到技术开发和应用的全方位进步，确保科技创新成果能够转化为实际的经济和社会价值，支持国家战略目标的实现。这种综合性的科技推进方式，有助于信息技术领域实现领跑式跨越，进一步巩固网络强国战略地位。

三、网络安全是基本防线

网络安全作为全球共同面临的挑战，自网络空间存在之日起便与各种安全风险紧密相连。网络犯罪的激增显示了网络主权在防御网络安全威胁中的重要性，这构成了保护网络安全的首要防线。在这一背景下，习近平总书记将网络安全的重要性提升至国家安全的层面，明确表达了治理网络空间的紧迫性和重要性。习近平总书记在多个关键时刻强调网络安全的核心地位。2014年2月，在中央网络安全和信息化领导小组第一次会议上，习近平总书记明确指出："没有网络安全，就没有国家安全。"①在同年4月召开的中央国家安全委员会第一次会议上习近平总书记强调了坚持"总体国家安全观"②，并将信息安全纳入国家安全的核心范畴。2015年12月的第二届世界互联网大会，维护和平安全被确定为推动全球网络生态治理体系变革的四大原则之一。2018年4月的全国网信工作会议上，习近平总书记再次强调了维护网络安全的重要性，并提出了具体的执行策略。由此可以看出，网络安全已经成为国家战略的核心组成部分，体现了对国家网络安全实际问

---

① 王喜文.新时代需要新的国家信息化战略[J].物联网技术，2014（8）：4-5，11.
② 迟玉琢，马海群.国家情报工作制度的基本构建逻辑[J].情报资料工作，2019（1）：23-32.

题的深刻理解与响应，涵盖了网络意识形态安全、技术安全、信息安全以及安全与发展的交互关系等多个维度。

理解网络安全的核心特性是构建有效防护系统的基础。网络安全应视为一个完整的体系，不可将其分割处理，此外，由于网络环境和威胁的不断变化，网络安全需要采用动态的管理和响应策略。同时，网络安全也必须是开放的，通过国际合作与交流增强防御能力。网络安全具有相对性，不存在完美无缺的安全状态；它是一种共同的责任，需要社会各界的共同努力。为适应这些特点，应当通过构建全面的网络安全信息统筹机制来增强防护能力。包括完善网络安全基础设施、发展先进的网络安全技术、建立健全的应急管理体系。通过这些措施，我们可以在事件发生前进行风险评估和预防，以及在事件发生时迅速有效地响应，此外，推动网络安全产业的发展同样关键，这有助于技术的创新和应用，也能够为网络安全提供经济动力。通过这种多维度的战略布局，可以有效前移安全防线，避免潜在的网络安全威胁，从而为社会经济的持续稳定提供保障。

在构建网络安全保障体系和全方位感知网络安全态势的过程中，适当的网络安全观起到了关键的思想引导作用，如表3-1所示。通过这种多维度、多角度的综合手段，可以逐步形成一个互动、协同的网络安全治理新格局。这既有助于提升网络安全的整体效能，也能够促进各方面的健康互动和协调发展，构建一个更加稳固、安全的网络环境。

表 3-1　　　　　　　　网络安全观的内容及作用

安全观念	作用
网络主权观	维护网络主权是网络安全的基础保障，没有网络主权，网络安全将失去根基
国家安全观	推动网络安全对国家安全的螺丝钉功效，强化网络安全在国家安全中的核心地位

续表

安全观念	作用
安全发展观	促进网络安全和信息化相辅相成、相互助力,共同推动技术和安全的进步
网络法治观	通过法律建制思路,有效改善网络生态,规范网络行为,确保网络环境的法治化
网络公众观	贯彻"网络安全为人民,网络安全靠人民"的指导思想,推行全民参与的网络安全责任制
国际安全观	坚决反对网络安全的双重标准,倡导国际合作,共同维护全球网络安全,不以牺牲他国安全谋求自身安全

网络空间已成为意识形态工作的新阵地,是凝聚社会共识的关键领域。因此,意识形态安全必须被视为国家总体安全体系的一个核心部分。在此背景下,网络意识形态的建设需聚焦于几个关键工作。第一,加强网络宣传思想工作。网络空间已转化为人们日常生产与生活的新领域,随之而来的是该空间在集聚社会共识方面的潜力与需求。党的宣传思想工作应致力于此新领域,通过创新宣传模式,强化这一平台的意识形态建设。在此过程中,打造一支政治坚定、能力卓越、思维开阔、具备高效执行力的网络宣传队伍尤为关键。这支队伍需专注于马克思主义意识形态的推广,确保其在数字空间的主导地位,通过有效传播中国共产党的先进理论与思想,强化人民的思想基础,从而营造团结与奋斗的氛围。第二,要把握网络舆论引导的重要性。在网络舆论引导中,确保正确的舆论导向是必要的。增强新闻和信息传播的关键方面——传播力、引导力、影响力及公信力——是基本要求。为达成这一目标,应深刻理解网络信息传播的内在规则,并积极运用现代传媒的新手段。一方面,在思想和政治引导的实施上,保持一致性至关重要,以此来确保网络舆论空间的稳定性。主要涉及有效管理网络中的社会热点、敏感事件或突发情况,及时纠正错误信息,

清晰阐述事实真相。另一方面，主张以正面信息传播为主，保持一种求真务实的姿态，公正地分析社会问题，这有助于构建民众的信任和认可。这种综合性的网络舆论引导，旨在营造一个健康、理性的网络交流环境，促进公众对信息的正确理解和接受。第三，培育积极健康、向上向善的网络文化。借助优秀文化的力量聚焦意识形态，以及利用社会主义核心价值观来滋养网络文明，为网络空间注入正能量。这一过程涉及将社会主义核心价值观深入网络文明建设的各个层面，从而规范网络道德体系，修正网络中的不良文化现象。培养网络用户形成积极向上的价值观，可以进一步强化网络文化的正向发展。这种文化导向有助于营造健康网络环境，还能夯实意识形态的基础，确保网络空间成为推广先进文化和价值观的有效场所。

四、综合治理是创新模式

网络综合治理体系作为国家治理体系和治理能力现代化的核心要素，超越了传统的治网模式，表现为整体与部分的关系，是国家治理创新的推动力和平衡器。在全球范围内，此种理念构建了中国独有的自主治网模式，强化了中国在国际网络生态治理中的话语权。网络综合治理涵盖信息化推动国家治理现代化的过程，更涉及网络平台的源头治理，这一点对于构建健全的网络治理体系至关重要。网络综合治理的主要思路在于实现网络内容管理的常态化、法治化和体系化，确保网络空间的秩序和安全，此外，基于综合系统的重要性，网络空间治理实践中强调了多主体协作、多手段运用、多制度建设和多渠道管理的融合，旨在同步推进网上网下、虚拟与现实的协调治理。这种综合治理模式确保了网络治理的效能和广泛性，促进了公众参与和法规遵守，进而实现了网络环境的持续稳定与健康发展。

构建网络生态的治理体系需纳入多方参与，包括党委引导、政府监管、企业执行责任、社会执行监督及网民自律。这种协同治理结构确保了网络治理的全面性与有效性，每个主体在其中扮演着特定而重要的角色。通过这样的组合，能够更好地实现网络空间的秩序和安全，同时促进健康、正向的网络环境的建设。第一，有效发挥党政领导作用。明确党在指导网络方针决策中的决定性作用，强化其权威并确立其在设定网络治理方向上的核心职能。加强网信队伍的建设，提升党政干部在信息化发展领域的能力水平。通过这些行动，可以加强党在网络治理中的领导作用，同时提高党政干部队伍处理复杂网络问题的专业能力，促进网络治理共识的形成。这种强化的领导和能力提升为网络生态的健康发展提供了坚实的基础。第二，积极倡导网信企业承担社会责任。在网络信息技术企业的发展中，积极推动企业承担更大的社会责任是关键。这涉及两个主要方面：一方面，支持企业在网信产业中的创新活动，促进网络经济的良性发展。以此来带动技术进步，同时还能增强整体经济的活力。另一方面，强化企业的责任感，要求他们在追求经济效益的同时，也顾及社会效益，确保两者的和谐统一。通过这种努力，网信企业可以在提升自身竞争力的同时，对社会产生积极影响，促进网络环境的道德净化。这不仅是企业发展的需要，也是其对社会的责任，有助于建设一个更加健康和可持续的网络空间。第三，大力支持网民自主参与网络建设。保障网民表达自由的同时，确保他们承担相应的言论责任；促进网民积极参与网络决策，确保他们的利益和需求得到充分考虑和维护；维护网民的个人信息安全，确保其隐私权不受侵犯。针对不同群体，如知识分子、青少年和广大公众，提倡培养一种有见解、负责任并富有文化素养的网络行为风尚。通过这种方式，增强网络文化的积极性和建设性，推动网络空间的健康发展。这种全民参与的网络建设既可以强化社会各界对网络发展方向的共识，也能够提升网络环境的整体质量。

第三章
网络生态治理的总体布局与国际经验

网络生态治理涉及多个领域的协同工作。有效的网络管理除了依赖经济激励和技术支持之外，还必须结合法律手段来确保规范和秩序。这种多维度的结合方式确保网络空间的健康和可持续发展，通过综合应用各种资源和工具，促进网络环境的稳定和安全。第一，利用法治手段增强网络法律规范建设。在网络环境中，加强法律规范的建设是关键。这涉及完善网络立法、执法和守法的整体体系，尤其是在关键领域加强立法工作，提升网络法律的层次，并且优化立法规划。这种法律框架的强化既可以解决现有制度的不足，也能够为网络综合治理提供坚实的法治支撑。第二，利用行政手段推进网络政策监管。政府需明确网络服务提供者的责任，严格监控网络内容从发布到使用各个环节，并对网络媒介平台的管理体制进行优化，是确保网络安全的关键。对网络媒介从业人员实施职业素养提升教育，也是提高整体网络环境质量的有效途径。这种监管手段涉及具体的规则制定，还包括对网络行为的全面评估和监控，从而确保网络空间的安全和稳定。第三，利用技术手段调控网络防护能力。通过技术手段增强网络防护能力是维护网络安全的核心环节。实施安全访问控制技术可以有效地管理和监督网民的访问行为，确保网络环境的合规性。部署网络加密技术保护信息资源，设定详尽的访问权限，从而提升了网络数据的安全性和质量。采用网络检测和过滤技术如防火墙，可以有效防治病毒和黑客攻击，保障网络系统的完整性与安全性。这些技术措施共同作用，形成了一个多层次的网络安全防护体系。第四，利用德治手段培育网络道德自律。强化对网络道德规范的研究与制定，并通过教育活动加以普及，是提升社会整体网络道德水平的基础。确保网络空间内广泛认可的道德规范能够及时转化为具体的法律条文，是将道德规范具体化、法律化的有效途径。倡导中华民族的传统美德，通过精确而深入的思想宣传活动，可以显著提升网民的思想道德素质。这种综合应用道德教育与法治手段的方式，有助于形成一个更加文明、健康的网络环境。①

　　在推动网络综合治理的过程中，建立协同创新机制至关重要。这需要各方面力量的整合与合作。在科技快速发展的今天，技术的跨领域融合已成为一种常态，单一的力量难以取得显著成果，因此，必须依靠团队合作，利用集体的智慧来解决问题。这种集体努力将能够促进不同领域和技术之间的有效融合，提升网络治理的整体效能，同时也可以更好地应对网络治理中的各种挑战，促进治理体系的现代化。第一，建立调查报告制度。为解决网络治理体系的碎片化和缺乏焦点问题，确立调查报告制度尤为关键。该制度侧重于采用实地社会调查作为主要途径，致力于全面把握网络空间的动态。重视调查质量，强调在收集数据过程中需具备问题导向，使用多元化的调研技巧，确保对网络空间的复杂性有一个深入且全面的理解。此过程旨在产生基于事实的、科学有效的分析，为网络治理提供坚实的数据支持和理论基础。第二，健全激励考核制度。强调正向激励，确保责任制得到有效执行，并根据目标成果及绩效进行评价和问责。同时，应兼顾容错纠错机制，对于执行中的失误或者缺乏经验的情况应采取宽容态度，以促进持续改进和学习。强调事后的反思和研究，有助于持续优化治网策略。激励考核制度的建立与完善，可以确立一个明确的奖惩机制和合理的层级结构，促进网络治理体系的有效运作和持续发展。第三，通过制度创新促进改革。推动网络生态治理的制度体系改革，需加速创新步伐，尤其是解决存在的衔接不畅问题。通过激发改革的动力和创新精神，可以有效消除现有的制度障碍。此举有助于提升治网效率，还能增强整个网络治理体系的适应性和灵活性。

　　网络空间通过技术媒介构成了一种亚社会形态，打破了传统的时空限制，促进了即时且非面对面的交流，从而映射出现实社会的多维

---

① 王秀. 习近平网络空间治理重要论述研究［D］. 兰州：兰州大学，2020：29.

度特征。这种独特的社交环境遵循从现实到虚拟再回到现实的互动模式，连接了互联网与现实社会之间的通道。然而，网络的虚拟性也给网络安全带来了严峻的挑战。因此，需要进一步确保网络空间与现实社会的顺畅衔接，旨在实现网络与现实领域的同步治理和共同繁荣。这需要在保护网络安全的同时，确保两者的互动机制能够有效支持社会的整体稳定与发展。

发展是推动社会前进的首要动力，而有效的治理则是确保这一动力可持续运转的关键保障。在不同的论坛和会议中，习近平总书记强调了网络经济的发展潜力，提出要通过科技创新引领新的发展模式。此外，他倡导利用网络空间的集聚效应，以此促进网络经济的高质量增长，并推动其对传统经济的正向影响。通过科学的治理，可以释放网络经济的活力，带动更广泛的社会经济变革。在这一过程中，习近平总书记提出的治理观点既具有现实针对性，也具备长远的前瞻性，着眼于通过网络生态的健康治理，确保经济发展的动力不断增强。① 这种治理理念旨在实现网络空间与社会经济同步发展，确保网络生态治理最终服务于人民，充分体现了治理活动的人本主义精神。

中国信息化的发展正处于加速阶段，其重要性贯穿国家现代化的各个方面。2016年中共中央办公厅、国务院办公厅印发的《国家信息化发展战略纲要》指出"我国信息化发展也存在比较突出的问题，主要是：核心技术和设备受制于人，信息资源开发利用不够，信息基础设施普及程度不高，区域和城乡差距比较明显，网络安全面临严峻挑战，网络空间法治建设亟待加强，信息化在促进经济社会发展、服务国家整体战略布局中的潜能还没有充分释放。"习近平总书记强调："网络安全和信息化是一体之两翼、驱动之双轮，必须统一谋划、统

---

① 刘先春，王秀.习近平关于网络空间治理重要论述的三大特征［J］.广西社会科学，2020（3）：12-18.

一部署、统一推进、统一实施。"①此言论强调了网络安全与信息化的不可分割性,并表明两者应协同发展,确保信息技术的全面融入国家战略。网络的安全保障是推动信息化步伐的基础,而信息化的深入发展则为网络安全提供更广阔的实践场景和技术需求。网络空间具有双重性,即其作为信息交流的平台同时也可能成为风险的源泉。基于此,网络安全的维护是技术问题,也是社会治理的一部分,需要在法律、技术和管理层面得到全面加强。这样的视角促使相关政策和措施在设计时必须考虑信息化与网络安全的内在联系,确保两者在推动社会经济发展中的角色能够得到平衡与优化。

在2018年的网信工作座谈会上,习近平总书记强调了"构建网上网下同心圆,更好凝聚社会共识,巩固全党全国人民团结奋斗的共同思想基础"②的重要性。这一观点揭示了网络空间与现实世界之间存在的交互影响及其对社会结构的深远意义。互联网的发展虽然带来了交流的自由度和匿名性,但同时也可能导致个体在现实社会中的角色和行为发生偏离,造成网络行为与现实行为之间的规范界限模糊。这种线上与线下的差异性并不只是技术的影响力,同时也是现代社会治理面临的挑战。网络空间的自由化特质,虽然在某种程度上解放了个体表达,但也可能导致现实社会联系的弱化。因此,强调在网络与现实之间建立更为紧密的连接,促进两个领域内行为规范的一致性,成为确保社会稳定和发展的关键。"构筑网上网下同心圆"理念的提出有效解决了网络生态治理中的分化问题,强化了网络与现实间的连通性,体现了对整体战略和协调性的深刻关注。这一理念在操作层面上

---

① 谈剑锋.建章立制加快推动我国网络空间能力的新发展——对《网络安全法(草案)》的思考[J].信息安全与通信保密,2015(9):4.

② 张洁晶.守住互联网主阵地 着力构建网上网下同心圆[J].中国统一战线,2021(11):23-24.

第三章 网络生态治理的总体布局与国际经验

不仅促进了价值观的统一，也推动了制度安排的协同。此举确保了网络行为和现实行为能够在相同的价值体系下互动，从而有效地管理和指导网络与现实世界的交互。通过这种方法，网络生态治理不再是孤立的活动，而是成为支持社会广泛目标的桥梁。这种思维方式在处理网络与现实的关系时展现了独特的辩证张力，从而在价值与制度两个层面上都实现了创新与进步，如图3-3所示。

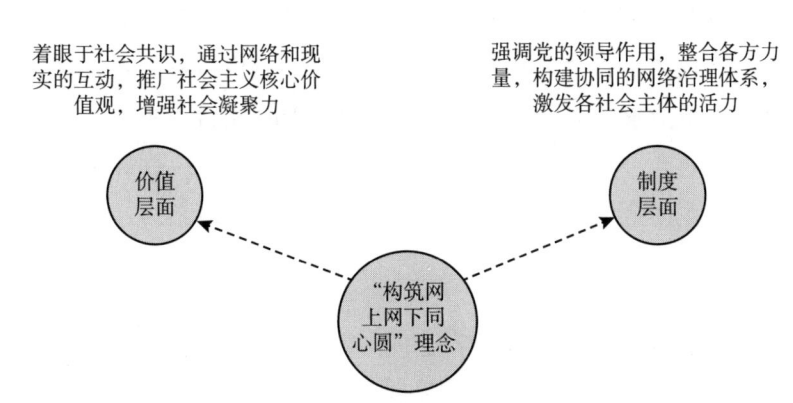

```
着眼于社会共识，通过网络和现        强调党的领导作用，整合各方力
实的互动，推广社会主义核心价        量，构建协同的网络治理体系，
值观，增强社会凝聚力              激发各社会主体的活力

       ( 价值 )                      ( 制度 )
        层面                          层面
          ↖                          ↗
              ( "构筑网
               上网下同
                心圆"理念 )
```

图3-3 "构筑网上网下同心圆"理念对价值与制度两个层面的促进

从价值层面而言，在"构筑网上网下同心圆"理念下，网上与网下的活动旨在强化社会共识，确保网络空间与实体社会协调一致地推动社会发展。此理念着眼于以社会主义核心价值观为核心，促进网络舆论与现实中的思想政治活动相得益彰。在这个过程中，网络成为传播习近平新时代中国特色社会主义思想的平台，同时也是实现理论与实践相结合的场所。网络空间被视作一个有利的舆论场，可以有效传达核心价值观，同时实体社会中的行动也可以验证并增强这些价值观的实际影响力。基于这种双向互动，网络舆论和国家的发展、社会的进步能够实现同步震动，促进了意识形态的广泛接受和内化。这种互动不局限于理论的传播，更涉及实际行动的鼓励与实施，展示了一个全方位、多维度的社会动员模式。

在制度层面,"构筑网上网下同心圆"的理念强调了党的领导在网络治理中的核心地位。这种领导作用通过动员和整合全国各族人民以及社会各界的力量,为实现中华民族伟大复兴的中国梦贡献力量。该理念倡导在党的统一领导下,形成一个协同作用的治网体系,使得网络空间与现实社会在治理上能够相辅相成。该理念同时也强调了党政干部在网络生态治理中扮演的关键角色,主要涉及领导力的发挥以及如何激发不同社会主体在网络和现实中的积极性。通过这样的治理体系,可以有效整合网络与现实的资源和力量,确保网络治理体系能够适应网络特性,实现网络与现实行为主体之间的有效协同和融合,推动网络环境的健康发展。这种统一领导下的治网手段,旨在创造一个既充分利用网络优势又紧密联系现实需求的治理环境。

五、德法共治是重要手段

网络生态治理的有效性,依赖于伦理和法律的共同作用。随着网络世界与现实世界的融合,人类社会活动的重要部分也逐渐转移到线上,这就要求治理者采取创新的治理思维。[①]目前,多发的网络事件和失范现象暴露了现有网络治理体系的不足,提示我们需要加强对这一领域的关注。在网络治理中,德治与法治应当发挥协同效应。德治强调道德规范和价值引导,而法治则依赖于法律规范和制度约束。在网络空间,这两种治理模式应当相辅相成,共同推动网络环境的健康发展。这种合作有助于维护国家安全,促进网络文明的构建,同时为全球网络命运共同体的形成奠定基础,如图3-4所示。

---

① 王承哲.意识形态与网络综合治理体系建设[M].北京:人民出版社,2018:26.

第三章 网络生态治理的总体布局与国际经验

德治与法治

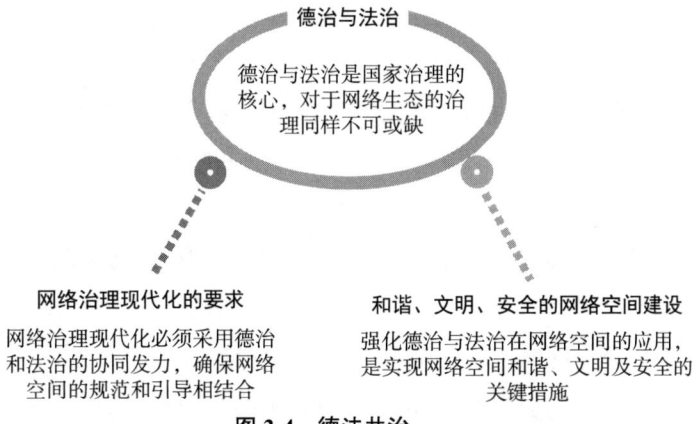

德治与法治是国家治理的核心,对于网络生态的治理同样不可或缺

网络治理现代化的要求

网络治理现代化必须采用德治和法治的协同发力,确保网络空间的规范和引导相结合

和谐、文明、安全的网络空间建设

强化德治与法治在网络空间的应用,是实现网络空间和谐、文明及安全的关键措施

图 3-4 德法共治

公共管理领域经历了深刻的演变,由初始的管制阶段逐步转变为更注重管理效能,进而发展至强调治理与服务的现代化阶段。在这一过程中,各种治理形式和工具被广泛运用,以适应时代的需求。当前,面对公共治理与服务大众化的问题,涉及的治理模式需要展现出其多样性和功能性,从而有效地满足社会公众的期望与需求。这种转变体现了对治理工具和形式的深度依赖,旨在实现公共管理的全面现代化,确保各项公共服务能够更广泛、更有效地惠及社会各界。一方面,在中国的社会主义法治建设中,德治与法治的协同体现了中国特色,也成为国家治理现代化的显著属性。随着全面深化改革的推进,这种协同的目标在于强化并完善社会主义制度,从而提升国家治理体系和治理能力现代化水平。该框架的建设旨在通过道德的引领与法律的约束,优化治理实践,解决存在的不足。这种结构提升了治理的效能,促进了治理质量的提高,确保了国家政策与法律的适应性和灵活性。这种协同的发展趋势,展示了中国在追求治理现代化进程中的创新和调整,意在通过内在的道德自律与外在的法律约束共同推动国家治理向更高效、更公正的方向发展。另一方面,在国家治理的框架中,德治与法治共同构建了一种以人为本、民主平等的现代治理精

神。这两种治理方式均追求一种社会秩序的良性与和谐,并且致力于推动善治的实现。两者在人权与尊严的保护方面也有着共同的目标,体现了深厚的人性价值。在网络生态治理领域,德治与法治的有机结合显得尤为关键。网络环境作为信息流通和社会交往的新兴领域,需要道德和法律的双重保障以促进其健康发展。道德治理可以激励网络用户和管理者遵守社会伦理和责任,而法治则提供必要的法律框架以规范行为,处理违法行为。这种双重结合增强了网络治理的有效性,提高了公众对网络空间安全和正义的信任度。

网络空间已成为展示和塑造文明的关键平台,这里承载着法治文明的规范要求,也是道德文明教化的重要领域。在精神文明建设、网络文明建设、法治文明建设与道德文明建设中,法律提供了行为规范的界限,而道德则填补了法律范围之外的行为引导空白。第一,在现代中国,德治与法治的协同治理是必需的,并且也在精神、网络、法治和道德文明建设的多维进程中扮演了核心角色。这种治理方式深入网络空间——一个展示和塑造现代文明的关键领域。法治以其规范的力量确立了网络行为的界限,而德治通过道德引导填补了法律的空白,增强了社会行为的自我调控能力。这一双重机制的合作,旨在提升治理的全面性和深度,通过法律的权威性和道德的内化作用,共同推动文明的构建。网络作为现代社会的一个显著领域,其文明建设反映了技术和法规的进步,更是道德观念更新的体现。在法治文明和道德文明的协同推进中,网络空间成为展示中国治理现代化的窗口,这种协同作用带来了治理效率和文明质量的双重提升。随着这种协同治理的深入,网络环境和社会环境都朝着更加有序、公正、和谐的方向发展,为整个社会文明的提升提供了强有力的支持。第二,网络政治建设成为政治发展的重要组成部分,体现在现实与虚拟空间的共同进展中。随着互联网和电子政务的迅猛发展,网络政治建设的重要性也日益显现。在这一背景下,德治与法治的协同治理共同构筑了网络政治环境的基础。德治在网络政治建设中通过强化道德标准和价值导向，促进政治沟通的诚信和尊重。法治通过确立法律规范，保障网络政治活动的合法性和正义性。这两者的结合，通过道德引导与法律制约，形成了网络政治环境的稳定框架。网络空间的政治建设，借助德治与法治的相互作用，增强了政治活动的透明度和公众参与的有效性，提高了政治决策的合理性。通过这种双向动力的协同作用，网络政治建设能更好地适应快速变化的社会需求，提升治理质量，确保政治活动的健康发展。[1] 第三，网络空间已成为现实空间的重要延伸，对国家安全、网络安全以及文化建设具有深远的影响。[2] 在这种背景下，德治与法治的协同治理为网络空间的安全和主权构建提供了支持。德法协同治理加强了网络空间的安全防护，优化了网络文化环境，通过这种合作，网络治理的多维度目标得以实现，包括安全维护、文化强化及公民权益的保护。该治理模式也助力于网络强国战略的实施和全球网络命运共同体的构建，提升了网络空间的国际影响力和合作潜力。这种双重治理模式确保了网络空间的稳定与健康发展，为维护国家安全和推动文化建设提供了坚实的基础，同时也促进了网络社会的和谐与进步。

第二节　网络生态治理的国际经验

网络生态治理是全球各国普遍关注的议题。在国际层面上，不同国家根据自己的社会、经济和技术状况，均采取了各种手段来维护网

---

[1] 陈永峰.德治、法治与善治：网络政治参与治理路径选择［J］.学习与探索，2017（9）：45-50.
[2] 岳爱武.习近平总书记网络强国战略的四重维度论析［J］.马克思主义研究，2018（1）：55-65.

络环境的安全与秩序。包括制定法律法规来加强网络安全，保护用户数据隐私，以及确保网络交易和通信的透明度。在全球范围内，国际合作对于有效的网络治理尤为重要。通过国际组织和多边协议，各国携手改善网络治理架构，共同应对网络安全问题，促进技术交流与合作。这样的国际合作强调了协同工作的重要性，旨在建立一个更安全、更互利的网络环境。

一、美国经验

在美国的网络生态治理中，一个核心原则是平衡政府监管与公民自由的关系。美国的做法强调在保障网络信息安全的同时，支持网络行业和个人采取自律措施，并重视保护网络用户的言论自由。这种治理框架结合了政府的监管责任与推广自我管理的理念，旨在创建一个既安全又开放的网络环境。

美国的网络生态治理体系以法律为基础，通过广泛的立法确保网络空间的规范和秩序。自《1996年电信法》起，美国陆续制定了逾130项法律，涵盖网络安全、防范网络恐怖主义、打击网络诱导和虚假信息、防止信息泄露、网络欺诈、网络色情内容及保护未成年人和隐私权等领域。这些法律明确界定了政府、网络服务提供商、社会组织和公民个人在网络空间中的权利与义务，确立了行为规范，为各方行为提供法律依据和约束。[1]美国还强调司法系统在处理网络争议中的角色。在涉及复杂且难以调和的争议时，相关方通常会诉诸法院，联邦法院在这一过程中扮演关键的仲裁者角色，依法裁决网络相关的法律争议调解各方利益。在社会层面，美国联邦通信委员会采用技术手段辅助公众管理网络内容，例如开发内容分级系统和相关软件，使得公众能够自主选择过滤和屏蔽不当信息。这种措施提高了公众在网

---

[1] 许鑫.西方国家网络治理经验及对我国的启示［J］.电子政务，2018（12）：45-53.

第三章
网络生态治理的总体布局与国际经验

络空间的主动性，也增强了网络环境的个体责任感和自我管理能力。

在美国，网络生态的治理结构体现了多元主体的广泛参与与协同。美国联邦通信委员会居于中心地位，整合了政府部门、互联网企业、公民团体及公民代表等多种利益相关者。该机构的存在，为不同主体间的利益协调与平衡提供了重要的平台，促进了各方的相互制约和合作。[①]美国的治理模式在确保网络技术和硬件基础设施的同时，强调法律的制定和审查职能，由立法机构和司法机构共同担负。与此同时，联邦通信委员会专注于网络行业规则的制定与执行，推动行业自律。互联网服务商按照规定自行调整行为，而广大公民通过使用联邦通信委员会提供的信息筛选和屏蔽系统，主动管理接受的内容，同时对互联网政策和政府的管理行为进行监督。在处理与国家安全相关的网络问题时，政府采取主导角色，实施必要的监控与防控措施。这一策略区分了对一般社会生活与私人生活的自律治理与国家安全领域的政府主导治理，确保了网络安全的同时，也维护了公民自由。通过这种多元主体的参与和各自角色的明确分工，美国的网络生态治理结构兼顾了公民自由的保护，有效地维护了网络环境的健康与安全。这种治理模式展现了在现代网络社会中，如何通过多方参与与协调实现全面的网络治理。

美国将网络安全视为国家安全的重要组成部分，实施了包括《爱国者法案》和《国土安全法》在内的立法，以授权国家安全部、中央情报局和联邦调查局等机构进行网络监控活动，包括获取网络私密信息的权限。然而，这些措施引发了公众对于政府侵犯个人隐私权的广泛关注，尤其是在"棱镜门"事件之后，社会对政府监控的意识显著增强。作为对这一现象的回应，美国总统奥巴马在2015年签署了

[①] 应琛.从文化视角看美国在网络生态治理中的立场与行动[J].当代世界，2016（9）：50-53.

《美国自由法案》，此法案由参众两院共同通过，取代了先前的《爱国者法案》。新的法案加强了对公民隐私的保护，明确规定国家安全局禁止搜集普通公众的通讯记录、电子邮件、浏览历史及医疗消费记录等敏感信息。即使在反恐活动中，获取这类私密信息也必须得到情报监控法庭的明确许可。

美国网络生态治理体系构建在法治的基础之上，确保所有相关活动都在明确的法律框架内进行。该治理体系强调立法、行政及司法三大部门之间的协作与制衡，保证法律的严密执行与公正裁决。在网络治理中，平衡的原则致力于调和信息安全的需求与公众的利益。这一平衡确保了在保护国家利益的同时，也维护企业和公众权益。自律原则在网络治理中扮演重要角色，行业组织在其中起到领导作用，引导互联网企业和服务商，以及公民团体和行业协会遵守行业规范，实施自我管理和自我约束。同时，社会协同也是美国网络治理体系的重要组成部分，涉及多元主体之间的相互作用与监督。这种协同工作模式增强了行业的自律性，也加强了政府部门之间以及政府与私营部门之间的合作与监督，促使网络治理体系更加高效与透明。

二、日本经验

日本在网络生态治理上，无论在技术推进、安全措施，还是产业发展方面均表现突出。该国特别强调个人隐私与自由的保护，确保网络治理措施在执行时受到社会广泛的监督与约束。此外，日本政府与行业协会密切合作，共同明确了网络治理的框架与原则，主要倡导行业内部的自主管理。这种模式促进了网络环境的健康发展，保证了治理活动的透明度和公众参与度，强化了社会对网络空间的信任与安全感。

在互联网治理领域上，日本表现出显著的立法活跃性，制定了一系列详尽的法律规范，覆盖网络空间中的各种潜在问题。这些法规从

第三章
网络生态治理的总体布局与国际经验

20世纪末开始形成，并持续发展至今，逐渐演变成一套全面的法律体系来指导网络行为。这些立法主要关注网络安全、未成年人保护、网络犯罪的预防及制裁，以及网络服务商的行为规范，法律内容具体且详尽。尤其是《规范互联网服务商责任法》的制定，对网络服务商的职责进行了清晰的界定。根据该法，网络服务商需负责监测并移除不当内容，并在必要时对内容发布者发出警告。若已发布的内容侵犯了个人权益，服务商则有责任通知内容发布者。[①]此外，日本通过法律明确了网络用户的公共权利与义务，这成为政府进行网络监管的法律基础。在这一框架下，政府被限制干预公民在法律允许范围内的网络行为。在公共事件的处理上，日本法律保障了公众的充分知情权，政府被禁止限制或屏蔽关于政府问责或批评的网络声音。政府机构也被要求对公众的查询持开放态度，确保网络空间的信息自由与透明。这些措施共同构成了日本互联网治理的法治框架，有效地平衡了网络安全和个人自由的关系。

日本在网络生态治理中实行了一种多元主体协调的模式，以总务省为治理的核心，同时整合了警察厅、法务省、文部省等多个部门的专业能力，实现跨部门的协同工作。网络服务提供商在这一体系中被认为是行业自律的关键力量，承担了遵守并执行法律要求的主要职责。多个第三方自律组织，如互联网信息中心、电信服务商协会等，在网络治理中需协助实施和监督行业标准，还有权制定行业规范，包括基本的行为准则，这些准则直接影响服务商和最终用户的网络行为。网络公众同样在日本的网络治理中发挥着积极作用。国内有专门培训的网络文明志愿者群体，他们负责监控网络内容，对包含暴力、极端主义以及可能危害未成年人心理健康的内容进行举报，有效地弥

---

① 谭玉珊，任玮.日本加快完善网络空间管理体系[J].中国信息安全，2015（3）：104-107.

补了官方与服务提供商监管可能存在的不足。①

日本成人产业的广泛发展对未成年人的网络安全构成了潜在威胁，因此政府在网络信息管控上采取了严格的措施。为防止未成年人接触不良信息，政府实行信息内容分级制度，并通过法律手段加强对网络服务商的监管。这包括《交友类网站限制法》《打击利用交友网站引诱未成年人法》以及《青少年网络环境整顿法》，这些法律限制了未成年人访问某些网络内容，还规定了网络服务商必须验证用户身份，严禁未成年人访问不适宜的内容。若网络服务商或信息发布者违反这些规定，将面临至少100万日元的罚款或最多6个月的监禁的处罚。对于未成年人发布的不良信息，相关未成年人将被送往家庭教育指导机构接受适当的教育和指导。日本还强制要求对未成年人使用的网络服务应用过滤软件，以进一步防止他们接触有害内容。治安部门还设立了专门的举报热线，便于公众举报违规内容。一旦接到举报，相关部门将迅速指导网络平台删除不当信息。

在日本的网络治理体系中，政府扮演着指导性的角色。通过确立法律框架，政府支持资源的合理分配、维护竞争秩序以及消除负面影响，致力于营造一个有利于创新和公平竞争的环境。在这一体系下，行业协会、网络服务提供商以及网络用户群体均成为治理过程中的主要执行者。这种治理结构强调在确保网络空间自由的同时，赋予社会各方更大的自治权。通过这种方式，政府既减少了直接干预，也激发了行业和公众的主动性，推动了网络环境的自我管理和自我约束。这种模式有效地调动了社会各界参与网络治理的积极性，进而促进了网络生态的健康发展。

---

① 董翔.公共领域理论视角下我国网络公共空间治理研究［D］.南京：南京航空航天大学，2020：31-32.

三、新加坡经验

新加坡在网络生态治理中展现了其独特的治理模式。该国互联网管理的发展较其他亚洲国家更早，政府在治理中采用约束手段来促使行业内部自律，还融合东西方文化的元素，强化了网络公众教育。新加坡的方法区别于西方的去中心化治理，突出了政府在调整网络秩序中的决定性作用。这种方式有效地结合了政府指导与社会自律，形成了一种既强调监管也重视公众参与的网络治理体系，充分展现了新加坡的治理特色。

在新加坡的网络生态治理体系中，传媒发展局负责对网络服务提供商和网络内容制定规范，并执行直接的内容管理。该机关的干预依据社会主流价值观和公民权益的标准。网络服务提供商承担着监督和调整网络信息的职责，具备在法规授权范围内审查、干预及删除信息的权利。同时，若服务提供商的行为被视为不恰当或失职，也会面临政府部门的制裁。① 随着网络安全形势的发展，新加坡政府设立了网络安全局，这一新机构直属于总理公署，负责统筹国家网络安全治理，加强对网络安全产业的监控，并提升国家应对网络威胁的监测与防御能力。对于新加坡的网络用户，他们的责任主要包括遵守国家的网络内容规范和接受网络安全教育。公众，特别是监护人还需要对未成年人访问的网络内容进行过滤和监督，以确保他们的网络环境安全。

新加坡在网络生态治理上实施了一套综合的法律和规章体系，确保网络空间内各类主体活动的规范化。通过法律和制度的设立，如《互联网操作规则》《分类许可制度》，新加坡确保所有互联网服务提供商在开展业务前必须进行官方登记，以此作为其运营的前提条件。

---

① 汪炜.论新加坡网络生态治理及对中国的启示［J］.太平洋学报，2018（2）：35-45.

此外，新加坡还通过《广播法》设定了严格的内容管制标准，确保所有广播内容均符合社会公序良俗，不得违反公共秩序或国家利益。《互联网操作规则》进一步对禁止发布的网络内容进行了详细的界定，增强了规范的透明度和执行的可操作性。在这套规范体系的指导下，新加坡鼓励网络服务商和内容提供者自行设定高标准，实施自我约束。[①] 为了加强这一治理框架，新加坡还重视公众教育的作用，成立了专门的公众教育组织，持续为公众提供指导和信息。推广"家庭上网系统"过滤技术，是新加坡保护未成年人免受不良信息影响的一种重要措施。

随着新加坡政府对媒体管制观念的逐步变革以及互联网媒体的扩展，对政治言论的管理也相对放宽。虽然过去对传统媒体的控制较为严格，但是，现在政府允许在互联网上制作和传播政治影片，特别是在选举期间，新加坡允许自媒体传播与竞选相关的讨论和视频。网络空间也开始容纳批评政府的言论，展现了比以往更开放的态度。然而，这种开放并不意味着政府完全撤销了对网络言论的监管。新加坡政府仍致力于在保持社会秩序和提供言论自由之间找到平衡，避免滑向无政府状态。政府的干预主要是在确保不越过这一平衡点的前提下适度进行，而非通过行政强制手段无差别地限制言论。

四、加拿大经验

加拿大是全球信息化水平领先的国家之一，拥有成熟的互联网监管体系。该国特别重视网络安全，已经建立了包括国家关键基础设施保护在内的综合网络事件预防体系。这一系统强调技术的安全性，涵盖了预防措施和快速响应机制，确保在面对网络威胁时能够迅速有效

[①] 周兆呈.依托网络平台空间凝聚社会正能量——新加坡网络治理策略与逻辑[J].国家治理，2015（8）：28-33.

地采取行动,从而保障国家和公民的利益不受侵害。

第一,具有完备的互联网监管立法体系。加拿大在互联网监管领域建立了全面的立法体系,强化了网络安全和信息保护的法律框架。该国自 1985 年起便制定了一系列法律,初始通过刑法修正案明确定义了非法使用计算机和破坏政府信息资料的行为为犯罪。随后,加拿大陆续颁布了《信息获取法》《统一电子证据法》《隐私权法》《安全的数字签名条例》《个人信息保护和电子文档法》等关键立法,确保网络空间的合法使用和个人信息的安全。在 2004 年,加拿大推出《保卫开放式的社会:加拿大国家安全政策》,详细描述了发展国家网络安全战略的计划。2010 年为应对日益增长的信息化和数字化挑战,国家网络安全战略被制定,旨在维护和促进国家网络空间的繁荣与安全。政府还鼓励网络服务提供商对网络舆论进行自我规制,将网络信息分为攻击性信息和非法信息两大类。通过加强网络安全知识的培训和网络行为道德的教育,解决攻击性信息问题主要依赖于行业自律和网络公众的自律,而对于非法信息则通过法律法规进行处罚。这一策略已经显示出了积极的管理成效,有效地维护了网络环境的健康与安全。

第二,具有世界领先的电子政务体系与网络事件应急系统。1994 年,加拿大政府公布了《运用信息通信科技改革政府服务蓝图》,标志着该国在全球率先从信息通信技术的视角全面革新政府服务。[①] 这一蓝图引导了加拿大电子政务体系的全面建立,其中包括信息安全、安全检测、运营安全以及人员和网络管理等关键组成部分的综合安全管理框架。加拿大还设立了政府行动中心,该中心负责协调加拿大皇家骑警、卫生部、安全情报局、外交部和国防部等关键联邦部门,确

---

① 何祛.政府网站的建设与完善——从加拿大、德国政府网站谈起[J].软件世界,2006(8):67.

立了作为国家战略级网络中心的功能。此中心在保障网络安全方面发挥核心作用，它持续从全球范围内搜集各种保密和公开信息，以确保国家网络安全。自 2001 年以来，全球咨询公司埃森哲的年度调查一直显示加拿大在网络服务和电子政务方面的成熟度全球领先。这一成就部分得益于"政府在线"项目的实施，该项目由加拿大政府服务与公共事务部部长直接监管，目标是打造成全球与公众沟通最为有效的政府平台。此外，为增强对网络安全事件的应对能力，加拿大政府还建立了专门的网络事件反应中心，该中心负责全天候监控网络舆情并协调处理网络安全事件，确保国家网络环境的安全和稳定。同时，政府积极推动公众通过官方网站参与到社会公共事务的管理中来，通过这种方式提高了政府的透明度并促进了公民参与。

五、法国经验

法国是最早发布新闻自由原则文献的国家，所有人都有言论、创作和出版的自由。只要违反法律规定，就应承担相应的责任。[1] 这些自由被深植于法国的民主传统之中，反映了法国对于媒体作为公众表达观点和参与公共事务平台的高度重视。在法国，媒体的自由权被视为民主社会的基石，同时，这种自由也伴随着责任：任何违反法律的行为都必须承担相应的后果。

在法国，媒体系统显著受到政治的影响，其中政府在媒体调控中扮演核心角色。政府的影响力既体现在媒体政策的制定上，也通过资本注入直接影响媒体机构的运作。法国的媒体政策基于尊重法律秩序与保护新闻出版自由之间的平衡，旨在促进媒体的健康发展和限制新闻权力的滥用。法国还建立了一套较为完善的媒体法律体系，覆盖新闻出版自由、编辑自由、版权保护以及报纸的登记与发行等多个方

---

[1] 江小平. 法国对互联网的调控与管理 [J]. 国外社会科学，2000（5）：47-48.

面。此外，法国还制定了明确的法规，详细规定了政府对媒体的监管权限。这包括对制造虚假新闻、煽动违法犯罪活动、对国内外首脑进行诽谤或侮辱、损害社会风化或威胁国家安全等行为的明确禁止。这些规定旨在确保媒体在传播信息时的责任感和对公众责任的认知，从而在促进信息自由的同时保障公共利益和国家安全。

在法国，互联网的发展初期较英美国家稍晚，引起了政府和立法机构的关注。为了加速网络信息技术的发展及其法律框架的完善，法国采取了不同于英美的监管措施。在法国，网络规制的演进经历了由政府主导的调控到行业自我调控，最后发展为行业与政府的共同调控的过程。最初，互联网的管理主要由政府负责，通过制定严格的法律法规来规范互联网的发展和应用，以确保其正面影响的最大化并抑制潜在的负面效应。随着互联网问题的复杂化，尤其是关于舆情的问题越来越突出，单一的政府调控显得力不从心。基于此，法国引入了网络服务供应商和内容服务提供者，共同参与网络监管中。同时还建立了多个独立的监管机构，如互联网公众协会、互联网监护会、互联网域名注册协会及宣传信息和法律的相关网站，这些机构的成立标志着自动调控阶段的开始。这一系列措施展示了法国在互联网发展政策上的逐步成熟，体现了从政府主导到包含多方参与的网络治理模式的转变。随着互联网的普及及其开放性和公共性带来的多种社会问题，法国政府认识到网络舆情的重要性及其对社会的影响。从20世纪90年代末期开始，政府采取了新的互联网监管体制，这一体制涵盖了政府、行业以及网络用户三方的共同参与和对话。这种多方参与的调控模式标志着法国在互联网管理上进入了一个新阶段，即共同调控时期。在这一时期，法国逐渐形成了一个更加开放和协调的互联网规制环境，旨在集思广益，共同解决由互联网带来的挑战。

六、德国经验

德国拥有欧洲领先的信息技术基础,其通信及电子信息服务已广泛渗透至社会各个层面。在网络舆情治理方面,德国采用了以预防为核心的法制化管理策略,并强调跨部门合作。这种治理模式通过法律体系的支持以及与社会各界的广泛协作,有效地维护了网络舆论的秩序,确保了互联网治理的成效。这种综合性的管理方法还促进了健康网络环境的形成,有力地支撑了国家信息化战略的实施。

第一,德国网络舆情的法制化管理措施。德国政府高度重视网络舆情的法制化管理,并且坚持在维护民主的基础上规范网络行为。为了应对信息和通信技术的快速发展,德国于20世纪90年代制定了《多媒体法》,这是全球首部专门针对互联网行为的法律,目的是在确保网络公共权益的同时,支持电子信息与通信技术的自由发展。德国刑法对网络行为的管理也设定了基本标准,政府被授权使用警力进行网络信息的搜查和没收,旨在收集证据以证实违法犯罪行为,并防止互联网用于威胁电信系统和计算机安全的操作。德国的网络舆情监管不局限于刑法,还包括《青少年保护法》《商业法》等法律,这些法律共同构成了一个全面的法律体系,用于细致监管互联网内容,并进行必要的调查。[1]

第二,网络舆情管理的合作化。在德国,网络舆情管理采取了协作的方式,政府积极与社会各界合作以提高网络环境的整体安全性。为此,德国联邦内政部定期组织信息和通信技术犯罪相关的研讨会,邀请各行各业的专业人士和经营者参与。这些研讨会的目的是促进网络行为的自律,以降低网络非法活动的发生率。德国对于违反信息和

---

[1] 邢璐.德国网络言论自由保护与立法规制及其对我国的启示[J].德国研究,2006(3):34-38.

通信法规的行为实施严厉的法律制裁，其中包括对散布非法信息的个人或组织施以高达 15 年的监禁。这种教育和法律惩处相结合的方法，旨在构建一个更安全、更负责任的网络环境，减少网络犯罪并提高公众的信息安全意识。

第三，网络舆情管理以预防为主。德国政府在网络舆情管理中采取预防性措施，强调通过早期干预预防网络犯罪的重要性。联邦刑警局实施了全天候监控系统，系统地追踪和分析互联网上的可疑行为，确保能够及时识别并应对潜在的威胁。德国内政部还增强了技术投入，聘请专业人员建立并维护一个先进的信息和通信技术服务中心，这个中心专注于通过网络技术手段打击和遏制违法行为。

七、韩国经验

韩国是全球范围内最早对网络内容进行审查的国家之一，以严格的网络舆情管理而闻名。自 2006 年以来，韩国政府建立了韩国互联网安全委员会，这是一个专责机构，致力于网络内容的管理和监督。该委员会的职责包括为韩国主要的网络平台设定内容分级标准，并制定净化网络内容和信息传播伦理的准则。此外，韩国信息通信部长根据《促进信息化基本法施行令》被授予广泛的网络管理权力，并依据法令第 11 条第 2 款和第 12 条第 2 款的规定，部长被赋权在公共信息通信网络中，对能发送、接收、检索和存储信息的网络实体和个体，提出使用屏蔽软件以阻止不良信息的传播的建议。这种措施标志着韩国政府在网络舆情治理中采取的积极姿态，通过具体的法律和行政指导，有效地解决了互联网治理中的主体责任问题。

韩国政府通过精确的网站内容分级系统和全面的法律体系建立了有效的网络舆情管理机制。该机制包括违法有害信息的快速举报中心，还涵盖日常的网络监控活动，以确保网络信息的正当流通。这种管理不局限于全面的网络监控，而是特别聚焦于诸如网吧这类电脑通信环境中的内容,旨在防止那些可能对青少年产生不良影响的信息传播。这些措施强调减少可能损害公众利益或威胁国家安全的信息流通。通过精细化的内容审查和分级,韩国力图抑制那些可能伤害年轻人价值观和情感的不良信息。政府同时强化了网络法律法规的执行力度,确保网络行为规范得到遵守,同时倡导网民自我监督,增强个体在网络环境中的责任感。这种协同治理结构促进了政府与相关部门间的合作,也有效保障了网络环境的整体健康和安全。

2007年,韩国通过《促进使用信息通信网络及信息保护关联法》,推行了网络实名制政策,要求网站运营商在用户注册聊天账户或邮箱之前,验证其提供的身份信息。这一政策使得网络用户的真实身份得以记录,从而增强了用户在网络空间的责任感。实名制的执行显著提高了网络环境的透明度,减少了匿名带来的网络谣言和犯罪行为。此外,实名制还配合了屏蔽技术的应用,有效防止了不良信息的传播,提升了网络公众的信息安全意识。通过这些措施,韩国增强了公众网上行为的自律性,在维护网络安全和保护用户隐私权益方面取得了显著成效。

八、国际经验的启示

在国际范围内,网络生态治理呈现出多样化的模式。美国实行一种以制约与平衡为核心的治理方式,确保政府、网络服务提供者、第三方机构及网络用户之间的权利均受到相互制约。此种治理结构中,法律法规及公共政策的适用对象广泛,既包括网络服务提供者和用户,也涵盖政府自身,这有助于确保所有参与方的行为均在法律框架下进行,有效地避免政府部门对网络自由的不当干预。此模式的特点在于通过法律和政策的全面性与适应性,维护了网络空间的自由与安全,同时也保障了网络环境的开放性和公正性。在日本,网络治理体系特别强调行业自律的实施,这种自律在政府的强制性法规框架下进行。政府制定了详细的法规，界定网络服务提供商在网络管理中的具体责任。要求服务提供商严格按照规定行动，并对其网络内容进行有效地自审。当服务提供商在执行中存在不足时，政府机构将介入，进行必要的问责和处罚。这样的治理模式实质上是政府将网络内容的初步监管职责委托给了服务商，而政府自身则承担了监督和确保责任彻底执行的角色。通过这种方式，日本能够确保网络环境的健康与安全，同时提高服务提供商在维护网络秩序方面的主动性。新加坡实行的政府主导治理模式在网络生态中设定了明确且严格的界限。在这个模式下，网络服务商不仅要清楚自己在网络治理中的角色和职责，还必须在进入市场前满足严格的准入条件。特别是那些提供政治和宗教内容的服务商，以及政治团体的网络平台，都必须遵守政府设定的注册和登记程序，并接受持续的监管。尽管新加坡在网络言论方面逐渐放宽了管制，使网络空间的自由度有所增加，但对某些敏感的政治言论仍然实行一定程度的控制。这表明，尽管有放宽的趋势，政府仍然保持对网络内容的关注，尤其是那些可能影响国家安全和社会稳定的内容。此种治理手段旨在平衡言论自由与维护公共秩序之间的关系，确保网络环境的健康发展。

在全球范围内，尽管美国、日本和新加坡的网络治理结构存在差异，但它们在实施上却也展现出一些共同的特征，尤其是在法律法规的全面性和细致程度方面，这些国家都建立了详尽的法律体系，涉及网络空间的广泛行为，确保网络行为的规范性和责任界定的清晰性。这种法律体系的建立为网络治理提供了坚实的基础，使得网络空间管理更加系统化和高效。这些经验对于其他国家的网络生态治理具有指导意义，特别是在构建一个既全面又具体的法律框架方面，以适应不断变化的网络环境和技术发展。可借鉴之处有以下三个方面：一是全面且细化的法律法规体系。美国、日本和新加坡展示了如何通过建立全面而详尽的法律法规体系来有效管理网络生态。这些国家针对网络空间中的各种行为和情况制定了详细的规定，确保每一种具体的网络问题都能够在现有法律框架内找到相应的法律依据。这种方法有效提升了网络行为的规范性，明确了网络参与者的责任边界，有效防止了潜在的权力滥用和行为越界。通过这样的法规设计，各国能够在维护网络秩序的同时，保障网络空间的健康发展，确保网络技术的创新与应用不受不当干预。二是推动行业自律与网络公众的自律。在美国、日本和新加坡，虽然政府对网络服务商的干预程度各不相同，但共同的策略是鼓励将网络生态治理的责任下放至网络服务商和内容发布者。这些国家通过实施法规和行业标准，激励这些服务商和发布者对网络内容进行自我管理。此举的目的是通过行业自律以及增强网络公众的自我约束，实现网络内容的适当过滤和处理，进而维护网络环境的秩序与安全。这种治理模式强调了利用现有的网络运营机构的专业能力，以及通过教育和政策引导公众参与网络环境的自我管理，共同努力形成一个更加健康的网络交流空间。三是过滤与屏蔽技术的应用。在美国、日本和新加坡，网络治理中普遍采用了信息过滤和屏蔽技术。这些技术通常以软件或操作系统的形式实现，使得用户能在家庭网络接入点或个人设备上主动配置屏蔽选项，自行决定何种内容可以被接入。这种方法使内容的筛选变得个性化，每个家庭可以根据自身需求设定过滤标准，特别是为保护未成年人免受不良信息的侵扰提供了工具。政府在这个过程中扮演的角色是进行内容的分级和归类，通过推广筛选屏蔽技术并对公众尤其是家长进行教育和培训，增强他们使用这些工具的能力。这样的政策既确保了未成年人的网络安全，也满足了不同群体对网络内容多样性的需求。

  在当前的社会转型期，我国面临着快速变化的社会体制和经济结构，伴随而来的是增多的社会矛盾和复杂的问题。同时，互联网的广泛普及为舆论传播带来了新的形态，使得舆论管理呈现出前所未有的复杂性。为了更有效地利用互联网推动社会发展与进步，并构建一个以服务为导向的政府，我国需要吸取国际上的成功经验。

启示一：通过网络自律促进网络行为管理。美国采用了一种结合法律约束与行业自主管理的模式。虽然《爱国者法》旨在强化网络行为的法律监管，以加强网络安全和管理网络舆论，但这在一定程度上引起了对言论自由的担忧和社会团体的反对。为了平衡监管与自由，美国强调网络行业自律的重要性，并将这一策略融入市场调节机制中。美国政府与多个行业协会和民间组织合作，共同推动网络自律机制的实施。这种合作体现在多方面，如政府通过宣传教育活动，鼓励网络用户和组织自觉遵守网络行为规范。美国还通过制定《网络免税法》，为那些展现出高度自律性的网络企业提供税收激励，这种政策旨在通过经济手段进一步促进网络行为的自律。韩国的网络治理体系虽然已建立起一套较为完善的法律和规章，旨在明确网络治理的各方职责，但实践中仍面临着避免网络舆情危机的挑战。这种情况凸显了网络公众与组织的自律性对于网络舆情治理的重要性。韩国的经验表明，加强网络公众的自律意识教育至关重要，这不仅包括在学校教育中加强，还涵盖文化传承和日常生活的多个方面。教育网络公众了解网络舆情的传播规律和发展趋势，可以有效提升他们的网络道德素养和自律行为。引导网络用户树立积极健康的网络使用观念，增强他们理性和客观对待网络信息的能力，是构建良好网络环境的关键。此外，应当鼓励网络用户积极掌握基本的网络信息技术和网络安全知识，以应对可能的网络风险和挑战。

启示二：增强网络信息控制技术研发，强化安全维护。美国在网络信息控制技术方面处于全球领先地位，拥有众多在国际上具有重要影响力的网络安全研发机构和企业，例如国家标准技术研究院、Adobe系统公司、IBM和微软等。尽管网络安全技术的研发通常需要巨大的成本投入，且成果的市场回报可能较低、研发周期长，这些因素可能会削弱企业和社会组织的投资意愿。为了应对这些挑战，美国政府在财政预算中专门设立了网络安全技术研发的专项资金，每年投入大量资源以支持网络安全技术的创新和进步。[①]美国政府通过立法和制定政策，积极加大对网络安全领域的支持。这包括制定《网络安全研究与开发法案》和推动网络空间人才计划，旨在通过政策和资金支持，强化网络安全技术的研发和专业人才的培养。美国政府也在特定领域投入财力，支持开发防病毒软件、内容过滤软件及防黑客软件等高技术含量的安全软件，从技术层面增强网络的安全性和稳定性。

启示三：树立正确的政府信息公开理念，实现透明治理。美国和韩国的经验表明，以公开为原则的政府信息公开理念是透明治理的基石。美国的《信息自由法》和韩国的《信息公开法》均以公开作为治理的核心，通过法律框架确保政府活动的透明度，以此限制行政权力的滥用。这种做法增强了公众对政府操作的监督能力，拓展了民众参与政治过程的渠道，提高了政策执行的透明度。在网络时代，信息技术和互联网的广泛应用加剧了公众对政治参与的需求，同时也提高了对政府回应的期望。公众不仅关注政府回应的及时性，更注重其反馈的有效性、准确性和合理性。因此，建立一个有效的政府网络回应机制是推进社会民主化治理的关键步骤。这种机制应能确保政府在社会问答、诉求回应及处理公众关心的社会利益问题时的透明度和责任心。为实现这一目标，政府需要投入资源优化信息技术基础设施，制定明确的网络信息政策，确保所有政府部门的信息发布和回应活动均依托于一个统一且易于公众访问的平台。这将帮助构建一个开放的政府信息环境，使得公众能够更有效地参与政府决策过程，并对政府行为进行监督和评价。

在网络环境中，迅速和积极的政府回应对于维护公共信任及管理舆情至关重要。面对网络上广泛的讨论，如果政府缺乏及时的反馈，

---

① 燕道成，蔡骥.国外网络舆论管理及启示［J］.新媒体，2007（2）：60.

第三章
网络生态治理的总体布局与国际经验

可能会引发公众进一步质疑，增加在危机情境下的管理难度。在处理公共危机时，政府的响应速度是对公众诉求的尊重，也是确保事件得到有效控制，减少公众恐慌的关键。在紧急情况下迅速回应能够稳定公众情绪，防止误解和不实信息的扩散，是构建政府与公众间信任的桥梁。这种信任的建立，有助于当前危机的解决，还能长期增强政府的公信力；在处理网民对突发事件的质疑时，政府的反馈必须基于事实的准确性和逻辑的严谨性。准确解释事件的原因和政府的应对措施对于塑造政府形象和维护公众信任至关重要。在面对自然灾害或人为事故时，公众关注的焦点往往是政府的应急能力、对受影响群体的保护措施以及对弱势群体福祉的维护。对于涉及责任的问题，特别是在人为灾害情况下，政府应当利用精确的语言和确凿的证据来明确责任人，并公开责任追究的过程。这样透明的做法展现了政府处理危机的决心和能力，也有助于消除公众对事件处理可能存在的疑虑。确保每次回应都符合事实的真实性和处理措施的适当性，是政府在危机沟通中赢得公众支持的关键；在公共危机管理中，政府的态度应展现出真诚和责任感。当事件源于政府的疏忽或错误时，公开承认这一点并迅速采取措施解决问题至关重要。这种透明和诚实的做法有助于缓解公众的紧张情绪，而且还能够提升政府的形象与信誉。政府在回应公众时的语言选择必须真诚并容易理解，避免使用可能加剧矛盾或引发更大不满的措辞。政府还应当持续向公众通报事件的最新进展，确保信息的及时更新，回答公众的疑问，同时建立健全的责任追究和惩处机制，以防类似事件再次发生。在紧急情况下处理公共危机时，政府领导人的语言艺术和责任意识尤为关键。只有当政府在危机沟通中显示出对公众诉求的敏感和响应时，才能有效建立与公众的信任，从而增强政府的公信力。这种从诚信出发的策略，是维护社会稳定和谐的基石，对于建设服务型政府至关重要。

启示四：健全和完善网络立法体系，营造舆情法制环境。美国与韩国在网络法制建设方面的经验表明，不断更新和完善的网络立法体系对维护网络环境的安全和稳定具有关键作用。两国通过修订和强化网络相关的法律和规章，提升了网络安全和信息保护的标准，促进了网络公众的自我约束。这种法制环境为网络行为提供了明确的法律指导，也为网络自律提供了法律支持，从而有效促进了网络环境的健康发展。

在国际层面，成功的政府信息公开制度的构建体现在多方面的制度完善，包括公开的具体实施方式和公开的内容范围，还涵盖了公民对信息公开请求被拒绝后的申诉途径。体系的构建需超越单一法律框架的依赖，发展成一个多层次的法律体系。这种体系应基于宪法，通过专项法律如《政府信息公开法》以及其他相关法律的配合，形成一个协调一致的整体。这一整体法律框架应确保宪法将信息自由权视为公民基本权利的一部分，并保障公民获取政府信息的权利。通过提升《政府信息公开条例》到具有更高法律效力的《政府信息公开法》层次，可以有效促进政府操作的透明度和信息的高效公开。还应修改《保守国家秘密法》，精确界定保密的具体事项，平衡公开与保密的需求。同时，针对《行政许可法》《著作权法》《档案法》《统计法》中存在的与政府信息公开相冲突的条款进行调整和完善，是构建完善政府信息公开制度的必要步骤。制定《隐私权法》和《个人数据保护法》等新的法律也是确保公民权益在网络时代得到保护的关键步骤。[①]这样的法律体系既可以起到保护个人信息的作用，又能够在提升公共行政透明度和增强政府责任感方面发挥作用。

吸取国际法治经验，将法治作为调控网络空间的根本方式，是保证互联网健康发展的关键。加速发展与互联网相关的法律体系，确保网络活动在法治框架下进行，是当前的必然选择。包括制定和完善

---

① 常锐.韩日政府信息公开制度及对我国的启示［J］.东北亚论坛，2012（6）：112-119.

网络内容管理、关键信息基础设施的保护等法律条文，以法律手段规范网络空间，保障个人和组织的合法权益。加强知识产权的法律保护，提高侵权的法律责任，确保违法行为的成本显著增加，具有强烈的震慑效果。建立公正的产权保护体系，全面加强对各种产权的法律保护，排除法律规定中不公平的条款，确保公正性和法律的一致性。这些措施加强了网络法治的基础，也推动了网络空间治理的法治化进程，为网络空间的健康和有序发展提供了坚实的法律保障。

基于此，在借鉴国际经验的过程中，须根据我国的具体国情进行调整，尤其在网络内容分级和确定信息过滤屏蔽的范围上，必须贴合社会主义核心价值观，符合党的十九届四中全会关于网络治理的三大要求：以内容建设为核心、以先进技术为支撑、以创新管理为保障，是构建健康网络环境的关键。精细化的法律体系是确保网络空间法治化的基石，只有通过明确具体的法律文本，才能确保网络治理各方的权责清晰，并且界定其行为边界。行业自律对于推动网络生态治理现代化至关重要，行业组织的自治能力直接影响其在网络治理中的参与程度和效果。信息过滤与屏蔽技术作为管理网络信息内容的有效工具，不仅能实施差异化管理，还能避免粗放式的一刀切做法，这对于营造一个多元、健康的网络环境具有重要意义。通过这些手段，能更好地实现网络空间的有序管理和健康发展。

第四章

网络生态治理现代化的制度体系

  随着网络技术的广泛应用和对社会生活的深刻影响,党和政府运用网络资源能力不仅意义重大,内涵还十分丰富,不仅要善于运用网络强大的信息传播和宣传功能,改进宣传方式,避免空洞的理论说教,加强宣传的吸引力、说服力和感召力,而且还要善于运用网络的开放性,打开社会公众了解政务工作的窗口,使公众获知最新动态,消除网络虚假信息的负面影响,不仅要学会运用网络信息交流的交互性和双向性,加强与公众的互动联系,利用网络架起与公众沟通协商的桥梁,还要学会运用网络技术手段,提高党务政务工作效率,在网络环境下体现为对网络舆情的主导能力。

  网络舆情的管理需超越政府单一的作用范围,涉及构建一个多元化的参与体系。在此体系框架内,传统媒体、在线社区及社会组织等均发挥着不可或缺的作用。这种合作关系有助于维护公共利益,确保网络舆论的正确引导与处理。该体系内的每一方都必须积极参与,以形成有效的网络生态治理机制。第一,在网络舆情管理中,需要与在线公众进行有效的互动。传统媒体应利用其深度分析的能力,探究特定事件背后的因果逻辑,引领公众树立对事态的理性看法。这种做法既可以提高信息的透明度,也能够促进公众理解的深度,有助于构建一个更为成熟的信息消费环境。网络舆情管理中的主动沟通也是澄清误解、平息无端猜疑的关键。在此基础上,公众对各种事件的理解将更加全面,对信息的接受和反应也更为审慎。第二,合理运用法律及行政手段，对网络违法行为予以查处，依法规范各类网站信息发布，严防误导性报道和信息操纵行为的发生。这种做法有助于维护网络传播的真实性和可靠性，进而促进社会秩序的稳定。第三，发挥行业协会组织自律功能。及时将突发事件和政府应对措施的关键信息传达给传统媒体、各类网站和互联网自治组织，有助于增强信息透明度和有效沟通，同时还可以促进信息的准确传播，使这些平台在突发事件的处理中发挥更大作用。通过共享最新的政府动态和决策，行业协会能够引导各方更好地履行其在信息传播和自我管理中的责任，从而在网络生态系统中形成良性互动，提升整体治理水平。第四，创新网络舆情管理机制。充分利用社会多元力量，形成多元主体沟通互动的多中心治理模式。第五，建立网络新闻发言人和网评员制度。设立网络新闻发言人和网评员制度，可有效提升政府在网络信息传播中的主动性和权威性。定期举行沟通会议或新闻发布会，为政府与公众的直接交流提供平台，确保权威信息的及时发布。在网络社区迅速发布相关信息，对于网络舆论的及时引导至关重要。这种精确并权威的信息传递，有助于舆情的专业化处理，实现对事件的深度解析和公众疑虑的及时消解。加强网络舆论阵地的构建，是提高网络舆情引导水平的关键一环。注重引导艺术和策略的开发，将网络舆情引导能力的提升定位为一种持续的工作重点，能有效地促进网络与现实社会秩序的和谐。这体现了政府信息公开制度的不断创新和完善，也是快速平息负面舆论、维护社会稳定的一种有效实践。[①]

自党的十八大以来，党中央对互联网的发展与治理给予极高的重视，全面协调涵盖政治、经济、文化、社会及军事等多领域的信息化与网络安全问题。通过实施一系列创新性的决策与措施，国内网络信

---

① 顾金喜.积极推进政府治理创新　妥善应对网络群体性事件［J］.行政管理改革，2011（3）：84-87.

息事业的快速发展，并取得了显著的历史性成就。网络安全与信息化的发展，密切关联国家的全局安全与发展前景，影响广大民众的工作与生活质量。在此背景下，强化网络综合治理能力，成为一项紧迫任务。这一过程涉及构建一个多元参与的治理体系，其中包括党委的领导、政府的管理、企业的责任履行、社会的监督功能以及网民的自律行为。加强网络正面宣传，明确坚持正确的政治方向、舆论导向和价值取向，是构建健康网络环境的重要方面。通过广泛传播习近平新时代中国特色社会主义思想和党的二十大精神，我们可以不断团结和凝聚亿万网民的力量。同时，深入开展关于理想信念的教育，推进中国特色社会主义和中国梦的深层次宣传，培育和践行社会主义核心价值观。这些活动致力于构建线上线下的同心圆，为全党全国人民提供坚实的共同思想基础，以应对未来的挑战与机遇。

第一节　加强网络生态治理的党委领导制度

习近平总书记强调："党政军民学，东西南北中，党是领导一切的。"[①]在中国特色社会主义体制下，党的领导是实现国家治理的核心力量，这一治理原则同样适用于网络生态的管理。在中央网络安全和信息化委员会的指导下，我国已经形成了一种全方位的网络治理新格局。这种模式依托党委的统一领导，政府的有效管理，企业的依法运营，以及全社会的广泛参与。在这一模式中，明确战略目标和政策方向是基本步骤，进一步动员各方面力量，确保网络空间的安全与繁荣。关于职能的优化调整，解决了国家主管部门之间的职责交叉与重复问题，同时明确了省市县各级网络治理机构的职责范围。明确

---

① 《党的十九大报告》(2017)。

第四章 网络生态治理现代化的制度体系

政府、企业和个人在网络治理中的责任分工，有助于动员更多的社会力量参与到网络空间的治理中来。通过这种分工，我们可以充分发挥各自的优势，同时形成有效的治理合力。在多元化协同方面，积极推动社会各界力量的整合，发展网络空间的群防群治机制和行业自律机制，有效地促进了全社会有序地参与。通过这种方式，既可以增强网络空间的内在治理能力，也能够发挥社会力量在网络治理中的积极作用，为构建安全、开放、共享的网络环境提供了坚实的基础。

政府在信息化发展中扮演着关键的协调与引导角色，通过统筹规划和宏观调控等手段，确保政策措施的系统研究和完善，解决发展中遇到的体制机制难题，为信息技术领域创造有利的发展环境。强调市场需求的重要性，政府鼓励利用市场机制的动力和企业的创新能力，推动信息基础设施和各类信息交流平台的建设，运用信息化手段促进产业的升级换代。中央网络安全和信息化委员会的办事机构办公室负责详细的规划任务和重点项目的执行与管理，确保目标和任务的分工明确，同时加强监督和检查，确保工作重点突出，分步骤推进，确保规划的具体实施。这种工作机制的设定，旨在确保各项政策和项目能够有效地执行，最终实现政府引导和市场运作的良性互动，加速信息化进程，优化国家信息基础设施的整体建设与运营，便于提升区域经济社会发展的效能，强化区域与国家层面相关部门间的交流与合作。通过省部合作及省市联动的方式，推动信息通信产业平台与经济合作区、进出口基地及国际及国内产业协会之间的协同合作，这一举措有助于统一行动并提高效率。建立联席会议制度，旨在促进各部门间的协调，共同解决网络生态治理中的重大问题，进而推动基础设施的共建共享，促进基础设施建设的同时，也为区域经济社会的发展提供更好的支持。同时，完善网络治理的多个机制，包括主体合作、决策协调、多元力量的良性互动、基础设施和信息资源的共享以及人才交流合作，都是实现网络生态治理高效运作的关键。这些机制的优化和协同运作,将极大地提高治理效果,实现区域发展目标的最大化。

在网络意识形态领域,各级党委承担着落实工作责任制的任务,重点强化网络文明建设的主体责任。此举包括几个关键方面:第一,加强社会主义核心价值观在网络空间的主导地位,积极进行网上舆论引导和思想引领,致力于创造一个清朗的网络环境。此举旨在巩固正面的思想舆论,通过有效的信息传播和思想教育,促进公众舆论的正向发展。第二,建设一支既懂技术又懂政治的互联网政工人才队伍。这一队伍的核心任务是提升网络思想政治工作的质量和效果,增强对网络政治环境的洞察力和政治辨识能力。这一措施旨在通过专业化的培训和实践,提高干部队伍在新媒体环境下的操作和管理能力。拓展网络文明传播志愿者的队伍规模,通过系统的教育培训提高其网络素养,同时增强社会公信力。这些志愿者在网络空间中扮演着积极的角色,通过传播有益信息,提升网络文化的整体质量。第三,强化广泛的政府教育,确保政府工作人员严格遵守网络行为规范,遵循政治纪律和政治规矩,以身作则,积极宣传党的理论和政策方针,传播正能量,坚决抵制网络空间的不良风气。

在网络生态的治理体系中,各级党委负责确立核心思想、指明发展方向和推动相关改革。这一角色强调了党的领导在网络治理中的中心地位,党的指导原则和决策对于引导网络生态的发展方向和管理实践至关重要。这种领导方式强化了政策执行的一致性,确保了网络环境的健康和有序。通过这种集中统一的领导,网络治理能够更有效地响应社会和技术的快速变化,促进网络空间的长期稳定与发展。

网络生态治理的复杂性要求党的领导发挥核心作用。第一,加强统领全局。在网络生态治理中,确保党的领导权威被全面认可是首要任务。通过各类信息平台,如网站、微信、微博等,定期发布关于党的理论与政策的解析,无论是文字形式还是音频形式,均可有效扩大党的影响力。网络治理的方向需要明确展现习近平新时代中国特色社会主义思想的核心价值观。根据习近平总书记关于网络生态治理的指导思想，持续并深入地学习习近平总书记系列重要讲话的精神，是提升治理质量的基础。这种学习不仅仅是理论的吸收，更是实际应用于网络治理实践中，确保网络空间的治理方向与国家战略一致，从而营造一个健康、积极的网络环境。通过以上活动，网络治理的核心理念和战略方向得以清晰表达，并在社会各界中得到广泛传播与支持，进一步巩固了党在网络空间的领导地位。这种深入的理论学习与宣传活动，确保了网络治理工作的正确性和高效性，符合当前网络环境的治理需求。第二，确保坚定核心。在网信领域，构建并严格管理一支专业队伍是保证党在网络治理中领导力的关键。此队伍需展现对党的忠诚，确保在执行任务时坚决遵循党的指导。通过强化对网信领导干部的选拔和配置，确保领导层的质量和效能，为网信事业的持续发展提供坚强的组织保障。加强对网信干部的理想信念教育，明确其岗位职责和工作标准，并实行绩效考核制度，促进其自我监督、自我检查和自我提升。这种做法有助于保证干部队伍始终严格遵守党对网络生态治理的各项策略，确保其工作行为和决策符合党组织的规范。第三，加快凝心聚力。为提高网络生态治理的效能，党组织系统需增强与非党主体的协作意识。包括政府机构、企业以及社会团体，通过共同的参与，形成治理的广泛联盟。设立党与其他重要参与者的对话平台，为网络生态治理的相关议题提供交流的场所，这些平台可以通过定期召开专题会议来实现。这种对话和会议的举办，旨在深化各参与方之间的理解与合作，提升对网络治理议题的集体响应能力。通过这种持续的交流和合作，加强各方的联系，在共同参与的基础上，提升整个网络生态治理的协同效应和凝聚力，有助于构建一个更加开放和高效的网络治理体系，确保各项决策和行动得到广泛支持与执行。

党员干部在网络生态治理方面的教育需系统覆盖国内外的治理理论及实践，深入了解中国网络治理的发展历程和积累的经验，以此加强理论知识和提高素养。同时，学习现代网络信息技术并积极与公众互动是提升自我能力的重要环节，包括有效利用网络资源，如专家讲坛和其他教育平台，确保所学知识能够全面吸收并内化。实践中，党员干部应该将所学的新理论和技术运用于日常工作中，尤其是在信息化管理方面，提升对技术的驾驭能力，从而解决在关键岗位上可能出现的技能不足问题。通过这种方式，可以有效地将理论学习转化为解决实际问题的能力，提高党的工作的整体效率和效果。这种持续的学习和应用有助于个人成长，也是提高整个党组织功能性的关键。

在当前全球信息化迅速发展的背景下，须运用前沿科技成果来加强党的领导。适应知识信息化、业务大数据化、办公网络化及运转一体化的发展趋势，积极推动网络党建，是保持党的先进性的客观需求。此举体现了改革精神在党的建设中的应用，也是决策科学化的有效手段，进而促进党的执政能力的提升。在网络意识形态斗争的背景下，提升网络综合治理能力成为必须面对的挑战。形成以党委领导为核心，政府、企业、社会及网络公众等多方参与的治理体系，集经济、法律和技术手段于一体的综合治网格局，是实现有效网络治理的关键。① 此种治理模式有助于增强各治理主体的责任感和参与度，也确保了网络空间的安全和稳定，从而支撑党的政策方向和治理效果的优化。确保新媒体领域受到党的监管，涉及将具有媒体特性和社会动员功能的网络平台纳入相应的管理许可体系。对于互联网企业，必须强化其在不传播有害信息方面的责任，确保互联网不成为不实信息的扩散场所。加强网络行业内的自我约束，激发网络公众的参与热情，以此动员社会各界共同参与到网络治理中来。防范外部势力在新媒体领域的潜在影响以及资本过度控制舆论的风险也是非常必要的。群团组织如工会、共青团和妇联应积极参与，明确立场，发挥声音的力

---

① 张小霖.新时代我国网络意识形态建设探析［J］.攀登（汉文版），2020（3）：65-69.

量，引导公众对模糊信息的理解，驳斥不正确的言论，确保群众在网络空间中感受到组织的存在和引导。这样的参与既可以增强网络内容的正确性，也加强了群体的向心力和信任感。

　　网络党建代表了党建活动与网络技术的结合，标志着党建工作在实践领域和应用手段上的现代化转型。这种转型体现了传统党建活动与现代信息技术的融合，利用网络作为承载体，通过网络技术的支持实现党建工作的创新。网络党建在工作机制上展现了多元特性，包括开放性、平等性、交互性、超时空性以及立体交叉性，这些特点使党建活动能够跨越传统的时空限制，增强互动性和参与度。网络为党建提供了新的实施空间，也成为加强党的组织生活、发挥其组织作用的重要平台。在当前中国社会政治生活中，网络已成为不可或缺的一部分。在这种环境下，继续深化网络党建的实践，已被广泛认知为提升党组织功能的必要行动。网络党建的进一步发展，需系统地解决如何在网络环境中更有效地加强党的建设和活动的问题，以适应科技进步和社会变革的要求。网络党建已成为党建活动中的一个关键维度，与企业、农村、城市街道党建相辅相成。作为政治建设和思想建设的新平台，运用网络信息传播技术和数据库管理系统，除了发布党建相关信息之外，还通过网络开设党校和思政教育平台。这种模式使得党务管理和日常工作得以在网络上依设定程序进行，借助大数据提升工作效率，并形成了一种综合性的党建和党务工作管理的新模式。网络党建的发展为党组织提供了更广阔的活动场域和更高效的管理手段，使党建工作更加适应现代社会的需求。党建工作在继承传统有效经验的同时，需要在更高层次上进行创新和改进。引现代网络技术到党建中，是技术的运用，更是对工作方式的一种深刻革新，使党建活动与现代社会发展趋势相融合。网络党建的发展和实践已在各级党组织中得到广泛认可，其影响力与日俱增。这种模式强化了党的理论教育和政治引导的有效性，也增强了党的组织生命力，展示了网络党建在现代社会政治生活中的独特作用和重要价值。

一是网络化信息化在党的思想建设方面发挥着重要作用。网络党建可以促进思想解放，增强思想政治教育的及时性、有效性。网络化信息化有利于党利用互联网宣传党的路线方针政策，利用互联网凝聚共识，弘扬社会主义核心价值观。把网上舆论工作作为宣传思想工作的重中之重来抓，要积极利用新媒体加强宣传工作，支持党报党刊，利用微博、微信等新媒体弘扬社会主义核心价值观，传播正能量。加强网络舆情监测，引导网上舆论，避免人民群众思想混乱。

二是网络化信息化在党的组织建设方面发挥着重要作用。网络党建优化了党组织和干部队伍的管理，促进了干部选拔和任用工作的科学化。党内民主建设得到了推动，党务公开性增强，进而提高了工作的透明度并加强了党内监督。这使得党员能更有效地了解及参与党内事务，从而确保党的决策过程更加科学和完善。网络党建还致力于增强党组织与群众之间的联系，通过网络公开反映群众广泛关心的经济社会发展进程、政府的政策执行等问题，使得党群关系更加密切与和谐。网络化信息化极大地促进了党的基层组织之间的交流，实现了资源共享，提高了党务工作的效率，降低了成本。例如，通过实现党员管理的自动化和网络化，组织部门能够轻松访问各党委的数据信息，及时更新党员的流动情况，如党员的转入或转出。这种即时的数据处理和更新，为下岗职工党员和流动党员的就业状态、组织生活方式及联系方式的管理提供了一种高效的新工作模式。通过这种整合的方式，网络党建既提升了管理的效率和准确性，还为整个党组织的现代化、透明化和民主化建设提供了强有力的技术支持。

三是网络化信息化在党的作风建设方面发挥着重要作用。推行电子党务对于探索有效开展批评与自我批评的方式、解决党内民主监督薄弱的问题，以及推进反腐败斗争、创立新形势下党密切联系群众渠道。网络化信息化是适应新形势新任务的重要举措，也是推动纪检监

第四章 网络生态治理现代化的制度体系

察工作规范化、科学化的重要手段。近些年来，全国纪检监察信息化建设逐步推进，在领导体制、网络建设、业务应用和人才培养等方面取得了显著成绩。以中央纪委、国家监察委为中心，连接各中央和国家机关纪检监察机构、各省（区、市）纪检监察机关，再连接地市纪检监察机关的三级信息网络已经建成，加强信息化培训力度，纪检监察部门建立了电子邮件系统，开通了网站，案件管理、信访管理、廉洁自律管理、法规查询等业务信息系统已经得到推广应用。

四是网络化信息化在促进党群关系方面发挥着重要作用。网络化信息化开辟了一条密切联系群众的新渠道，强化了党在执政能力建设中与群众的互动与联系，适应了社会变革的需求，并通过不断地创新与适应，加强了党的阶级和群众基础。互联网的交互功能强大，通过电子邮件、在线留言和实时交流等多种形式，党同人民群众之间的沟通更为直接和即时。这种通信方式为群众提供了更便捷的表达渠道，也让党能够及时了解和回应群众的需求与意见。当前，中国的网络公众，尤其是青年学生、知识分子和新兴社会阶层等群体，因其较高的教育水平、对社会变化的敏感性及相对较高的生活标准，成为党联系的重要群体。网络化、信息化使党能够更有效地与这些群体进行交流，从而深化党群关系，增强群众的支持和信任，这对于党的执政地位和社会基础的巩固是有益的。为此，网络化、信息化作为加强党群联系的手段，展示了其在现代治理中的核心作用，确保了党的决策更具包容性和前瞻性，从而更好地服务于社会和民众的需求。这种技术的应用优化了党群沟通渠道，提升了党的组织效率和响应速度，是对传统党群工作模式的有效补充。

为了推动党的建设现代化，必须综合运用价值理性与工具理性。信息技术，作为现代化的产物，承担着促进现代化的关键角色，对于党建工作的现代化进程同样不可或缺。这项技术提高了管理和操作的效率，增强了党建活动的互动性和透明度。通过信息技术的应用，可以优化党建工作的结构和流程，确保党建活动与时俱进，响应现代社会的需求。把网络化信息技术运用于党的建设，对党的组织形态、权力结构、党员思维方式等将产生深远影响，可以有效推进党的建设现代化。加强网络党建有利于进一步提升党的执政能力建设。只有学会利用网络化信息技术，创造党建工作现代化的条件和基础，才能更好地体现、增强和保持党的先进性，不断提高党自身的执政水平和执政能力。同时，加强网络党建有利于巩固党的执政基础。网络拓宽了党与群众的联系渠道，使党与群众之间的沟通更加便利，党和群众的血肉联系变得更加巩固，党可以从中汲取用之不竭的力量。网络党建的实践形式如图 4-1 所示。

党建系统建设　党建平台建设　党建网站建设　党建机制建设

图 4-1　网络党建的实践形式

第一，党建系统建设。加强网络党建的基础设施，建设党组织信息系统成为关键。该系统以大数据为基础，构建灵活且动态的管理平台，确保网络党建的均衡发展。系统的核心在于利用先进的信息技术实现信息的录入、采集与管理，从而建立一个立体化、交互式、多层级且广泛覆盖的信息管理系统。这种系统设计旨在实现对党员和党组织的数据化、网络化、动态化以及个体化管理，从而显著提升管理的信息化水平。党组织信息系统主要包括党内组织信息管理系统、党员电子身份认证系统及党务动态管理网络系统等三个关键子系统。这些子系统的整合优化了党组织的运作效率，同时也加强了对党务管理实时性和准确性的控制。通过这种高度集成的信息系统，党组织能够更有效地响应和管理党员以及党务活动，确保党建活动与时俱进，满足现代化管理的需求。

第二，党建平台建设。这是开展网络党建的重要载体和主要渠道，重点包括六个平台建设：一是及时公布党内重大信息的信息发布平台；二是加强党的创新理论成果的宣传教育、占领互联网的思想舆论阵地、引领党员群众思想导向的理论宣传平台；三是使党内外群众能够方便、迅捷地接受党的组织培训的在线学习平台；四是畅通党群、干群直接对话交流的反映党内群众的意见和想法的党群交流平台；五是拓展和延伸党的组织建设创新性实践的党务活动平台；六是发挥党内监督、社会监督的综合力量，促进各级党组织和党员队伍的纯洁性的舆论监督平台。

第三，党建网站建设。党建网站在设计时要突出灵活、便捷、人性化的特点，突出主题教育功能和互动交流功能，重视党建网站的沟通交流功能。党组织要加强与党员、群众的网上交流，提高网站的互动性。

第四，党建机制建设。网络党建的发展需要科学规范的制度保障。当前，应着重加强四个方面机制建设：一是网络党建组织领导机制。网络党建是中国共产党在信息网络社会推进党的整体建设的重要组成部分，必须在中国共产党各级党委的统一领导之下有序推进、科学发展。从网络党建的组织领导现状来看，要形成以党委统一领导，组织部门总体负责，党员服务中心等部门具体管理，各相关单位共同维护，基层党组织积极参与的格局，以有力保障网络党建的顺利推进。二是网络党建运行管理机制。为保证网络党建的健康运行，首先要加强网络党建的权限管理，强化以党建网站为核心的平台管理，严把信息发布的审批关。其次，要加强对网络公众的管理。党建网站后台采取多级授权模式，保证信息的及时性、准确性、可看性和可持续性。最后，要加强安全管理，确保党建网站的高性能和安全性。三是网络党建协调发展机制。网络党建是一项复杂的系统工程，需要从党的全局出发，健全网络党建的协调发展机制。既要协调好内部建设的软硬件、形式与内容的关系，更要协调好总体设计的中央与地方、城市与农村等关系。既要建设好网络党建的规则机制，解决当前我国网络党建出现的分散化、小型化、封闭化的实际问题，又要建设好网络党建的协调机制，通过统一标准，共享资源，实现网络党建的真正联通。四是网络党建信息管理机制。我们致力于形成"科学合理、面向社会、服务公众"的网络党建格局。

近年来，在网络信息浪潮中，党务工作从形式到内容均有明显改进。党务工作平台蓬勃发展，广大党务工作者和党员利用网络优势，借助网络平台，在信息管理、新闻发布、理论研究和宣传教育等方面，都取得了显著成效：一是开发党务信息管理系统和新闻发布系统。党建信息发布的网络化主要是指以党建网站这一主要平台的信息系统。开发和运用信息管理系统及新闻发布平台，为及时发布党建相关信息提供了有效工具。这种做法为基层党组织和党员群众提供了方便的途径以获取党建活动的最新动态。网络化的党建信息发布，通过消除地理和时间的界限，降低了信息传递中的层级损耗，实现了对全体成员和所有组织的广泛覆盖。党务信息管理系统包括基本信息管理、基层组织建设、统计与分析、数据交换传输以及党内法规查询等多个相互关联的系统模块。这一系统集成了党务工作的日常管理、统计分析和信息传递功能，是一个多功能且高效的管理系统。此平台的使用可以促进党组织工作的实时动态管理。与此同时，网上新闻发布系统的建立利用网络平台的优势，发布并宣传党的最新理论、政策及各级党组织的重要精神。在互联网时代，传统的广播、电视、报纸及公共广告板等宣传手段已被网络发布渠道所补充。这种网络化的信息发布方式利用其传播的时效性优势，在第一时间内迅速发布新闻，确保党组织、党员以及广大网络用户能够迅速接触到相关信息。二是构建网上党建理论研究、宣传和教育网站。传统党务工作中，基于党建理论研究、宣传和教育等手段，与网络化时代要求已有许多不适应之处，迫切需要改进。发挥网络优势，借鉴世界政党成功运用互联网经验，将现代网络技术融入其中，实现手段和方式创新，开辟一个全新的富有生机的新天地。首先，要构建一个党建理论研究的网站。通过开展系列网上活动，促进党建理论研究，扩大交流合作，实现政党建设信息资源共享，促进党建理论创新。其次，构建党建理论宣传、教育网站。定期发布党建理论研究成果和党建动态，广泛宣传主流声音，宣传党的新举措，引入党组织、党员、群众关注和讨论的热点，掌握最新研究成果，指导具体工作实践，统一思想、统一行动，在全面推进党的建设中发挥强大的推动作用。

新时代，网络技术对于加强基层党建创新具有不可替代的重要作用，具体如下。

第一，党务活动网络化能够有效地激发基层党建创新活动。基层党建面临的现实环境已经发生了前所未有的变化。信息技术作为当今世界最富影响力且为人们所熟悉的技术手段，成为基层党建在新形势下与时俱进、改革创新的重要渠道。基层党务活动的网络化，主要是指通过网上党务活动的开展，提高党员群众参与基层党组织活动的积极性，提升党员的民主参与能力；加强基层党组织与"两新"组织党员的联系，有效克服党员组织生活的缺位现象。一方面，建立网上党支部，使基层党建工作能够适应新的社会环境的需要。随着党员队伍年轻化、知识化程度越来越高，党员网络公众越来越多，党建工作对互联网的依赖性越来越强。随着市场经济的不断发展，政企职能的分离，新的经济组织形式的出现以及新的用人机制的产生，不少党员脱离原先的组织成了难以联系的游离党员，包括外出流动党员，本地自由职业党员，本地个体私营、外资、集体企业党员和在外国学习、工作的党员。通过网络支部，可以设置专门的留言板和通信系统，这些党员能够持续地接受来自党组织的指导和教育，维护其与党组织的联系。网络化的党支部也为这些党员提供了参与党内活动的平台，如进行意见交流、工作汇报、民主评议和组织选举等。这种方式既增强了党组织的凝聚力，也确保了党性教育和监督的持续性，对维护党的组织纪律和增强党员的党性观念起到了关键作用。另一方面，随着市场经济的深化，党组织面临的挑战之一是如何管理分布广泛、组织形态多样的"两新"组织党员及流动党员。这些党员常常因为小规模和地理分散，或是与工作单位组织关系的脱节，难以参与常规的党组织生活。在这种情况下，信息网络技术的应用成为解决这些问题的关键。利用信息网络技术，党组织能够建立网络化的组织生活平台，这样的平台可以弥补传统组织生活中党员"缺位"的不足。通过网络平台，可以实时更新党务活动信息，组织线上会议、教育培训和民主评议等，从而使得广大分散的党员能够无障碍地参与到党的活动中来。这种组织生活的网络化有效提高了党组织的覆盖和管理效率，增强了党员的归属感和活动的参与度。党员无论身处何地都能通过网络参与组织生活，确保了党组织联系和管理的连续性。总之，网上党支部、网上组织生活会的建立，突破了传统单位管理的局限，实现了跨时空的联动，增强了党内活动的生命力。

第二，运用信息技术，实现党员组织管理的网络化。随着社会经济结构和组织方式的多元化，传统依托于固定单位和部门的党员教育和管理模式面临重大变革。流动性高的党员，如那些经历下岗、离岗或转岗的人员，以及在多样化和分散化的职业路径中移动的党员，经常处于组织生活的边缘，有时甚至变成了组织视野中的"隐形党员"。在这个背景下，网络化的党员管理系统成为解决上述问题的有效工具。通过这种系统，可以实现党员组织关系的实时更新和对接，保障党员管理的连续性和有效性。这种网络平台既优化了组织关系的转接

第四章
网络生态治理现代化的制度体系

和党员去向的跟踪,也简化了党员身份的确认和组织生活的参与。网络平台提供的服务能够覆盖传统组织难以触及的区域,使得原本可能因地理或职业变动而失联的党员能够重新融入党的组织生活。网络化管理使党的工作能够适应快速变化的社会环境,确保每一名党员无论身在何处都能保持与党组织的紧密联系。为了加强流动党员管理,通过网络平台对流动党员进行管理获得了较好的成效。通过建立支部网站,我们可以实现对"两新"组织的党员管理。"两新"组织是指具有民营性质的新经济组织和新社会组织。在"两新"组织的党员管理方面,党员组织管理的网络化可以通过基层党组织的网络化实现。市场经济的深入发展,使"两新"组织大量涌现,成为经济社会发展的重要推动力量,而"两新"组织的非公有性,使党组织在"两新"组织中无法实现强而有力的组织覆盖,党员也由于分散而往往无法参加正常的组织生活。为此,各地通过建立"网上党支部"的形式尝试解决这一问题。

网络化学习教育利用政府远程教育系统和党建网站平台,为党员提供学习和教育资源。党员学习教育网络化由于学习内容、形式、载体等方面与传统教育有别,因此,在一定程度上可以提高党员学习教育的积极性、主动性。网络化学习为党员教育提供了一种创新形式,有助于统一教育内容并整合党员的思想认识。通过这种方式,党员无论身处何地,尤其是那些位于郊区的基层党组织的成员,都能随时访问网络课件,实现学习的即时性和连续性。这种学习模式扩大了教育的覆盖范围,加大了动员的力度。利用网络平台,极大地丰富了党员教育的内容,拓展了教育的形式,增加了多样性和便利性,从而有效地解决了一些党员因工作和学习的时间冲突而难以参与集中学习的问题。这种灵活的学习方式适应了现代信息技术的发展,满足了不同党员的学习需求,成为推动构建学习型党组织的关键渠道。以建立支部网站为推手,通过支部网站的准确定位,从技术、功能和价值三个层面积极探索党员管理新途径。支部网站作为传递核心价值观的关键平台，致力于创新基层党建的方式，同时充当展示党员形象和党务公开的窗口。这一平台是基层党组织与党员群众互动的重要渠道，也是服务党员和群众的在线家园，为他们提供信息交流和获取服务的便捷途径。一是在技术层面上，为了增强支部网站的功能性和影响力，需在技术层面进行扩展，确保可以覆盖包括"两新"组织在内的广泛党员。此举旨在将支部网站转变为一个强有力的网络平台，通过扩展建站比例和完善信息库，使之能更有效地连接和动员群众。延伸网站服务领域和整合有效信息亦是提升其作为联系和动员工具能力的关键措施，确保网站能满足不同群体的需求，增强其服务和交流的功能。二是在功能层面上，关键在于强化其作为推进"两新"组织党建工作的平台功能。改善服务模式，注重把推动支部网站建设与为党员提供一站式服务结合起来；丰富活动形式，注重把推动支部网站建设与方便基层党组织活动结合起来；推进党务公开，注重把推动支部网站建设与推进党务公开，接受党员群众监督结合起来。这三项核心工作共同推动支部网站成为连接党员和群众、促进党建活动的重要网络平台。三是在价值层面上，支部网站的建设旨在通过有效的活动和服务提升其在"两新"组织中的影响力，充当引领社会成员和组织群体的关键角色。网站通过优化沟通模式，扩大其沟通范围，并提高沟通的深度和广度，从而更好地凝聚和团结党员群众。网站应当定期举办有针对性的活动，通过这些活动有效地宣传党的理念，加强党员与社会成员之间的联系。综合这些元素，支部网站的构建和维护应确保其布局合理、功能操作便捷，同时保持活动的频繁性和有效性，以增强党员和群众的凝聚力。这样的网站服务于党员，也成为社会成员了解党的政策和参与党组织活动的重要平台。通过这种方式，支部网站真正成为宣传、凝聚、服务和引导党员群众的前沿阵地。

第二节　加强网络生态治理的政府负责制度

政府在网络生态治理中须认识到网络技术在现代社会管理中的重要性。政府应积极采用网络工具，创新社会管理模式，同时合理利用互联网资源。通过电子政务系统，建立政府与公众之间的有效沟通平台，便于收集和分析网络舆情，并且也有助于精准了解社情民意。政府需要积极响应社会诉求，以满足社会的需求。通过建立和完善处理网络舆情的反应机制，减少网络舆论可能产生的负面影响。这种主动的互动和交流策略能够增强公众信任度，促进政府与网络社会的良性互动。同时，常态化和制度化的在线互动是实现公共事务管理高效化、便捷化、开放化及透明化的重要途径。探索互联网的运行规律并利用多种工具进行有效管理是确保网络环境健康发展的关键。通过法律、行政和经济手段，可以更好地理解网络公众的思维模式，并采取适合他们接受的方式来管理网络活动。加强互联网基础设施的建设和管理，正确引导网络舆论，是维护网络与信息安全的重要举措。为了有效地应对网络舆情，应建立舆情监控制度，设立专门的舆情监测团队，这些团队负责密切关注和分析重要的网络舆情，以便迅速作出响应。设立舆情引导制度，通过权威的信息发布渠道及时回应公众关注的问题，对疑问进行解答，对不实信息进行纠正。政府还需积极探索那些容易引发网络舆论的敏感问题及其内在规律，建立舆情处理的预警系统和快速响应机制。不断加强对网络动态的理解和掌控，确保公共政策的实施与网络公众的期待相符，进而建立和完善网络综合治理体系，创造一个稳定和健康的社会舆论环境。

一是健全信息收集分析机制。部署基于云计算的数据系统，能够有效满足存储、决策和分析需求。①这种系统的建设不仅提高了数据存储和分析的效率,而且为社会主义核心价值观的教育提供了必要的数据支持。信息采集作为数据库建设的初步阶段,在各个生活领域都有其应用。尤其是在青年大学生的社会主义核心价值观教育中,利用这些数据可以有效地丰富教育内容、资源和形式。通过让数据发挥作用,教育过程将更加符合学生的需求和实际情况,从而提高教育成效和影响力。

第一,信息收集机制。(1)为了深入了解社会主义核心价值观在社会中的影响力,构建一个综合性数据库来系统地收集和分析各种网络平台,如常用网站、应用程序和论坛上的相关信息变得尤为重要。这包括对各平台的访问量进行量化分析,以此评估公众对社会主义核心价值观的认知和接纳水平。通过这种数据分析,可以精确掌握社会主义核心价值观的认可程度、接受程度以及其在公众心中的内化程度,从而为相关的政策制定和教育工作提供数据支撑。(2)政府与企业之间的对接协商是关键,以促进信息传播的角色从主导者到参与者的转变,进而鼓励和促使更广泛的群体积极参与传播和推广社会主义核心价值观的活动。这种合作关系增强了社会主义核心价值观的传播效果,也使其能够更深入地渗透到日常生活和工作中,从而使得这些价值观能够被更广泛地接受和内化。(3)为有效管理与价值观相关的大量数据,重点在于建立科学的数据搜集和存储方法。处理这些数据的关键在于发展和培养专门的大数据分析人才,这些人才能够开发并运用专门的软件或程序来执行具体的分析任务。可以最大化地利用大数据的潜在价值,确保收集到的信息为社会主义核心价值观的推广和教育提供坚实的数据支持。

---

① 邹绍清,郭东方.大数据时代青年社会主义核心价值观培育的现实困境及实践路径探讨[J].马克思主义研究,2016(9):70-77.

第二，信息分析机制。大数据的挑战不仅在于其庞大的体量、快速的处理速度和多样的类型，更在于其固有的复杂性。数据从多个来源以复杂的格式快速流入，需要高效的分析方法来提炼和利用这些信息。有效的信息分析能够筛选和解读大数据中的有用内容，转化为支持决策和策略制定的可行洞见。这一过程需要精密的技术手段和专业的数据分析技能，确保从众多信息中提取出对价值观教育和传播具有重要影响的数据。[①]因此，强化信息分析机制是建立健全数据库的重要环节，通过科学的分析可以极大增强数据的应用价值，支持和促进社会主义核心价值观的广泛传播和深入人心。（1）采用先进的数据分析软件对信息进行整理，按数据相关性对信息进行分类，是提高数据处理效率和准确性的关键步骤。这种方法允许从局部样本分析转向对大规模数据集进行全面综合分析，实现从局部到整体的视角转变。（2）将无序数据转换为可分析信息，通过细致地分析因果关系、从宏观与微观角度出发、区分定性与定量分析，并根据数据的相关性及其重要性进行整合，可以有效地提升数据的应用价值。这一过程涉及精细的排序和筛选，确保从大量数据中提炼出有意义的信息，进而支持更加精确和有见地的决策。（3）通过记录和分析数据，我们可以识别出人们行为背后的复杂模式和发展规律。大数据技术的应用使得从网络数据中深入挖掘和收集公众的诉求和意识成为可能。应用科学的思维方法和先进的分析工具对这些信息进行详尽研究，能够揭示出人类行为的普遍规律性。这种分析既可以帮助识别出数据所反映的深层次事实和真相，还能够为社会主义核心价值观的传播提供依据。根据从数据中得出的规律和真实情况，可以设计出更加精准和有效的宣传策略，确保价值观教育与公众的实际需求和期待相匹配。

[①] ［美］比尔·弗兰克斯.驾驭大数据［M］.黄海，车浩阳，等译.北京：人民邮电出版社，2013：4-5.

第三，信息对接机制。打破信息孤岛，实现数据之间的互联互通，对于提供具体、预见性、科学和综合的解决方案至关重要。这些方案能够帮助公众解决关于思想、行为和心理方面的疑惑，并对网络中获取的信息进行客观和公正的分析。通过揭示事实真相，有效地反驳错误观点和谬论，这种信息对接机制能够增强社会主义核心价值观教育的实际效果。为了实现这一目标，必须加强对大数据技术、资金和制度的支持，确保人才的培养与引进，以及科学合理地利用大数据资源。同时，建立规范的大数据信息管理和应用制度，完善数据库的采集与处理流程，是确保信息资源得到最有效利用的关键。

二是健全信息交流合作机制。第一，为强化信息交流与合作，需要构建一个综合的信息资源应用与共享机制。此机制应致力于资源整合，消除部门间的障碍，确保不同部门间能够实现数据和资源的互联互通。这种整合不应局限于国内，还应拓展到国际层面，采取无条件共享和有条件共享的策略，以加速信息资源的全面整合。加强信息资源的开发也是提高合作交流效率的关键。应通过统筹推进，积极建设各行业和领域的合作交流平台，从而促进信息的有效流通和应用，有助于优化信息资源管理，增强各部门和行业之间的协同作用，从而提升整个社会的信息交流和资源共享能力。第二，建立健全各地信息交流工作机制。加强各地区之间的信息交流合作，关键在于建立一个全面的工作机制。包括政策、法律、技术标准、网络架构等领域的深入沟通与协商，共同推动区域信息化的发展。积极寻求国家级部门如工业和信息化部、商务部的指导与支持，是推进这一进程的重要一环。促进多样化的合作对话形式和不同层次的交流是提升信息合作效率的必要步骤。这包括加强对信息交流中心、相关平台及其应用的技术标准和管理体系的研究，制定统一的网络技术和数据交换格式标准，同时确保知识产权的保护，平衡各方利益，从而确保区域合作的持续共赢。建立国家间、地区间在科技、农业、贸易、教育、文化和安全等

第四章 网络生态治理现代化的制度体系

多个领域的信息交流与共享渠道，通过加大资源整合力度，整合政府、企业和社会的信息资源、网络和应用系统，建立综合性的数据资源和交换平台，可以有效促进区域性信息的共享与交流，进一步加强区域合作的深度和广度，推动共同发展。第三，加大信息共享，促进开放合作机制。促进开放合作并加强信息共享，关键在于提升新一代信息技术如物联网、云计算和大数据的应用能力及水平。构建一个综合性支撑体系，该体系以业务需求、数据整合、核心技术和政策扶持为基础，为网络空间的发展和规范化提供坚实的保障。建立网络科研基地并创建一支高科技人才队伍，是确保网络安全管理技术和治理手段能够与最先进的信息技术同步发展的有效措施。包括增强网络空间安全的技术研发，以及加大自主创新的力度，特别是在网络防火墙等关键领域。通过财政税收优惠、完善的政府采购机制等手段增加对这些技术领域的投资，引导更多的社会资本参与网络安全产品的开发。加强这些领域的技术攻关，构建覆盖政治、经济、文化、社会、军事等多个领域的网络过滤系统，是对抗破坏性网络信息侵袭、确保网络安全的必要措施。这一综合性的方法将极大增强网络空间的安全性和稳定性，促进健康有序的网络环境发展。

三是加强网络舆论引导机制。网络空间的舆论导向，不仅取决于政府治理能力的高低，即使政府妥善处理了公共危机事件，网络舆论也具有不可捉摸性，流言传播会使政府治理效用大打折扣，甚至会歪曲真相，损害政府形象。网络空间的纷繁多样的信息使每个人都无法辨别信息的真实性。互联网虚拟环境构建的舆论直接影响网民的判断，直接影响政府形象塑造。社会转型期网络舆论多元化，提高对网络媒体的舆论引导力，是政府形象管理的关键环节、薄弱环节。有效的方法是积极关注网络舆论生态，建立网络空间信息传播常态机制，聘用专业的网络技术人员对网络舆情进行实时监控、适时引导，倡导政府与重要的网络平台商户进行合作，一旦网络舆情在公共危机治理过程中出现偏差，官方媒介平台需要及时作出回应，以正视听，确保权威真实的信息不会被各种流言蜚语所迷惑，运用新媒介平台积极倡导理性的网络语言和网络行为，以社会主义核心价值观为引领，遵循网络舆论的形成规律，运用与互联网网民平等对话的策略进行理性的公众对话，促进政府和互联网网民之间的互动，提高公众对政府互联网治理的向心力，只有这样，政府才能在引导舆论方面更好地发挥积极作用，为政府形象传播营造良好舆论环境。

在网络舆论的形成和引导中，一些在社交媒体拥有大量支持者的公众人物扮演着至关重要的角色。这些人物因其对特定群体或广泛公众持有显著影响力，常常能够在网络环境中塑造或改变公众对某些议题的看法。尤其是在公众对网络谣言和不实信息表现出盲目从众的情况下，他们的态度和观点则成为引导网络舆论的关键力量。网站平台应更好地利用这一影响力，使他们能在网上起到正面的舆论引导作用，强化主流观点，同时孤立和边缘化非主流或偏激言论。除此之外，网络平台的编辑和管理员在舆论引导中也承担着重要职责。作为信息的初级处理者，他们负责筛选、保留或删除用户帖子，还在了解事件详细背景的基础上策划讨论议程，及时发布高可信度的信息，有目的地组织网络争辩，从而促进公众对重要社会问题的理性思考和讨论。在网络舆情监控和引导过程中，采取的态度应避免过于简单粗暴。不应轻易封帖或删帖，而应当更多地尊重和理解公众的情感，引入理性和情感因素，通过互动交流促进公众的认同感和共鸣。对抗网络上的造谣、攻击和污蔑行为也是必要的，有助于保护个人和集体的名誉，也是维护社会稳定和发展，营造健康网络舆论环境的重要措施。

四是完善危机预警预判机制。其一，危机发生前的监测和预警。在构建有效的危机预警与预判机制中，首要任务是利用高级数据处理平台进行公众思想动态的持续监控。这种监控依赖于对社交平台如互

第四章
网络生态治理现代化的制度体系

联网、微信、微博等的活动数据实时分析，确保能追踪到公众的行为模式和数据足迹。这些数据痕迹反映了公众对社会主义核心价值观的接受度和态度变化，是动态更新的，需要使用先进的云计算平台进行分析。此平台的设计需处理并存储从 TB 到 PB 甚至 ZB 级别的数据量，利用先进的智能数据设备收集和分析广泛的用户行为数据。通过云技术，可以高效地筛选和处理信息，尤其是识别出具有潜在煽动性和过激性的内容。这样的技术实现并不只是为了监控，而是最为关键的是能够及时介入，有效疏导不良信息带来的负面影响，消除这些信息可能对公众核心价值观认知造成的障碍。通过这种系统的实施，可以在问题发展到无法控制的阶段之前，对其进行有效管理和引导，确保舆论环境的健康发展。这种预警和预判机制提升了对网络舆情的管理能力，加强了对社会稳定的维护，使潜在的问题得以在初期就被妥善解决。其二，危机发生后的处理和应对。在应对已经发生的价值观危机时，需要建立有效的直接对话和沟通机制。这种机制依托于大数据平台，目的是制度化和常态化地解决公众的疑惑与问题。开展有声及无声的沟通，可以更系统、更深入、更全面地解决公众的价值取向混乱和社会失范等问题，防止情况进一步恶化。这种沟通机制通过大数据算法，根据收集到的信息，有针对性地提供解答，解决公众的具体困扰。有助于缓解由于信息不对称或误解造成的社会矛盾，还能增强社会成员间的凝聚力。通过定期的数据分析和反馈机制，这一沟通平台能够持续优化其响应策略，确保对公众关切的有效回应，从而维护社会的稳定与和谐。其三，危机的综合分析和有效防范。在防范和分析危机方面，综合利用大数据平台进行全面分析是关键。平台通过识别和监控公众关注的焦点和敏感话题，根据这些话题的关注度、关注增幅和持续性，建立有效的价值观教育预警机制。此机制能够及时掌握信息传播的趋势、舆论走向以及意识形态的变化，为敏感问题进行安全等级的评估，并对潜在的风险进行实时监控和预测。综合性的应对策略包括持续的沟通和协调，以确保问题得到及时处理。加强信息数据安全的措施，包括对软硬件资源的投入，是确保信息处理能力和防护能力同时得到加强的重要方面。通过这种方式，可以实现现实环境和网络环境的信息全覆盖，有效引导社会思潮，凝聚社会共识，并提升民族的凝聚力及国家在全球网络中的话语权。

五是健全网络舆情治理机制。随着网络舆情的持续增长，中国政府加强了对网络舆情治理机制的研究。多个地方政府采取了电子治理措施，规范网络宣传活动，同时网络舆情管理部门也得到了增强的人力、技术和财政支持，这些措施在某种程度上发挥了作用。然而，管理网络舆情是一个长期而复杂的过程，仅仅依靠网络管理人员的努力难以全面控制庞大的网络社会。① 如刘云山所言："在这种形势下做宣传思想文化工作，如果对互联网新兴媒体不高度重视、不善于运用，就会陷入被动，更谈不上扩大覆盖面、增强感染力。"② 为提升网络舆情管理的效果，政府需全面增强与公众的沟通交流，并优化相关职能部门的工作机制。这包括明确优化网络舆情的工作目标和加强对主要新闻与社交平台的信息监控，如人民网、新浪、搜狐、网易等，以便有效收集社会民意并制定相应的舆情响应策略。政府对公众在网络平台上的投诉和建议应确保响应及时、处理透明、反馈有效，从而在政府与公众之间搭建起互信与互动的桥梁。应制定具体的工作制度来规范和指导政府职能部门的网络舆情管理，包括明确问题解决的时间限制及责任人。对于需要延时解决的问题，应当在网络上明确公布处理的原因和预计的延迟期限。为了增强公众信任，政府应当在处理完毕后，尽快在网上公布事件的调查结果和解决情况，确保透明度和公众

---

① 曾众.公关目标下的政府形象评价体系——以公共危机为实证研究［D］.杭州：浙江大学，2006.

② 刘云山.回顾与展望（在中央宣传文化单位负责同志座谈会上的讲话）［J］.求是，2009（1）.

第四章
网络生态治理现代化的制度体系

参与度。在电子政务实施中，政府需确保对公众诉求的有效响应，这要求分配专人负责回应并监督问题的处理。定期公布处理公众诉求的进展与成效，确保这一过程的透明性，让公众能够持续监督政府的工作。[1]在现代网络媒体环境下，公众利用各种平台如论坛、微博、BBS 设定议程并发布即时信息，这在一定程度上增加了政府在舆情管理中的难度。因此，政府在应对网络舆情时，应确保信息的及时公开，正确引导舆论，维护公众的知情权。面对群体性事件，应避免单纯以社会稳定为先的策略，而忽视公众意见，如简单地封锁信息会导致谣言蔓延。网络舆情的快速传播和广泛影响力要求政府不应采用回避的方式，而应主动、及时发布权威信息，有效控制谣言。通过抢占舆论先机，发布全面、准确、权威的信息，政府能够显著提升其信息公布的公信力。加强网络问政机制建设是完善网络舆情管理的关键环节。网络问政是公众参与政治的重要方式，也是政府管理网络舆情的主要手段。通过这种机制，政府能更有效地参与网络对话，响应公众关切，从而促进政府透明度和公众信任。

在网络舆情危机管理中，可以构建一个具有高度操作性的应急预案体系，清晰地规定在危机发生的各个阶段——包括预警、发生、处理及后续——应由哪些人员负责，具体操作步骤、执行内容、时间安排以及所需资源。有效的应急管理体系应包含以下几个层面的预案：首先，是综合性的网络舆情联动应急总预案，涵盖面广，为整体操作提供框架指导。其次，根据不同严重级别的网络事件，设立多级应急预案，这包括特别重大事件的Ⅰ级预案、重大事件的Ⅱ级预案、较大事件的Ⅲ级预案以及一般性事件的Ⅳ级预案，每个级别的预案都应明确具体的响应措施和资源配置。此外，还需制定针对特定部门、地

---

[1] 秦微琼.网络舆情对政府形象的影响及应对策略研究［D］.上海：上海交通大学，2008.

区、企事业单位及重大活动的专项应急预案。这些预案不仅增强了对特定情况的响应能力，也确保了在面对多样化的舆情事件时，能有序、有效地进行管理和控制。通过这样详尽的预案设置，可以确保在网络舆情危机发生时，能够迅速、有效地应对和管理，从而减少潜在的负面影响，维护社会稳定。

在网络舆情危机逐渐消退的阶段，必须通过综合分析各类信息，进行科学的评估。此时，深入理解舆情发展的各个阶段特征、有效的管理措施、舆情趋势的可能转变、总结治理经验与成效，对已采取的措施进行反思，提出改进建议，均至关重要。这一过程对于提升管理部门应对网络舆情的能力具有重要作用。为确保网络舆情危机处理机制的实用性和实效性，定期组织模拟演练是必要的。这样的演练既可以测试预案的完整性和适应性，还能够增强公众对危机的警觉性和提高处理危机的实际操作能力。通过模拟演习，管理者能够加深对应急预案的理解，熟悉其操作程序和处理技巧，确保在实际危机中能够灵活有效地执行预案。同时，还应积极开展针对群体性事件的应急演习，以增强管理层对危机的应对意识和处理能力。了解和掌握预案的详细内容和具体执行方法，是确保预案在实际操作中达到预期目标的基础。网络舆情管理的成功除了依赖于政府的努力之外，还需要社会各界的广泛支持和参与。因此，政府在网络舆情治理中应进行必要的战略储备，包括技术、资源和人力等，以确保在危机发生时能够迅速、有效地应对，避免因准备不足而导致的反应迟缓或处理不当。

在处理网络舆情危机时，政府的第一要务应聚焦于构建开放的沟通机制。其一，行动是当危机发生时，立即向公众明确传达事件的细节及已采取的措施，提高处理问题的透明度和效率。此过程中的沟通应着重于交流而非对立，展现政府解决问题的决心和能力，从而快速地修复可能受损的公众信任。在常规管理中，维护一贯的信息公开是基础，政府应保持与非政府组织及民众的持续对话，确保沟通渠道的畅通无阻。通过优化信息发布的时效性和准确性，政府才可以有效利用信息的社会功能，避免由于信息不透明或延误导致的社会紧张和误解。政府还应致力于增强各部门间的信息流动和协调，保证在信息共享和危机处理方面的一致性，从而构建更为稳固的社会信任基础。其二，倾听民众意愿和诉求。主要涉及危机时与公众直接的面对面沟通，同时也包括利用网络工具广泛收集民众的反馈，系统性地分析并响应网民的疑虑，从而获得更全面的社会情绪和民意。在危机发生后，政府的基本姿态应是坦诚面对事实，迅速且透明地处理问题，确保调查的公正性，不回避问题也不护短。通过这样的方式，政府能够展示其对公众诉求的尊重和重视，这也有助于构建公众对政府的信任和支持。有效的沟通和真诚的交流是解决问题和缓解危机的关键，确保每一次的舆情反馈都能成为提升政府应对能力的机会。其三，根据规律分段进行。在网络舆情危机处理中，政府应以事件的进展为依据，适时提出实际可行的解决方案并作出建设性承诺。通过电子政务系统的有效运行，政府可以邀请享有社会声望的专家或认可度高的网络影响者介入，解释涉及的问题及建议的解决策略，助力缓解公众的紧张情绪，减少危机对社会秩序和公共安全的影响。舆情危机的爆发往往会动摇公众对政府及其职能部门的信任。尽管政府采取了有效的应对措施，公众对政府形象的恢复仍需时间。因此，在处理网络舆情危机的过程中，政府需彻底分析并整改引发危机的根本问题，对在危机中受损的民众实施补偿，并对涉及的责任人进行公正处理，对构成犯罪的行为依法追责。政府还应总结舆情危机处理的经验教训，通过改善公共政策和增强危机管理机制的透明度和响应速度，提高未来对类似事件的处理能力，确保在面对网络舆情时能够更加高效和敏捷地应对，从而维护政府的形象和公信力。其四，政府需有效利用其宣传和组织力量，以重塑民众对政府的信任并提高政府形象。通过积极的沟通策略和透明的信息发布，政府能够将危机的负面影响最小化。这一活动包括持续的公共关系活动和对民众关切的及时响应，以确保在危机后公众能够感受到政府的责任感和有效性。

监管部门要把握网络互动性强特点，了解公众意见和心理，以有效的应对机制和手段，使事件快捷、稳妥、高效解决，最大限度消除不良影响。互联网健康发展离不开科学有效的管理。提高网络群体事件应对能力，已成为当前乃至今后一个时期维护社会稳定的重要工作。在社会转型时期，网络群体事件不仅将以一种常态化方式存在，而且将会随着公民权益意识的发展而不断壮大，对社会的影响也将越来越深刻。面对网络群体事件，必须从根本上转变思维，理性对待众声喧哗的社会公众意见表达，不可执着于过去的强制性角色，应该积极构建多元一体的网络综合治理体系，调动社会各方力量共同参与，建立统一、权威、协调、高效的网络舆情管理机制，以理性应对网络群体事件，牢牢掌握网络舆情与危机处理的主动权。

一是坚持属地管理，谁主管谁负责。在新闻宣传和互联网信息管理中，党中央强调了属地管理原则的重要性，即"属于谁的领域，谁就负责"。这一管理原则要求明确责任，确保各级管理机构和部门对其职责范围内的事务承担全责，有效避免责任推诿现象。政府宣传部门需强化互联网新闻和信息的监督管理，积极处理热点敏感问题，并有效引导网络舆论。文化、广播电视、新闻出版、教育、公安、安全及工商等相关部门需在自己的职责边界内积极作为，同时协同配合，形成联动机制。这种多部门合作，可以更全面地管理和引导网络空间，确保网络环境的健康和秩序，充分发挥各部门的功能，确保责任明确、执行到位。

二是提供强有力的组织保证和物质技术支持。所有网站进行IP登记备案，掌握实情，心中有数，特别是要加强对互联网新技术、新业态的动态管理，深入调查研究，制定管理规章，明确管理责任，防止出现管理盲区。

第四章
网络生态治理现代化的制度体系

三是强化网络管理者的信息把关职能。要增强网络信息管理的前瞻性和主动性，网络舆论引导需要提前介入，有效控制风险。充分利用互联网违法和不良信息举报中心的功能，动员社会公众积极举报违法及不良信息。这样的参与既可以增强群众的责任感，也能够为管理部门提供必要的支持，有助于构建一个更加健康和有序的网络环境。通过这种方式，可以更有效地前置管理措施，减少网络不良信息的传播和影响，确保网络空间的清朗。

四是改进治理方式，提高治理水平。在网络治理方面，互联网管理部门需要采纳现代化治理理念，持续创新和优化管理策略。这包括利用先进技术手段，以应对网络发展中出现的挑战，提升对不良信息的识别、监控及干预能力。加大资金和资源的投入，确保网络安全技术的更新和应用，强化网络违法行为的监控系统。同时，严格执行现有的互联网法律和政策，确保对违法行为的有效打击，遵循"有法必依，违法必究"的原则，确保网络环境的规范和秩序，提升整体治理水平。

自党的十八届三中全会起，提升治理效能已成为政府的核心任务，传统的"管理"术语被"治理"所取代，象征着对网络空间的新理解和新应对。政府在面对网络空间的无边界性、自由度、开放性及透明度时，应采取更为开放和包容的态度，积极面对公共讨论与意识形态的碰撞。政府需要顺应时代发展转变思维方式，从单一管理者的角色转向参与者与促进者的角色，利用网络空间的动力促进政治参与和社会监督，加强与网络公众的对话和协商，确保政策制定既科学又民主。在网络治理策略上，重视与社会多元主体的协作是关键。政府需承认并利用社会各方的能量，提升对网络舆论的正面认知，强化网络作为公共参与和表达诉求平台的正面影响。[①] 通过这种方式，政府

---

① 王结义.网络政治参与中的政府角色定位[J].重庆社会主义学院学报，2010（2）：80-82.

不仅能够有效地响应社会诉求，而且还能通过增强决策的透明度和参与度，优化治理效果，确保网络空间的有序性和治理的适应性。其一，政府是网络空间基础设施的建设者和维护者。这种基础设施不仅包括网络硬件或技术架构，还涵盖了确保网络环境稳定的法规和制度框架。包括部署先进的技术保障网络的安全性和可访问性，同时制定与实施支持这些技术的政策和法律，确保网络空间的健康发展。政府的责任在于提供一个稳固、安全且开放的网络环境，使其能够满足经济和社会的各种需求，包括公民的表达自由及信息获取权。其二，政府承担着调和网络空间内部利益关系的关键角色，便于平衡各利益团体之间的需求和期望。这一职责通过制定和执行全面的法律框架、培育健康的网络文化及推广网络伦理而得以实现。通过这些措施，政府致力于形成一个开放而富有建设性的在线对话环境，确保各方能在尊重和理解的基础上交流意见，共同推动网络环境的积极发展，有助于增强网络社区的凝聚力，促进了公平且持续的技术及信息访问。其三，政府在网络空间中的核心职责是确保所有行为都遵循法律法规。作为行为底线的维护者，政府通过制定与执行相关法律，为网络交流设定了清晰的界限。这一做法旨在提供一个既开放又尊重的交流环境，允许自由表达的同时确保不违反法规。这样，政府不仅维护了公民的基本权利和自由，同时也保障了网络秩序，推动了网络空间的良性发展和社会的和谐稳定。其四，政府是网络舆论的回应者，致力于及时解答网络公众提出的问题并透明化地处理公共事务。面对公共议题与广泛讨论，政府应通过有效的沟通机制及时发布权威信息，解释政策决策背景，明确政府行动方向，以消弭误解并促进信任建设。这种行为模式既回应了公众诉求，也提高了政策的透明度和公众参与度，从而强化了政府与公众之间的互动与合作。

　　网络生态治理需要政府、社会组织、网络媒体、公众等多元主体共同努力。在"互联网+"时代背景下，政府应主动担起网络空间共治的责任，与社会、媒体及公众协同作用，优化治理结构，共同推动网络空间的积极发展。这种协同治理模式强调了政府与社会多元主体在网络公共生活中的合作管理，旨在达到理想的"善治"状态。在此框架下，政府需加强对网络空间的系统性管理，确保信息传播的准确性与健康性。同时，媒体机构应承担起报道真实信息的责任，避免为追求眼球而歪曲事实；公众则应自觉遵守网络法规，不制造或传播不实信息。此外，政府还应采取有效措施从源头上清理和阻断不健康信息的生成和扩散，确保网络舆论环境的清朗，促进信息源头的清洁，为社会大众创造一个健康、有序的网络交流空间。其中，政府职能侧重体现在：一是改变信息沟通的管控思维，摒弃信息垄断管控。二是政府应从单向管理转向双向治理，采取开放对话而非监控。透明与及时的信息共享在网络公共危机管理中显得尤为重要，延迟或隐瞒信息往往会导致信任缺失和问题扩大。通过诚实和真诚的互动，政府可以更有效地管理网络公共危机，同时建立起公众的信任和理解。此种做法强调以对话代替控制，以参与代替单方面决策，从而使公共管理更加透明和包容。三是利用新兴媒体监测热点事件转化为群体突发事件的动态，变管理为治理，变管控为监测。在网络时代，政府需要重新定义其在社会突发事件治理中的作用，尤其是在信息监测与管理方面。随着微博等社交媒体平台的普及，每个公民都能成为信息的传播者，这种情况极大地增加了政府在监测与回应社会动态方面的挑战与机遇。政府应利用这些平台的数据交互特性，及时捕捉并分析公众讨论的趋势和热点事件，从而预防和管理潜在的群体性突发事件。政府机构必须建立起有效的信息监测系统，利用先进的网络技术和大数据分析工具，实时跟踪网络上的热点话题和公众情绪的变化。通过这种方式，可以在问题初期进行干预，还能通过开放和透明的沟通策略，与公众进行有效的互动。这种互动不应仅限于信息的单向传播，而应包括实时的反馈和对话，确保政府的反应能够匹配公众的期待和需求。政府还需完善社会网络与互联网络的互动机制，确保网络舆论的健康发展，避免信息的误导和曲解。通过建立透明的信息发布平台和加强网络法规的执行，政府可以有效地管理和引导网络舆论，优化网络空间的治理结构，确保社会信息的健康流通和公众利益的最大化。

在当前网络信息快速发展的背景下，政府需承担网络空间治理的主导角色，秉持以人民为中心的发展指导思想。政府应促进多主体治理，激励市场和社会力量共同参与，以营造更加开放和协调的网络治理环境。此外，应优化网络内容管理，确保网络空间的清朗。具体到执行机制，需在确保党委领导的前提下，完善网信、公安、通信管理、文化和市场监管等部门的职责分配，明确各部门的具体任务和责任范围。通过制定责任和权力清单，建立一套高效的协调机制，确保部门间的信息流通、协作和联动，共同推动网络信息内容的健康发展。同时，探索网络治理的创新模式，如建立基层网格化管理体系，以此提高网络治理的覆盖面和效率。这种基层网格化管理能够加强地方网信办的日常管理与监督，使网络治理更贴近实际、更具体化，增强治理的精确性和时效性，有效预防和处理网络舆论中的各类事件，维护网络环境的安全与稳定。

第三节　加强网络生态治理的民主监督制度

新时代，互联网为做好群众工作提供了前所未有的机遇，同时也面临着前所未有的挑战，如何把握规律，体现时代性，适应网络发展新形势，积极运用互联网这一新型传播媒体和手段，在开展群众工作的方法手段上紧跟时代步伐，提高运用互联网开展群众工作的能力，显得至关重要。

在我国改革深入的背景下，复杂的利益关系和社会矛盾越发凸

第四章 网络生态治理现代化的制度体系

显，需对传统群众工作方式进行全面的革新，如图 4-2 所示。

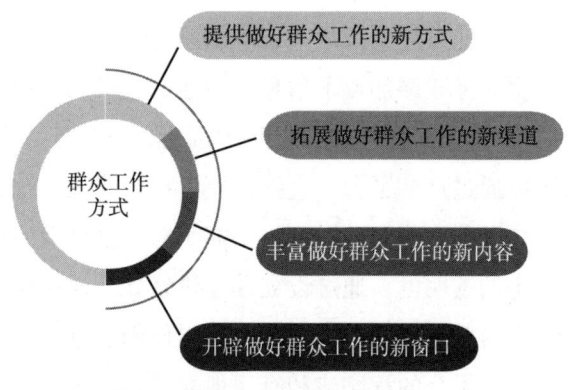

图 4-2　群众工作方式变革思路

一是提供做好群众工作的新方式。互联网作为现代传播技术和交流工具，其快速、便捷的特性使其成为适应当前发展需求的重要平台。通过网络，党和政府能有效拓展与群众的交流渠道，及时捕捉和了解群众意见和需求，从而更加精准地开展群众工作。网络不单单是信息获取和意见表达的通道，更是党和政府洞察社会情况、解决民生问题的重要工具。通过网络平台，政府可以直接参与日常的社会交流，实时响应民众关切，同时，网络还为群众提供了一个监督政府、参与政策制定和实施的途径，有效地将民众纳入治理体系中，共同推进社会治理的现代化。网络信息资源具有快速传播、同步交流、信息检索、现实虚拟、游戏娱乐、电子商务等功能，极大超越了时空限制，人们随时随处可享受信息。二是拓展做好群众工作的新渠道。网络作为一种全新的社会生活方式，既有手段和技术的现代化，更有观念和内容的现代化，为群众工作创新提供了新的载体和空间。利用网络交互性特点，有目的地和群众沟通对话，不断促进了党群工作创新，适应了时代发展要求，增强了群众工作的针对性，为党和政府及时科学决策提供了有利条件。三是丰富做好群众工作的新内容。互联网为政府充分利用全球资源提供了新机遇，为政府教育群众、培养人才、稳定社会提供了便利条件。四是开辟做好群众工作的新窗口。在现代信息技术迅速发展的背景下，网络已变成政府收集和解析社情民意的关键渠道。互联网加速了信息的流通，也扩大了政府与民众之间的互动。为了增进政府与公众之间的沟通，已经建立了多种网络平台，民众可以通过这些平台，直接反映诉求与建议。政府通过网络平台的构建优化了信息收集的过程，提高了对公众反馈的响应速度，增强了政策制定的透明度。通过设立政务论坛和其他在线互动环境，允许民众在一个受监管且安全的环境中提出他们的意见和担忧，这种做法有效地促进了民众的程序化和有序地表达，也优化了政府对民意的处理流程。这种通过网络技术促进的互动方式有效地消除了政府与公众之间的信息鸿沟，确保政府能够准确地把握民意动态，及时调整与完善相关政策和措施，有助于增强政府政策的适应性和针对性，提升公共服务的效率和质量，从而更好地服务于民众的实际需求。

随着互联网的普及，群众工作出现了新的变化和特点。运用网络做好群众工作已成为政府应当掌握的新理念新本领。高度重视互联网对社会管理带来的影响，运用好互联网开展群众工作，切实提高做网上群众工作的能力，已成为政府加强执政能力建设的一项重要而紧迫的任务。政府在新形势下需主动融入网络社区，通过网络平台与公众直接对话，利用实名在线交流和个人博客等形式，采纳公众喜爱的交流方式，进行有效沟通。此举旨在缩短政府与公众之间的距离，深入了解公众需求与期望，增强相互理解与信任。在此基础上，政府能更准确地捕捉并解决群众关注的重点问题，维护其权益。这种做法既可以促进公众基础的巩固与拓展，也能够体现政府在新时代背景下加强和改进群众工作的决心。通过这样的互动，政府更能确保政策的适应性和针对性，有效应对公众反映的矛盾和问题，从而促进社会和谐与稳定。网络为公众提供了一个反映问题和表达意见的低成本平台，使

第四章 网络生态治理现代化的制度体系

得群众的直接诉求和现实问题得到更迅速地响应。为此，加快门户网站和电子政务的发展成为提升政府服务水平的关键。通过实施在线办事和一站式服务，政府能够建设更高效的服务型网络平台，简化处理流程，提高办事效率。政府应当以群众利益为重，畅通表达社情民意的网络渠道，将群众的需求置于优先位置。网络反映的问题，无论是普遍性问题还是个别意见，都应得到妥善处理。对于可即时解决的问题，应迅速行动并公开处理结果；对于需要时日解决的，也应透明化进程，及时向公众说明情况，以获得理解与支持。这种开放和响应的策略，有助于提升政府的服务质量，强化公众对政府工作的信任与支持。

网络监督是指公众借助网络对某些不好的现象、人员进行曝光，以促进政府及其官员照章办事、遵纪守法、纠正过失等的行为。网络公众的集体关注常促使事件受到广泛报道和政府监管机构的介入，使事件朝向积极的方向发展。这种社会动态展现了网络曝光及其后续行动如何影响政策和监管措施的调整与强化。此外，公众的监督作用迫使涉事部门担起责任，通过将相关事件置于众目睽睽之下，不仅有助于加强法规的执行力度，还通过展示负面事例，对可能的模仿行为起到警示和抑制效果。这种机制的运作有助于清理并提升社会治理的质量，显示出网络舆论在现代社会治理中的重要性与作用。

网络舆情监督在社会监督领域展现出了显著的优势，如图 4-3 所示。

主体的广泛性	区域限制的打破	监督的时效性	监督人的保护
提高了社会监督的声势，因互联网平台的普及，更多民众可以参与舆论表达，从而扩大了监督的参与者基础	互联网的连通性，使得网络舆情的监督不再受到地理区域的限制，无论国内外，信息都能迅速传播	网络论坛可以即时发布消息，某些事件发生后可迅速成为网络讨论的焦点，形成监督强大的网络舆论	在网络论坛中，公众可以隐去真实身份发言，这在法律和论坛规则允许的范围内，有效保护了他们免受打击或报复

图 4-3 网络舆情监督功能的优势

一是在主体广泛性方面。由于互联网平台的普及，更多的民众能够参与舆论表达与分享，极大地扩展了监督的参与者基础。这种广泛的参与性加强了监督力量，使得各种声音能够迅速集聚，形成有效的社会监督力量。此外，这种广泛参与还促使舆论监督能覆盖更多角落，对于那些传统媒体可能忽略的问题也能够被公众发现并推向公众视野。这种机制使得网络舆情成为一个强大的社会监督工具，能够迅速响应社会关切，加强对权力的制约。

二是互联网的普及已经有效地消除了传统监督活动中存在的地域界限。此技术进步允许信息自由流通，覆盖广泛，无论是城市还是农村，国内或国外，人们均能接触到相同的网络舆情。这种无界限的信息流动，增强了对事件的快速响应能力，使得任何地点的公众都能即刻参与全球范围内的讨论与监督。因此，网络舆情监督不再受限于具体地理位置，确保了信息的全面性和监督的有效性。

三是网络平台的即时信息发布能力显著增强了社会监督的时效性。事件发生后的瞬间，相关信息就能在网络论坛上迅速传播，迅速引起广泛关注，并迅速转化为具有强烈监督性质的网络舆论。这种迅速的信息流动和舆论形成，让监督活动能够在问题发生后立即开始，而非延后。传统媒体在信息处理和发布上通常存在时间滞后的问题，而网络平台的这一特性，确保了监督不仅及时而且广泛，促使社会各界能够即时参与讨论并对事件进行反馈。这种即时反馈机制是网络媒体特有的，极大地增强了公众监督的实效性和影响力。

四是能更好地保护监督人，网络公众在论坛发言可以隐去真实身份，只要是在法律允许的范围内，只要是在论坛规则许可的范围之内，他们进行社会监督时，不必担心遭受打击或报复，这也极大地调动了公众的参与积极性、主动性。

网络监督大大扩展了监督对象、范围、广度、深度，公众不断将现实社会生活中所积累的弊病推向网络政治生态，依托互联网技术特殊的传播效应形成强大的社会舆论，并借助舆论压力直接或间接影响公共决策，甚至改变原有欠合理的制度设计，向公众及时反馈相关问题的处理结果。

所有宣传思想工作要旗帜鲜明坚持党性原则。政府要不断加强自身党性修养，自觉接受网络监督。网络的最大特点是传播速度快。但是，网络监督的另一个特点就是准确性不高，各类虚假信息通过博客、跟帖等方式影响人们判断，而对当事人造成不良影响甚至是心理创伤。因此，应做到以下几点：一要胸怀开放。政府要适应形势变化和网络时代要求，胸襟开阔，放下身段，欢迎和接纳网络监督。坚决摒弃官僚作风，以宽大包容的心态接受网络监督。兼容并包、闻过则喜，主动借助网络媒体加强与群众、报道人的沟通交流，切不可一看见负面消息就失去理性。二要姿态坦诚。网络监督是全社会性的，尤其涉及社会焦点、热点问题，面对公众质疑，应端正心态，坦诚回应，务必秉承诚实守信、公开公正的原则，主动说明真实情况，及时发布准确、全面的信息。三要工作到位。网络监督无处不在。社会矛盾网络化、个别问题社会化，任何个案都可能成为掀起网络波澜、影响社会稳定的导火索，采取漠视、置之不理的态度，只会使事态失控。对任何涉及不安定不和谐因素的事态都要保持高度警惕，要及早制定缜密到位的应对措施，正确认识网络监督的新形势。

开放包容地对待网络监督，正确认识网络监督作用，理解与包容网上非理性表达，勇于摒弃不合时宜的危机公关模式。网络开放空间充满了各种信息，包括大量不良信息，但以此拒绝网络监督，甚至采取回避、压制等错误的应对方式显然不可取。不要以为网络监督是经常找碴儿、挑刺，也不要认为网上曝光会损害党和政府的形象，影响党群、干群关系，不利于改革发展，影响社会稳定。要以开放包容的心态去接纳网络监督，尤其是群众维护自己权益、对政务工作提出建议、维护自己权益这样的监督行为，更应支持欢迎。实践表明，开放包容地对待网络监督,是科学应对网络舆情危机的基本要求:一是要把接受网络监督当成政治素养。置身网络政治时代,政府要具有闻过则喜、勇于担当的胸怀,主动适应网络监督环境,切实把接受监督、解决问题、实现善治作为不可或缺的政治素养,自觉面对各种考验。二是要多理解包容网络监督中的非理性表达。网络常常会掺杂一些尖锐、偏激、虚夸、较为情绪化的言辞。对网上宣泄性、非理性的表达,当事方应当多一点耐心、多一些理解、多一份包容。三是要直面舆论,从善如流,勇于纠错。主动适应网络传播规律和公民政治参与热情,多反省改正,少隐瞒说谎,政府公信力也会不断提升。

　　政府掌控公共资源,具有支配社会成员的公共权力,公众通过网络监督知情。政府作为公共权力的行使者,必须接受群众监督。网络监督对政府而言,既是一种约束,也是一种促进和保护。只有政府工作越公开透明,大家对政府才越有信心,政府治理才越能高效,这是一个良性循环。

　　网络反腐是指借助网络媒介和平台进行反腐的行为。与传统反腐形式相比,网络反腐具有独特的技术优势。网络反腐信息传播速度快、受众广泛、舆论影响力强,是传统制度反腐所难以比拟的。网络反腐的匿名性、开放性、广泛参与性及舆论压力等优势,在一定程度上弥补了传统反腐的不足。网络反腐是互联网时代群众监督、舆论监督的新形式。通过互联网平台,许多看似普通事件都可能成为网络公众评头论足的焦点。网络反腐容易制造社会轰动效应,产生巨大舆论影响力,进而引起高度重视,推动职能部门提高工作质量和效率。近年来,一些腐败事件正是先在网络上被炒得沸沸扬扬之后,才被反腐机构调查和惩处的,互联网让很多腐败官员失去藏身之地。网络反腐较之于传统反腐,反腐过程更简单方便清晰。不同地区的网络公众与政府之间搭建了互动性极强的联络平台。网络公众不受时间限制、地域约束,随时随地均能举报、曝光腐败事件,整个反腐过程成本降低，互动性极强。网络反腐消除了现实生活中官民之间因权力而产生的心理地位差别，平等对话，大大扭转了百姓在传统反腐过程中的敢怒不敢言的现象，激励百姓参与反腐败斗争，进而提高反腐败斗争成效。网络反腐环节更加简洁有效，过程更加透明，政府通过互联网媒介也能够很快地掌握网络公众的举报信息，从而有效地处理腐败事件。网络反腐省去了传统反腐的烦琐环节，用时更短，效率更高，这大大加快了反腐工作的进程。

随着互联网技术不断发展，网络反腐不仅会成为促进政府和公众之间良性互动的新平台和新形式，更将是反腐倡廉工作中必不可少的重要组成部分，为党和国家反对腐败、打击腐败开辟了全新的战场。在此基础上，网络平台也逐渐成为党和国家反腐败斗争、倡廉及党建的新阵地。在未来的反腐道路中，网络反腐势必会起到更大的推动作用，促使整个反腐倡廉建设迈向更高的台阶。无论是公众借助互联网自下而上揭发、检举腐败官员，表达利益诉求，还是中央通过检举网站了解民情，掌握腐败信息，都具有重要的政治意义。就公众对腐败的揭发检举而言，反腐表达了公众对政治制度透明和政府公正的期待，有利于政府改进工作方式、解决实际存在的问题。就自上而下的反腐来说，网络反腐拉近了党、国家、政府与普通公众的距离，有利于整顿行政队伍、提高执政水平、增强政府的社会公信力。总体来说，网络反腐有利于提高和巩固执政合法性与行政合法性。

网络反腐不仅以其独特的反腐功能和反腐途径冲击着传统的反腐格局，而且深刻影响和改变着传统社会的思维和行为模式，在网络环境下，公众通过多种形式对腐败行为进行监督，增强了其效力与广泛性。一是涉及利用社交媒体平台如微博或微信及电子邮件等工具公开腐败行为。这一做法使得相关信息能够迅速传播，引起公众及有关机关的关注，从而启动官方的审查与追查流程。二是网络为公众提供了一个表达不满及批评的空间，通过这一渠道，公众对腐败行为的反对意见可以广泛传播，促使官方部门重视并采取措施。加强了对现有腐败案件的处置，也为反腐败斗争的深入发展铺平了道路。三是通过网络对腐败案件的查处情况进行跟踪报道。这一做法保障了公众的知情权、参与权、表达权及监督权得到实质性的落实。网络平台上的及时更新使得公众能够持续关注案件进展，并对腐败分子的处理结果持续审视，确保了透明度及公众参与。这些网络监督手段共同构建了一个强有力的公众参与平台，有效地促进了反腐败措施的实施，并扩大了反腐败斗争的社会基础。这种监督形式展示了信息技术在现代治理中的应用，强化了公众参与治理的能力。

网络平台由于其参与者众多、操作便捷、上网自由以及多样的使用途径，在反腐败活动中展现了显著功能。一是惩贪反腐功能。开放的网络环境减少了举报人因担心受到报复而有的顾虑，还能为办案人员提供丰富的线索，助力纪检监察、审计及检察机关有效开展工作。这种环境使得揭露和查处腐败行为更为直接和高效。网络的这一属性增强了对腐败的快速反应能力，使得相关部门能在更短的时间内获得关键信息，进而采取相应行动。网络为社会公众提供了一个安全的表达和举报渠道，有效地扩大了反腐败斗争的参与度，提高了整个社会对腐败问题的敏感度。这种机制确保了腐败行为受到持续且有效的公众与官方监督。二是社会舆论功能。网络平台上腐败行为的曝光迅速吸引了广泛的公众注意力，进而迅速转化为有力的社会舆论。这种现象不仅持续聚焦公众的视线，而且引发了专责机关的重视，对涉嫌腐败的个体产生了强大的心理压力。这种由网络媒体推动的舆论形成过程，在检测和预防腐败行为方面起到了关键作用。舆论的力量使得相关机构在面对公众监督时，必须采取行动，确保问题得到解决，从而增强了政府的透明度和公信力，这种持续的关注和压力为维护社会正义提供了重要支持。三是警示威慑功能。网络反腐不是阵风阵雨，而是时时刻刻进行着，公众的眼睛随时盯着那些腐败分子。通过网络平台实施的反腐措施能够持续将公职人员置于广泛的公众监督之中。网络举报系统、网上的公示信息以及网络社区的热烈讨论，对公职人员形成有效的威慑。这种监督机制激励公职人员遵守法律法规，抑制了其贪污腐败的动机。在线监督的这种全时性和全覆盖性特点，使得公职人员随时都可能受到审视，从而达到警钟长鸣的效果。

网络反腐活动涵盖官方与民间两大途径，各具其独特功能与作用。第一种途径是官方网络反腐。官方建立的网络平台成为组织和个人揭露腐败行为的关键渠道。多数职务犯罪的发现源于公众举报，这凸显了举报在根除腐败中的重要性。随着信息技术的迅速发展，举报方式亦不断革新，如 QQ、手机短信等多种形式，这些都大大提高了举报的便捷性和效率。这些网络工具的应用，简化了举报流程，扩大了举报的影响范围，加大了对腐败的打击力度。第二种途径是民间网络反腐。在网络反腐的范畴内，民间网站、论坛和电子邮件等成为重要的平台，通过这些渠道，公众可以提交包含文本、图片和视频的各种材料，无论是匿名还是实名，这些内容一旦在非官方网站上发布，便能激发社会广泛的关注和讨论，有效地发挥了公众监督的功能。网络反腐的民间工具主要是博客、微博、微信等对腐败发起了猛烈声讨。

网络反腐需要统筹规划，层层推进，方见成效。

一是提高认识，为网络反腐提供思想保障。教育和宣传活动是关键，它们帮助深化社会对网络反腐基本知识的理解，包括反腐的核心理念、操作流程以及奖惩规则，旨在构建一个全社会广泛接受和支持反腐工作的环境。同时，为保持反腐工作的动力，需要从根本上探索并解析腐败行为的成因。通过确立严格的规章和加强制度约束，反腐工作可以持续施加压力，从而有效地限制腐败现象的发生。这种做法注重于减少腐败生成的潜在条件，从而提升整体治理的效能。在这样的框架下，网络反腐被赋予了强大的监督功能，确保腐败分子无法逃避法网。通过持续监督和系统性的参与，网络反腐强化了对每个环节的关注，进而推动了社会公正与透明的实现。

二是在网络反腐的实施中，清晰划分政府的职能与任务是关键。政府机构不仅承担执法的角色，还需接受来自公众的监督。为此，需要明确纪检部门的职责与权力，同时更新和优化反腐制度。基于政务公开，扩大其影响范围、明确各部门的责任并促进协作，对群众反映的问题进行限期整改，是构建公正、高效、廉洁政府形象的必要措施。通过这样的组织保障，政府可以更有效地应对反腐挑战，确保各项任务和责任在清晰的职能分工下得到妥善执行。这种明确化的职能和任务分配，有助于提升政府行为的透明度，强化公众信任，进一步激发政府解决问题的积极性。同时，在组织上不仅要有强有力的集中统一领导，保持工作的稳定性与连续性，还要能打造出一支讲团结、讲科学、讲党性的领导力量，培养出一支知识化、专业化、年轻化的人才队伍，为网络反腐打好打牢组织基础。

三是增强互动，加快反应，为网络反腐提供运行保障。充分调动网络公众的积极性，通过各种方式与网络公众互动，以提高网络公众参与正确反腐的热情，确保网络反腐正常运行，这是让小鼠标产生良好"蝴蝶效应"的重要因素。如开通QQ、微信，各种具有地域性质的反腐博客、论坛等，拓展反腐途径，畅通反腐渠道，让网络公众的举报得以及时受理和沟通，与官方反腐力量形成互动效应。只有这样，网络反腐的积极作用才会得到全面发挥，并能持久地进行。在推进网络反腐工作中，制定实际可行的方案是关键。包括对网络反腐活动的规划、信息处理以及案例管理的具体规定，确保行动的实效性，避免仅停留在理论讨论层面。网络反腐的法律、情感以及社会合理性需得到全面考量，确保其既合法也合理，并且符合民众的期待和需求。网络反腐活动应保证有效的反馈机制，确保公众的声音得到回应并实际解决问题，从而提升政策的接受度和满意度。通过这种方式，网络反腐不仅回应了时代的呼声，还深化了民众对政府工作的信任和支持，将网络反腐建设成为一个真正符合现代社会特征的民心工程。

四是主动查办网暴案件，为网络反腐提供动力保障。纪检监察机构应积极响应网络上公开的腐败指控，不仅仅处理通过官方举报中心网站接收的举报。监管机构应迅速介入网络社区及其他平台上披露的腐败信息的调查，进行详尽调查。积极倾听并整合民众意见，利用集体智慧来提高信息收集效率，应对民众强烈反映的突出腐败问题，力求在地方层面解决影响群众日常生活的腐败事件。同时还应建立健全问责机制，对网络反腐工作推诿、扯皮、不负责、不作为，造成不良影响的责任人严肃问责，确保群众反映问题得到及时有效处理，把网络反腐工作引向深入。

尽管我国已经制定了《互联网信息服务管理办法》《互联网站从事登载新闻业务管理暂行规定》等法律法规，但考虑到网络反腐环境的日益复杂性，现行法规需要进一步细化和强化以适应新的挑战。尤其是在界定知情权与隐私权、政务公开与党政机密、社会监督与造谣诽谤、言论自由与人身攻击等方面，明确的法律规定显得尤为关键。这不仅有助于引导网络反腐的健康发展，也为公众参与提供了更加明确和安全的框架。通过对现有法律体系的进一步完善，可以确保网络反腐活动在清晰的法律轮廓中开展，从而提高这些活动的效率和公信力。一个全面且详细的法律体系还将为公众的广泛参与创造便利，使网络反腐既符合法律要求，也更加符合公众期望，有效促进社会正义。

一是建立和完善关于保护公众人物的法律法规。把公众人物的职务行为和个人隐私明确区分开来，从而对公民的知情权和隐私权作出准确界定。政府行为接受社会公众监督，不管是网上网下，凡是不涉及其职务行为及公众社会身份的个人隐私应当受到保护。

二是建立和完善关于保护举报人的法律法规。网络反腐要建立可以保护举报人、跟帖人、发帖人的制度，鼓励网络反腐的勇气。

三是对网络公众的法治教育。鉴于网络用户数量庞大且背景各异，加强对他们的普法教育势在必行。通过教育活动，网络用户可以更好地理解和尊重法律，确保在表达自己的诉求时不越界，同时培养其对网络行为的责任感。此外，优化网络环境的法律基础也是关键。网络用户应在宪法和法律的框架内行使权利，这对维护网络空间的诚信和和谐至关重要。良好的网络交流氛围有助于减少不负责任的行为，确保网络舆论的正向发展。在法律层面上，建议在制定网络相关法规时采用一种平衡的方法。市场机制在很多方面能够自发解决问题，因此，在可能的情况下，政府应当减少直接干预，让市场自由发挥作用。同样，行业自律也应被鼓励，为其创造有利条件。对于那些传统法律已足以处理的情况，应优先使用现有法律资源，以防新立法带来的负面影响。就当前我国国情来说，对网络监督可能需要更多的是保护和扶持，而不是因为网络监督出现一些问题就迫不及待地去约束管制。

网络反腐作为一项应对腐败行为的现代手段，尽管在运行过程中可能会面临多种挑战和技术障碍，但它依然被认为是与社会发展步伐相匹配的工具。信息技术的快速发展使这种机制能够有效地扩大监督的范围和深度，使其成为一个具有前瞻性和适应性的反腐手段。我国网络反腐形势良好，广大网络公众积极参与权力监督，纪检监察机关高度重视网络反腐的舆情收集和研判，网络反腐取得了良好效果。虽然网络反腐提供了一个创新的监督渠道，丰富了反腐工具的多样性，但并不能完全替代传统的制度监督或体制内的其他监督方式。网络反腐本身还需进一步规范化，其运作需依靠更加健全的体制和机制支持。这种监督形式应被视为补充传统监督手段的一部分，与现有体系相互协调，共同构建一个更为全面的反腐体系。因此，必须重视制度建设，用制度来规范和保障网络反腐：一是以制度跟进推动网络反腐

第四章
网络生态治理现代化的制度体系

健康发展。制度的完善是确保网络反腐活动健康发展的关键因素。通过制度的强化，网络反腐能够更好地与内部监控体系协作，有效地预防可能的权力滥用、决策错误及行为偏差。进一步的制度建设可以实现对网络上披露的腐败行为的追溯，并对那些虽然早有迹象却未被制止的腐败行为的相关部门及责任人进行责任追究。只有通过持续的制度创新和实施，网络反腐才能与其他监督手段共同发挥更大的作用，吸引更广泛的群众参与其中，从而更有效地抑制腐败现象的产生。通过这种方式，网络反腐变成一个全民参与的反腐动力，共同构建一个透明、公正的治理环境。这样的制度进展提升了监督的效果，也增强了公众对反腐工作的信心和支持。二是建立完善的网络反腐制度平台。网络反腐起初源自民间的网上曝光行动，是一种基于传统举报方法而通过网络渠道向官方提供反腐线索的模式。这种方式利用网络的广泛覆盖和快速传播特性，有效形成了监督舆论，推动了反腐倡廉取得实际成效。纪检监察机构对于这些信息的初步认定和后续处理，是决定网络反腐成效的关键因素。目前，网络反腐活动在事件的接收、调查及反馈方面缺乏具体的程序和时间规范。因此，有必要完善网络举报的接收和处理机制，确保举报信息能够被及时收集和妥善处理。通过这种方式，可以增强网络反腐的系统性和规范性，使其更加透明和有效。此外，制定明确的信息处理流程和反馈时限，既可以加强监督效率，还能提高公众对反腐工作的信任度和参与度，从而更有效地利用网络平台的优势，推动反腐工作的深入发展。三是用制度规范网络反腐行为。网络反腐实践已证明如果没有相应制度约束，就可能会偏离监督初衷。虽然网络反腐激发的是公众的监督与约束的活力，但若要发展成为能够与时俱进地预防、克服、惩治腐败行为的利器，就必须加强制度建设。政府作为政治沟通和传播的主导力量，无法对自身形成有效监督。现在我们惊喜地看到，网络形成了一种天然的纠错机制，营造了一个体制外的民主力量，这种独立的力量无疑对政府起着一定的纠错功能，尤其是在主流媒体普遍失语的状态下，这种力量更是难能可贵。

第四节 加强网络生态治理的社会协同制度

社会组织和公民组织在国家的政治和社会生活中扮演着至关重要的角色，它们位于国家权力与公民权利之间，起到了缓冲和协调的作用。在没有这些组织的参与和协调下，政府在处理复杂社会问题时可能会显得力不从心。尤其是在网络生态的治理中，行业组织的角色更为关键。为了充分发挥行业组织在网络治理中的潜力，有必要通过制定和完善相关的法律法规来规范行业组织的发展，以此来确保行业组织在网络环境中能有效执行其职能，提升整个网络生态的管理效率和效果。通过法规的支持和引导，还可以激励更多的行业组织积极参与网络生态治理中，增强其自我调节能力，从而在国家与公民之间建立更加稳健的沟通和协调机制。

网络生态治理的复杂性要求超越单一实体或简单措施的介入，而是需要整个社会的广泛参与。政府的力量虽然重要，但没有社会各界的共同努力，难以独立应对网络所带来的各种挑战。因此，构建一个开放透明、科学民主且长效的治理机制尤为必要。在网络生态治理中，社会组织扮演着不可或缺的角色。这包括普通公众、团体组织、舆论力量以及法律监督机构，它们在网络监督中贡献各自的力量。这种多元化监督体系的优势在于其全面性和成本效益，能够有效促进网络公众的自我管理和自律。为了增强公众的网络监督能力，政府和社会组织共同开展了多种教育和引导活动，包括举办公众教育课程、设立咨询热线和建立在线监督平台等，以增强公众对网络问题的敏感性和参与度。这种教育和引导提高了公众的自我保护能力，也增强了他们在网络空间的监督力。通过申诉和投诉等形式，社会组织与政府机构的行政管理相结合，为网络监督带来了更为具体和明确的成效。这种结合利用了社会组织的接地气特性和政府的权威性，共同推动了网络问题的有效解决和长期管理。这种协同效应加强了网络舆情的正面引导，也确保了治理效果的持久和显著。我国的社会协同机制在网络治理方面逐步得到加强和完善。2004年成立的中国互联网协会互联网违法和不良信息举报中心就是此机制的一个重要组成部分，其主旨在于通过举报违法信息来维护公共利益。该中心包括举报工作部、监察工作部、社会工作部和综合部等部门，积极执行其职责，以强化网络信息的监管。为了提升网络环境的质量，中国互联网协会互联网新闻信息服务工作委员会推出了《互联网站禁止传播淫秽、色情等不良信息自律规范》，并根据社会组织和群众的举报，成功关闭了众多传播不良内容的网站。随后，国家进一步发布了《互联网电子公告服务管理规定》《互联网域名管理办法》《互联网站管理工作细则》等一系列法规，加强对互联网的规范管理。2009年，国务院新闻办公室联合工业和信息化部、公安部等部门，在新闻出版总署的部署下，进行了大规模的整治互联网低俗之风的专项行动。通过这一行动，大量网站被曝光并公开道歉，表明了接受批评和监督的态度，并承诺进行相应整改。2011年，工业和信息化部发布《互联网信息服务市场秩序监督管理暂行办法》以进一步规范市场秩序并保护网络公众的合法权益。尽管如此，社会协同机制在确保公民隐私权保护、信息公开透明以及正确行使权利和义务方面仍有提升空间。社会各阶层的群众参与意识尚待增强，这对于推动行业自律和促进行业的健康发展至关重要。进一步加强社会协同，可以有效地提升网络环境治理的质量和效率，营造一个更加健康和有序的网络空间。

政府正逐步从传统的直接管理模式转向更多地依靠政策引导和支持行业组织的方式。在这一变革中，鼓励和支持行业组织参与网络公共空间的治理成为一个重点。政府的作用转化为为这些组织提供成长和规范化的指导，确保它们能够有效参与网络治理。同时，政府还注重培养第三方组织，以确保行业组织的发展既有序又符合预定的质量标准。这种支持不仅限于物质和政策层面，更包括为行业组织提供专业化建设的机遇。网络行业组织需要具备高度的专业能力，涉及对互联网技术的深入了解，还包括对网络发展动态的准确把握。[1] 为提升这些组织的专业水平，政府采取了多种措施，如促进行业组织与科研机构、高校和信息技术企业之间的合作。这种合作旨在加强行业组织的研究和应用能力，使其在参与网络治理时更加高效和有影响力。行业组织在网络生态治理中的独立性对其治理的有效性至关重要。这种独立性主要体现在组织的工作内容和日常运营两个方面。对于工作内容而言，确保行业组织具有执行部分治理职能的能力是必要的。政府应当向行业组织转移适当的管理职责，确保这些组织不单单是作为政府职能的补充，还能够在其授权范围内独立行使权力，依法依规进行操作。同时，行业组织的日常运营也应保持独立性，在网络生态治理中，行业组织与政府、网络运营商、媒体及网络公众等多元主体应通过协调合作的方式，共同推动利益诉求的表达与平衡。在这一过程中，政府的角色应该是参与者之一，而不是主导者。行业组织的独立性除了行政上的独立之外，还应包括财务和决策的自主权，这将使得这些组织在网络生态治理中能够更有效地发挥其专业优势和影响力。通过这种模式，行业组织将不再仅是政府政策执行的辅助工具，而是成为推动网络环境改善的独立力量。在整个网络生态系统中，行业组织的加强和独立发展有助于实现治理的多元化和专业化，增强治理结构的复杂性和适应性，提升整个网络环境的治理效率和公正性。

---

[1] 许玉镇.网络治理中的行业自律机制嵌入价值与推进路径［J］.吉林大学社会科学学报，2018（3）：117-125，206.

第四章
网络生态治理现代化的制度体系

在网络生态治理的实践中，政府需要重新界定自身的职能，将从原有的全面管控角色逐步转变为提供支持和协调的角色。这一转变意味着政府将为行业组织及其他非政府实体参与网络治理创造更多的机会和空间。网络生态的管理既涉及技术问题，也涉及法规、政策和社会行为的综合调控，需要多方共同参与。政府的新角色将主要集中在营造一个有利于多元参与的环境，维护网络秩序，并通过顶层设计来确保各参与主体之间的协调和合作。包括推动行业自律机制的建立，支持网络用户自我管理，以及激励科研机构和技术公司对网络空间进行持续的优化和安全保护等措施。[①] 基于此种手段，政府不仅简化了自身的直接管理职责，还能有效促进行业和社会力量在网络治理中的积极作用，有助于形成一个更加动态、有效和自适应的网络环境，同时也增强了整个社会对网络挑战的应对能力。

推动行业自律是行业组织的核心任务。为此，立法和行政机关需要制定和完善与互联网相关的法律法规，确保这些法规既具体又明确，便于执行。此外，行业组织被授予维护网络空间秩序和约束相关主体的关键职责，如网络传输、资源共享、技术开发及平台开发等方面的协议管理。行业组织应确保成员必须遵守这些具有约束力的协议，并将其作为享受发展权的前提条件。这种机制使得行业组织可以通过控制发展权来增强其对成员的约束力。法律和规定则构成维护网络空间基本准则的防线，政府通过实施罚款、限制市场准入或取消资质等措施，为行业自律提供支持。尽管政府在这一体系中占据着主导地位，但其行为同样受到法律的制约。虽然法律约束着网络服务提供商的行为，但同时也必须设立解决争议的机制，包括赋予网络服务商申诉和抗辩的权利，确保争议解决的途径既公正又有效。这样的体系

---

① 张峰.网络空间的政府治理模式创新——从协作向合作的嬗变[J].理论与改革，2014（2）：121-124.

设计，旨在平衡政府权力与行业自主权，同时确保网络空间的秩序和健康发展，促进行业内部的自我管理，保障网络生态系统的整体稳定和创新发展。

互联网企业是网络空间最活跃的主体，其社会责任意识直接关系到风清气正的网络环境的营造。强化互联网企业的责任对于防止网络成为不良信息传播和不实言论的渠道至关重要。互联网企业必须积极实施内容管理责任，建立和完善包括信息运营企业、新闻网站及自媒体账号在内的平台治理结构。这涉及加强平台自我监管功能，确保内容的准确性和适当性，并实行严格的编辑责任制度以及追责机制。互联网企业还应采取措施严厉打击网络黑客活动、电信网络诈骗及侵犯公民个人隐私等违法行为，保护公众的合法权益。企业还需承担起普及网络安全知识和网络文明建设的责任，通过教育和宣传活动提升公众的网络素养。技术方面，互联网企业需要不断提升自主创新的能力，以强化网络安全防护和确保信息传播的有序性，确保网络空间的健康发展，为社会和公众利益提供保障。

在社会组织的运作中，掌握和管理公共危机事件的信息资源是关键。人类行为大多受到动机的影响，而在信息行为分析中，首要的是对信息需求的明确。此需求是社会组织自身的需求，也包括所有潜在的利益相关者。明确这些需求后，探索各种可能的信息来源便成为必要步骤，这些来源涵盖了社会团体、机构等多种形式。信息的有效管理需要经过系统的收集、分类、存储等多个阶段。在公共危机管理中，需要确保信息的广泛性、准确性和及时性。例如，通过技术手段对收集到的危机信息进行分类编码，可以有效地管理信息流，避免信息的混乱和误解。现代存储技术如数据库和大数据应用，可以使信息在存储过程中保持有序，易于检索和共享。这一过程提高了信息的可访问性和可用性，也有助于社会组织在紧急情况下迅速获取到权威的信息资源，极大地降低了流言和谣言的产生与传播的可能。对于社会

第四章
网络生态治理现代化的制度体系

组织而言，构建这样的信息管理体系是其有效参与公共危机管理的前提条件，同时也是保证信息传递质量和效率的基本要求。

在应对网络公共危机时，政府面对的信息量非常庞大，难以独立全面掌握。因此，我们需要与信息机构展开合作。这些机构利用先进的信息技术手段，在平常时期就不断加强网络管理技术的研发和应用，努力提高网络舆情的监控和管理效率，从而为维护网络信息的秩序、促进互联网的健康发展发挥关键作用。在公共危机发生时，这种合作能够立即发挥效力，为政府提供支持，确保决策过程中有足够的信息支持。信息机构的技术能力可以帮助政府快速准确地获取危机相关信息，增强政府响应的及时性和有效性。政府与信息机构的协同工作，可以优化公共危机的处理，还能够加强政府在危机管理中的决策基础。这样的合作不单为政府提供了一个高效的信息处理和决策支持平台，还强化了整个网络生态系统对紧急情况的反应能力，展示了技术与治理结合的重要性。通过这种机制，政府在网络公共危机面前能够有效利用技术资源，保证信息的流畅和透明，从而作出更合理、更科学的决策。

在公共危机情境中，网络信息行为成为影响网络舆情的关键因素。网络平台上的信息处理可在短时间内成为舆论导向的风向标，进而影响网络舆论的整体走向。这一趋势是由互联网上各种情绪、态度和意见交织而成。尽管网络上的意见可能呈现出分散或局部一致的状态，但这些观点往往会在事件发展和外部引导下逐渐走向广泛的一致性。当广泛的一致性被形成并被社会大多数人接受时，它将转化为强大的社会舆论力量。鉴于此，为有效管理并引导网络群体可能出现的无序行为，政府应建立一套完善的舆情信息收集、鉴定、判断及应急响应机制，有助于快速识别和应对潜在的舆论危机，还能防止一些个体通过散布不实信息或谣言来达到不良目的。对于那些违反法律规定或社会秩序的网民行为，应当依据法律进行严格的惩处，以便更好地维护网络空间的秩序，确保舆论环境的健康发展。与此同时，为加强网络舆情的管理，政府与社会组织还需合作，按照系统性、持续性和实用性的原则，构建预警与预防机制。主要涉及网络舆情信息的严格审查、实时监控以及建立一个有效的问责系统。重要的是形成法律责任链，追溯信息源头，确保能够对相关责任人进行法律追责。这种管理体系的目的是确保网络信息整改措施的深入实施，避免仅停留在表面的整改，防止"走过场"的审查方式。通过这样的机制，政府能够在网络环境中实现更为精确和持久的舆情控制，同时保障网络空间的正常秩序和公共安全。

政策咨询活动涉及对广泛信息的综合性研究，旨在为政府决策提供基于深入知识和数据分析的建议。这种活动通常由专家组成的智囊团执行，他们利用专业知识帮助确保所提出的公共政策具有合理性、科学性，并且实施有效。在当前社会的复杂背景下，信息的多样性和不断的社会变革为政府的政策制定带来了诸多挑战。这些挑战常常包含许多不确定性，需要通过集思广益的方式进行深入讨论，以减少政策制定过程中的错误。政策咨询的核心在于通过科学的分析过程，将专业知识转化为实际可行的政策建议，从而辅助政府在复杂环境中作出更为精准的决策，以此提高政策的质量，增强政府应对社会变化的能力。新型智库的形成与强化，为政府提供了定量的决策咨询，显著提升了决策的科学性和准确性，有效地降低了决策失误的可能性。这些智库的主要优势在于它们能够提供超越单一部门、行业或地区利益的分析和建议，从而确保提出的政策建议具有全局性和前瞻性。新型智库的建设和发展，需要政府的积极推动与支持。政府应当鼓励智库沿着系统化、规范化、开放化的方向发展，培育一个充满活力的思想交流市场。智库的作用不限于提供决策支持，它们还是知识创新和意见形成的重要基地，能够为政府和社会各界提供宽广的视野和深入的洞察。这使得智库在现代政策环境中成为连接政府与学术、社会各界的桥梁。随着社会发展进入关键阶段，多样化的智库构成显著提升了中国智库的整体质量。政府逐渐实行政策咨询服务采购，旨在为不同类型的智库提供公平参与的机会，从而扩展公众在决策过程中的选择范围，这符合中国特色社会主义决策科学化的发展趋势。此外，政府正在加强信息的公开性，打破信息在机构内外的流通障碍，包括促进人才在组织内外的自由流动。旨在通过完善具有中国特色的人才使用机制，政府制定有效的措施，支持公民和企业的发展需求。这涉及进一步改进科学评估机制和管理工具，以增强其科学性和效率，从而激发智囊团行业的健康竞争和持续发展。同时，对智囊团规则制度的深入研究，是确保智库在网络生态治理中能够充分发挥其咨询优势的关键。

第五节　加强网络生态治理的公众参与制度

网络重新界定了传统政治活动，创新了对话式民主机制。在网络空间中，个体能够有效地协调私人空间的保密性和公共领域的开放性。一方面，网络提供了一个独特的环境，个人可以在保持私密性和拥有个人隐私的同时，进行广泛的社交互动。这种交互不仅限于一对一的对话，还扩展到了与多人的即时交流及公开发表意见。另一方面，网络环境允许个人在保持匿名的情况下参与公共对话，从而使得个人可以自由地选择在虚拟世界中展现的身份。这种结构有效地将传统的私人领域与公共空间的界限进行重新定义，创造一个同时具备隐私保护和开放交流功能的多功能平台。

在应对公共危机时，政府承担着不可或缺的角色，但其能力并非无限。制定有效的公共危机决策，需要多方的集体努力，这包括政府机构、公众、私营企业以及国际社区的广泛参与。这种多元参与的需求源于市场经济的环境影响以及政府权力的本质限制。整合各方资源和智慧，可以更全面地评估危机情况，制定更具前瞻性和适应性的应对策略。这种协作不仅增强了决策的有效性，也确保了更广泛的社会接受度和支持。

公共精神在公共危机管理中发挥着核心作用。这种精神反映了公民的政治思想和社会责任感，也是其参与社会和国家发展的重要表现。在互联网时代，网络的广泛连接性和深入渗透力为公民提供了展示这种精神的新平台。网络空间变成了一个信息的放大器，每个人都能对公共议题和政策决策产生影响。公民通过网络进行信息的搜索、表达观点，参与公共事务的管理，这不仅是行使其知情权、表达权、参与权和监督权的体现，也反映了公民对个人权利的认知加深及民主意识的增强。这种参与促进了社会的透明度和责任感，提高了公共决策的科学性和民主性。基于此，政府和社会机构需要认识到，支持和引导网络空间的健康发展，不仅仅是技术上的调整，更是对公共精神和民主参与精神的培育。通过这种方式，可以确保网络空间成为推动社会进步和加强公共治理的有效工具。这种互动和参与模式有助于公众更好地行使自身权利，也促进了整个社会的公正与进步。互联网的虚拟性带来了多重挑战，涉及技术革新与网络安全、个体自由与社会秩序、信息共享与隐私保护等多个方面。这些挑战不仅限于网络本身，还包括互联网与传统经济、传统媒体与新媒体之间的交互影响，以及现实社会文化与网络文明之间的关系。处理这些复杂的关系，要求政府和社会各界以负责任的态度参与其中。构建有效的对话和协商机制，以及培养能够理解并应对这些挑战的专业人才是基础。改进新闻发布和信息管理流程，以确保信息的准确性和权威性。为了加强信息的权威性和增加公众信任，建立官方信息发布平台，政府及其相关机构应在热门的网络论坛和社交媒体平台上设立官方账号，通过这些平台定期发布官方信息，回应公众关切，同时设立网络发言人

第四章 网络生态治理现代化的制度体系

制度，以提升信息传播的专业性和系统性。培养公众的理性参与精神，提供透明的信息反馈机制和建立专业的信息反馈平台，可以促进公众积极、理性地参与网络空间的讨论与决策过程，有助于构建一个更加开放、健康的网络环境，促进信息的自由流通的同时保护个体的隐私和权利。

随着互联网的发展，公众对社会事务的参与度显著增强，对公共政策的讨论更加积极。这种变化既表明了公众参与意愿的提升，也反映了公民意识的成熟。为了应对这种趋势，政府职能部门需要发挥作用，通过建立和完善网络公众政治参与的机制，引导这种参与趋向有序化。政府的职责在于确保网络空间的交流秩序，通过制定明确的参与规则，保证讨论的健康发展。这包括设立专门平台以促进有效对话，以及提供必要的信息支持和反馈，确保公众意见能被合理收集并用于政策制定过程。政府还需加强对网络讨论的监督，防止信息误导和虚假信息的扩散，确保网络讨论环境的公正性。首先，提升网络公众的政治参与效果，关键在于增强其政治意识和参与能力。通过教育来培养公众的理性思维和政治意识，以确保他们在网络环境中能够作出明智和负责任的决策。鼓励公众通过合理渠道表达意见和参与政策讨论，是构建有效政治参与环境的基础。提供相关的教育资源和平台，使公众能够更好地理解政治过程和政策影响，将有助于提高他们对公共决策的参与度。其次，制度化的网络公众政治参与是确保公共政策反映广泛民意的关键。在网络空间中，建立包括政策讨论、意见搜集以及政策质询和反馈的平台至关重要。这些平台应设计为广泛代表社会各界意见，使得政策制定过程透明并充分考虑到多样化的观点。通过这些专门的机构，公众既可以直接影响政策形成的过程，又能够提升政策的接受度和实施效果。这样的结构有助于增强政策的合理性，加强政府与公众之间的互动，确保政策决策过程的民主性和包容性。最后，为进一步提升政府决策的专业性和科学性，政府应建立一个结构化的专家咨询系统。该系统将向网络公众提供专业解读和深入分析，帮助公众理解复杂的政策问题，并对政策进行咨询，以此提升公众的知识水平和参与质量。通过此种机制，政府能够在公共政策制定过程中，利用专家知识解决公众的疑问，同时加深公众对政策背后逻辑的理解，提高决策的透明度，确保政策决策的根据有更为坚实的科学依据和深入的专业分析。

为提高政府决策的透明度和社会公众的参与度，需建立有效的网络公众政治参与机制。增加公众在政治过程中的参与渠道，可以增进政府与公众之间的互动，确保决策过程中信息的双向流动和平衡，从而提升政策的质量并更好地满足社会和公众的需求。通过如人民网"地方领导留言板"以及各地方领导的公开信箱等平台，可以有效地搭建网络公众与地方政府领导之间的沟通桥梁。这些平台不仅方便公众直接向政府表达意见和诉求，还促进了民主监督的实施，拓展了公众参与政治决策的途径。参与机制的建立与完善，更为政府改善形象，提升公信力提供了良好契机。

网络问政属于网络政治，是政治民主化在网络的延伸，提问和询问都离不开政民网络互动，可以说网络问政是加强互动的一种重要方式，各种政民网络互动活动都可以被认为属于网络问政。近几年来，风靡全国的网络问政，为公民参政议政、政府汇集民意提供了新途径，成为最具中国特色的民意表达机制。

网络问政涵盖了两个基本方面：一方面，它指公众通过互联网平台提出问题，表达需求，行使自身的知情权、参与权、表达权和监督权。另一方面，它也指政府及其官员利用网络工具向公众征询意见，以期在公共管理和决策过程中取得更为科学和有效的结果，并接受公众的监督。提问是由公众决定问政的主题，以公众为问政的主导，交流的主要是公众关心的问题；询问则主要由政府设定主题，政府是问政过程和内容的主导，交流的主要是政府关心的问题。虽然政府和公众关心的问题有着最终目的一致性，但由于政府和公众立场和视角存在一定的差异，提问与询问可以相互转化。当前，公众通过网络政治参与决策、实现官民平等对话、推动政府良政善治，已成为不可逆转的时代发展潮流。网络问政实现了在确保公众的知情权、参与权、表达权和监督权的同时，更深层次地促进了群众利益的维护和社会公共福利的增长。通过网络平台，政府能够有效地收集和响应公众的声音，提高了政策的透明度，增加了政府行动的公众参与度。该机制通过提供一个互动的界面，使得公众能够在不离家门的情况下，直接向政府提出建议或批评，提高了政府在政策制定和实施过程中的反应速度和灵敏度。这种问政方式也有效地将公众利益纳入政策考量，确保政策的制定更加贴近群众需求，更好地服务于社会公共福利的提升。

网络问政的迅速普及反映了其操作方式和成效受到公众的广泛赞誉。这种问政模式通过提供一个透明、互动的平台，使得政府与公众之间的沟通更加直接和高效，从而加速了政策制定和调整的过程，有效提升了政策制定的响应性和民众满意度。实践证明，网络问政对党务、政务工作具有十分重要的推进作用：一是利于民意畅通表达。网络问政平台通过扩展了民意表达的渠道，消除了传统路径中存在的障碍，使得公众表达需求变得更为畅通无阻。这种开放式的互动建立了公众与政府之间的直接对话，增强了政府回应的透明度，从而赢得了公众的信任。因此，公众更加愿意表达自己的看法和建议。利用网络的实时性和广泛的地理覆盖，这一平台为公众意见的及时表达提供了极大便利。这种机制不仅促进了政府与公众之间的有效沟通，还加速了政府对公众诉求的响应，确保了政策制定和调整过程更加符合民意。二是有利于保障公民权益。网络问政有效促进了公民通过互联网行使其民主权利，参与政治生活。这种参与形式已成为最为广泛的参政议政方式之一。通过这个平台，政府能够直接面对社会舆论的监督，迅速收集并吸纳公众的意见和建议。因此，网络问政为公众提供了一个直接与政府沟通的通道，与民生密切相关的问题频繁成为网络热议的话题。网络问政通过其广泛的参与性和开放性，有助于将网络议程转变成媒体议程，进而影响到更广泛的公众议程和政府议程。这种议程推动效应确保了公众关注的问题能得到适当的讨论与解决，从而保障了公民的个体权益。三是利于提高管理绩效。网络问政平台整合了网络交流、新闻监督及政务监察的功能，有效提高了政府管理的绩效。这一平台允许公众直接将建议和意见传达给政府，从而确保政府能迅速响应社会变动和公众需求。这种机制加快了政府对公众诉求的响应速度，还增强了政府监督和决策的透明度。通过这样的全媒体问政平台，政府能够有效地监控并应对网络舆情，及时调整和优化政策实施。这种即时的反馈和调整过程提升了政府行动的适应性和效率，确保政策更贴合实际情况和公众期望，从而提高了政府管理的整体绩效，做到了想公众所想、急公众所需，有利于政府决策的科学化、创新化、民主化、大众化。四是利于调节处理社会矛盾。公众可以随时通过网络了解问政动态，并发表自身看法和意见，形成相应的公共舆论。同时，政府能够在第一时间内解答公众的一些问题，消除公众疑虑，有针对性地办些实事。

　　网络问政改变了传统交流手段，不仅挑战传统党务政务工作方式，也挑战政府思维方式和执政模式，考验政府执政理念。转变观念方式，重视网络问政的民意表达是时代发展提出的新要求。熟悉研究网络，善于运用网络，学会与公众开展网络交流是必备素质之一，也是网络问政所需。当前互联网和新媒体技术的迅速发展，已经形成了一个开放、透明、及时、海量的信息交流环境。这个环境使得每个个体都有可能成为信息的生产者和传播者，甚至舆论的形成者。舆论的形成和传播已经不再受地域限制，其聚合和实时特性使得全国性的舆论可以迅速形成并演化为公共事件。这种变化既提高了公众参与社会政治生活的意愿，也使得政府不得不重新评估网络空间的重要性。因此，政府正在更加积极地利用网络平台进行问政，包括询问民需、征集民意和策划民策，以便有效地推动政府工作和提升政策制定的适应性和精确性。通过这种方式，政府能够即时获取公众反馈，确保政策更好地反映公众需求和期望，同时也增强了政府与公众之间的互动和沟通。

网络问政已成为群众路线的新模式，成为考量政府政治智慧和行政能力的新指标，成为转变执政观念和政治文化的新理念。政府必须关注网络公众需求，关注社会矛盾的焦点、热点、难点问题，帮助群众解决实际问题，力求做到情系百姓、理达天下，赢得公众的信任支持，缓和社会矛盾。

网络问政为政府提供了民意沟通和信息交流的广阔空间，为社会公众解决问题、做好服务提供了广阔空间。作为社会舆论的一种新的重要表现形式，网络问政已成为社会公众关注和监督政府工作，同时也是政府了解民意、汇聚民智、排解民忧的一种新的重要渠道。通过网络公众的互动交流，充分了解民情民意，实现政民互动无障碍，有效地支撑政府的决策，已成为今天各级政府面临的新挑战。当前主要从以下三个方面入手：第一个方面是建设公众建言献策、表达利益诉求的网络平台。政府的决策需要广泛的民意支持和民智的集合，以确保决策在实施过程中具有坚实的群众基础，并防止因决策错误导致的潜在重大损失。为此，政府必须更有效地建设和运用网络平台，将其转化为一个让公众能够提出建议和意见的关键渠道。大多民生诉求集中于教育、医疗、就业、社保、住房等方面，如果政府能畅通表达渠道，建立反馈处理机制，民生诉求就会得到更多信任支持。第二个方面是畅通网络举报监督渠道。随着互联网的普及，网络举报监督渠道的开发和完善已成为加强社会监督的关键步骤。这些渠道以其方便快捷的特性，为公众提供了有效的监督手段。各级政府部门，包括纪检、监察以及公、检、法、司，都在积极推进网络举报系统的建设，形成了一个覆盖广泛的网络监督体系。为了确保这些渠道的有效性，重要的是不仅提供举报的入口，还要保证每一次举报都能得到响应和适当的处理，即确保每一条举报通道后都有一个完善的督办机制，负责调查、督办、协调和处理各类举报事项。第三个方面是规范和引导网络传播渠道。通过合理的监管，网络空间的自由言论不仅促进信息的流通和观点的多样性，同时也能构成政府应对社会挑战的有力支持。这要求政府在保护网络言论自由的同时，也需引导其向积极健康的方向发展，从而增强公众对政府政策的理解和支持。由此可见，网络问政在很大程度上提高了管理的民主化、科学化程度，扩大了社会公众民主参与的范围和形式，为民主政治提供了新途径，创造了新空间。

网络问政已成为我国政治生活的重要组成部分，有利于公民政治参与，成为政府汇集民智、作出科学决策的重要形式。互联网迅速普及，在推进民主政治的过程中，网络民主的意义十分突出。网络问政为民主政治的发展提供了新平台。互联网的兴起给中国网络民主发展带来了一个前所未有的契机，创造了一个全新的民主参与渠道，为公众参与社会管理、表达心声提供了全新的技术支持。目前，利用互联网建立沟通新渠道已成为政府与公众的重要途径。一般而言，网络民主是以网络为媒介的民主形式和手段，在实践上有多种不同的形式，具有民主主体上的平等性，民主运作上的虚拟性与便捷性，民主过程上更强的互动性以及民主效应上的双重性。

第一，确保政治表达的自由，推动信息多样化和言论自由。网络使人们能够更平等地享有知情权，更平等地表达政治利益诉求，从根本上改变传统政治系统输入、输出和反馈的严重失衡状态。互联网作为一种平台，激发了公众参与政治生活的热情，这种热情聚合了强大的民意，为政治决策提供了宝贵的现实依据。同时，这也使得公民对政治的反馈变得更加可行，公众的意见和声音得以更有效地凝聚和展现。这种互动增强了民主的实践，也使政府能够更准确地理解和回应民众的需求和期望，从而优化决策过程和夯实政策的公众基础。网络已经成为公众行使知情权、参与权、表达权和监督权的重要渠道。公民网络问政将被问政者置于公开的传播环境下，使整个问政过程都处于公开的网络监督之下。政府不仅可以直接从网络上看到网络公众的建议、评价和意见，而且对公众问政的回复也在网上公开。公众可以就问政结果继续发表建议、评价和投诉，使公民问政成为一个开放和持续的过程。网络信息的海量性与共享性，在一定程度上解决了民主政治所需要的信息和知识问题。透明度和信息公开是民主发展的核心要素，它确保公民可以获得必要的政府信息，从而有资格和能力进行有效的社会参与。互联网技术的进步极大地改变了信息传播的方式，从而为公民提供了全面、多维和多样化的信息获取途径。这种技术革新使得信息更加易于获取，增加了公众对政府操作的可见度和理解，从而提高了民主机制的透明性和公众的参与度。互联网上海量信息以及信息分享的特性，使公众获得了大量的政治、经济和文化方面的信息，提高了公众的文化知识水平。

第二，孕育着平等、自由、开放等发展民主所必不可少的精神元素。网络的分布式结构，使每个节点、电脑，每个子网在网络中的地位是平等的，不会因为某些节点的失灵而导致网络的瘫痪。互联网的设计具有分散化特征，其结构不依赖于单一中心或任何特定实体的控制。这种体系结构保证了网络中信息的自由流通，不存在单一的发布源或控制节点。这一设计原则确保了互联网作为信息共享和传播的平台的开放性和无边界性，增强了其作为全球信息交流媒介的能力。网络上有许多的节点，有许多服务器在同时运行，充当了许许多多的中心。这种无中心性使信息不再被垄断于个人或机构那里。开放化的互联网络也使人们的生活多元化和开放。在这种开放的社会里，民主精神就可以逐步培育出来。

第三，网络交互性的特点创造了民主所需的信息充分沟通交流的机会。民主需要畅通的沟通反馈机制，公众需要获取各种各样信息满足知情权；民主需要公众进行充分的民意表达。没有公众与公共权力的互动，民意就无法表达。传统的信息传播与交流方式中，信息的传播与交流基本上是单向的，且是定时定量的，信息接收者和受众只能被动地选择，而互联网的交互性、交互范围的广泛性和持久性，增强了公民和政府之间的交流与反馈。通过互联网，公众与政府之间的互动变得更加直接和高效。这种平台允许公众轻松表达自己的利益和意见，同时政府可以迅速进行信息的公开和回应。互联网的核心优势在于其提供了跨越传统沟通层级的直接交流能力，显著减少了信息传递过程中可能出现的失真、延误或丢失的情况。互联网的高度交互性满足了民主政治的沟通需求，加强了政府透明度和回应性，确保民意可以直接影响政策制定。这种无层级的沟通模式改变了传统的政府与民众之间的互动方式，为实现更为开放和响应的治理结构提供了强大的技术支持。

网络民主使问政处于公开网络监督之中，对政府利用互联网促进民主具有积极作用。

一是体现人民当家作主权利。社会主义民主政治的本质要求是人民当家作主，人民当家作主在行使权利的广度和深度上表现为人民平等地享有广泛的管理国家和社会事务的权利，享有言论、出版、集会、结社、游行、示威的政治权利，以及相应的经济、文化与社会权利等；人民不仅享有选举权和被选举权，还有广泛的监督和罢免的权利。发展网络民主的最重要目标就是通过网络技术推进社会主义民主政治建设，实现人民当家作主的价值追求，保障公民权利。

二是体现网络表达自由权利。表达自由是公民的基本权利，是民主的必要条件和基础。表达自由是公民对政府及政府监督的方式和途径，是政府了解民情民意，按照公众意见和利益进行科学决策和民主治理的基础条件。网络表达自由赋予了公民通过互联网自由传递自己的思想、观点和信息的权利。这种自由允许个体在不受外界干扰的条件下展示自己的意见和知识，并受到法律的保护，是当前我国公民表达权的重要组成部分，对我国的民主法治、增进知识追求真理以及人的全面发展等有着极为重要的价值。

三是体现网络民主法治规范。依法而治，法律面前人人平等，要求依靠法律进行国家事务的治理。必须加强对网络民主的规范与引导，通过法治的手段进行依法管制。

四是体现网络民主参与有序。网络创新民主生活会场所，是批评与自我批评的最新场所，网络公众所议所提虽是个人意见，但是也来源于生活和社会，代表着一定群体或者意愿走向。听取大多数网络公众意见，无疑听取了相当部分公众意见，吸取其精华，祛除其糟粕，就能获得有益的参考。其作用在于：一方面，重视网络民意是实现科学决策的重要途径。网络时代为中国的民意表达开创了极其宽广的天地。它对于及时迅捷地反映社会问题、政策时效有着相当正面的作用。与此同时，我们应该明白：通过网络了解民意也存在着局限性，特别是在民情、国情、政情方面，它不能取代实地调查，更不能替代政策研究和战略思索，在其他方面如文化建设和外交政策等方面，也应区分网络中所表达的民意的良莠，加以慎重地判别与选择。另一方面，重视网络民意能够有效地缓和社会矛盾。公众越来越倾向于将表达权诉诸网络，从而直接、方便地表达自身想法，网络为公民发出自身声音创造了极其便利的条件，政府从中可以迅速把握社会脉搏，了解非主流舆论场合产生的误解和偏颇，为疏导社会情绪找到解决依据。基于此，政府需深入关注网络民意，并强化制度框架以监测、反馈及整合这些民意。利用现代技术构建真实的网络民意传输通道及自动化分析系统是关键。这些系统应能生成网络民意分析报告、舆情专报及移动快报等，为决策者提供依据。为了进一步增强公众参与和民意反馈的效果,关键在于融合和优化网络与传统的民意表达渠道。创新网络信访平台,拓展传统信访部门的功能,可以更广泛地收集和响应民众的意见和需求。同时,应全面实施政务信息公开制度,确保每位公民都能够便捷地访问政府信息,从而保障公民的知情权和监督权。利用网络论坛、新闻评论和社交媒体等新兴渠道,政府能够更有效地与公众互动,保障公众的言论自由,并允许他们自由表达各种观点和利益诉求。这些举措不仅提高了公众政治参与的质量,也为民主监督提供了坚实的制度支撑。这种多渠道、多平台的接近方式有助于深化网络问政的功能,使其更加有效地服务于民主政治的发展。

推进网络问政良性发展是政府义不容辞的重要职责,主要途径包括:

一是采取法律、行政手段实行网络规制。在网络环境中实施适度的管理措施,以确保网络交流的秩序和安全。一方面,通过实施实名注册制度,可以在保护用户隐私的同时,确保网络言论的负责任性,有助于保护个人权利,也使得政府能够更准确地捕捉到民意,并对公众的诉求作出针对性的回应。另一方面,对于网络上的不当言论和潜在的违法活动,政府应采用法律与行政资源来进行有效监管。这样的控制措施既可以防止网络空间的滥用,抑制可能的负面影响,又能够确保网络平台不被用于传播误导信息或进行破坏性行为。对那些长期大量存在不当言论而长时间不予以删除的网站、论坛进行严格管制,以保证网络健康发展。同时,要坚决打击网络淫秽色情,依法打击网络犯罪,阻止少数人利用网络破坏公众的利益;增强对网络平台监管的严格性,特别是对已获得互联网新闻信息服务资质的网站,采取更为严格的监管措施。实施"一票否决制",即一旦发现网站故意传播违法信息,如涉及淫秽色情内容,应立即取消其资质,中止其服务许可。

二是监管并举,占领网络舆论阵地。加强政府网站建设,加快政府网络信息平台建设；推动政务的透明度和决策的民主化，通过建立固定的信息交流体制，确保政策制定过程科学、公开；推行文明的网络使用习惯和创建阳光、绿色的网络工程是提升网络空间质量的关键，这不仅涉及净化网络环境，还包括积极抵制网络中的不文明行为，促进积极健康的网络文化发展。建设和管理并举，探索建立互联网管理长效机制；发挥公众监督作用，形成网络社会监督机制；切实加强行业自律，提高从业人员的守法意识；加强重点新闻网站内容建设，建设资源丰富、品种多样、益智健康的网上"文化超市"；加强个人和网络媒介自律，营造绿色和谐阳光的网络环境；加大网络技术开发力度，维护国家信息安全。

三是化解不良社会公众情绪。网络公众情绪的不良发展会带来很多副作用，影响社会稳定发展。因此，政府有必要建设一支专业网络管理队伍，负责论坛、系统公告等工作。在多样化的网络平台上，如文章评论、新闻跟帖、微博和博客等，承担责任的传播者应采用准确的信息和客观的态度来解读国家政策和阐释社会热点。通过理性的分析，传播者才能够为公众提供明确的解释和事实澄清，有效舒缓公共情绪和化解社会矛盾。对于网络上的过激言论和消极思想，应采取适当的引导措施，确保能够正确地引导网络舆论，维护健康的网络环境。对网络公众情绪尤其是不良情绪进行心理疏导、安抚，缓和社会矛盾。依赖公民自律、行业自律难度极大，可以从以下几个方面入手改善困境。

第一，完善网络舆情把关。议程设置理论、沉默螺旋理论和蝴蝶效应理论等在网络舆情发展变化中具有重要的作用。在处理网络舆情中的群体性事件时，将理论与实践相结合显得尤为重要。尤其是在舆情的早期阶段，运用诸如蝴蝶效应和议程设置等理论模型，可以有效监控和指导舆论的形成和发展。网络舆情通常经历起始传播、快速扩散至逐渐消退的过程。在事件初期，当舆情仍局限于较小的网络圈层时，这些理论可以帮助识别并放大那些可能引起更广泛关注的细微信息。应用议程设置理论，可以在初始阶段就通过有效的信息管理和传播策略，塑造公众对事件的认知框架。同时，借助蝴蝶效应理论，认识到即便是微小的网络信息也可能迅速扩散成为引发广泛关注的舆论风暴。通过策略性的信息发布，可以在早期就引导舆情向有益于社会稳定的方向发展，既防止了舆情的负面蔓延，又促进了基于事实的健康讨论，有效避免了由于信息扭曲或误解引起的群体极化现象。在网络舆情管理中，如果早期阶段的信息传播能够保持积极和正面的态度，并在其发展过程中避免不实信息的扩散，那么对于应对群体性事件，如自然灾害，将具有极大的正向作用。例如，在汶川地震期间，网络平台上的积极互动和正面信息调动了全国的关注和支持，促进了全民的团结与协作。这种现象显示，网络舆情在灾难响应中可以发挥出巨大的社会凝聚力。然而，网络舆情的发展往往易受到谣言和误导信息的影响，进一步增加了群体性事件管理的复杂性。因此，建立一套有效的网络舆情预警和控制系统显得尤为重要。此系统需要包括对初始舆情的快速响应机制，有效识别和遏制谣言的传播途径，并通过科学的信息管理来引导公众舆论，确保信息的准确性和适时性，最大限度地发挥网络舆情在紧急事件中的积极作用，同时减少由不当信息扩散引起的潜在危害，确保舆情能够在有利的方向上发展，最终顺利过渡到事件的消退阶段。

第二，加强政府与网络影响者互动。网络影响者通常具备较强的信息组织和动员能力，对公众情绪和观点具有显著的引导作用。他们通过各种社交平台，能有效地塑造和影响公众议题，进而影响广泛的网络和现实社会的意见形态。政府通过与这些网络影响者合作，可以更精准地传达政策意图，有效管理和引导舆论方向，尤其在处理突发公共事件和敏感话题时，可以极大地缓解信息扭曲和误读，保障信息传递的准确性和权威性。政府部门还可以通过建立常态化的沟通机制，确保在关键时刻能与这些网络节点高效互动，共同推动社会稳定与和谐。在处理群体性事件时，网络影响者常作为民间意见的集合点，向政府传递公众关切。例如，孙志刚事件，其中八位法学专家从法律角度出发，向全国人大常委会提出了关于城市流浪乞讨人员收容遣送办法的议案，指出其与宪法的冲突。这种基于学术和法律的介入不仅代表了社会公众的声音，还推动了法律的修订过程。结果是政府对相关法律政策进行了人性化的修正，有效平息了由此事件引发的广泛舆论。为此，政府在处理群体性事件时，应该注重利用网络影响者作为沟通桥梁，有效集成并分析来自其代表的社会群体的舆情信息，有助于政府获取更准确的民意，还可以促进事件的有效解决。政府部门需要开展与网络影响者的直接对话，利用他们的影响力向公众传达准确和全面的信息，这可以帮助隔离并抑制不实言论和负面舆论。通过影响者可以有效地引导公众以更加客观和理性的方式参与讨论，强化建设性的主流观点，同时吸纳中立意见，确保舆论环境的健康发展。

第三，重新定位网络"把关人"角色。在现代信息社会中，网络"把关人"的角色需适应新的传播环境，进行重要的角色转变。随着互联网技术的发展，信息传播方式趋向于更加开放和多元，信息的来源和流向日益分散，这对网络"把关人"的职责提出了新的要求。网络"把关人"不仅仅是信息的筛选者，更是信息质量的保障者和公众意识的引导者。在掌握和响应网络公众的信息需求时，网络"把关人"应积极引导信息流向，通过合理的议程设置和信息加权，营造健康向上的网络环境。"把关人"应利用自身在信息流动中的节点优势，对信息进行有效过滤和加工，确保信息的真实性和相关性，同时适当强化特定话题或观点的引导，以增强公众对重要社会问题的关注和理解。这种角色的转变增强了网络舆论的引导能力，促进了网络环境的秩序维护和质量提升，使网络"把关人"在网络时代继续发挥核心作用，确保信息的健康传播和公众的理性参与。在处理舆情信息时，网络媒体需充分认识到舆论周期的阶段性变化，并根据这些特征适当调整内容方向，以促进信息的正面发展。媒体工作者应增强行业自律意识，提高职业道德水平，积极抵制和过滤不实信息及谣言。通过持续提升内容质量和准确性，媒介应成为推动社会正义、引导公众情绪、传递社会真实情况的力量。网络运营者也承担着不可或缺的责任，根据互联网管理的基本原则，需对上传的内容进行严格的审核和筛选，明确"把关人"的职责，确保所传递的每条信息都是经过验证的，以防止谣言的扩散。在遇到发布虚假信息的情况时，应依法对相关账户进行警告，并在必要时采取限制措施。

第四，加强网络公众的自律习惯。提升网络公众的自我监管能力，是推动网络空间健康发展的关键。为此，需通过持续的教育活动，增强公众对网络信息的判别力，培养其在复杂信息环境中维持独立思考和理性判断的能力。政府应继续深化网络文明的构建，通过法律、政策和教育的多管齐下，提升公众在网络环境中的自律意识。政府还应包括激励和引导公众以建设性的方式参与网络民主，如通过正确的渠道表达诉求和监督政府工作，从而引导网络舆情朝向更加积极和建设性的方向发展。在应对网络不文明行为时，需强化行业自律监督。建议构建多方参与的监管框架，包括政府机构、专业协会及网络管理团体。这些组织能够协同作战，共同打造更为规范的网络环境。政府部门应与网络行业内的领军企业合作，共同制定并推广一系列标准化的操作规程和行为准则。定期的行业内培训和教育既可以增强专业人士的责任感和自律性，也能够提升公众的网络素养，尤其是在识别和应对低俗内容、谣言和网络诈骗等方面。同时，为了有效管理和监控网络行为，建议设立和完善快速响应机制，处理网络不文明行为。网络平台和服务提供者需在内部建立严格的监管系统，对于违规行为，依据法律法规执行严格的惩罚，如经济罚款或业务整顿，以维护网络环境的清洁和公众的权益。《文明上网自律公约》的发布标志着互联网行业自我监管机制的进一步完善。该公约鼓励网络参与者，无论是服务提供者还是用户，遵循一系列行为准则，旨在建设一个更加健康和有序的网络环境。公约强调了遵守法律、社会责任感以及互相尊重等基本原则，旨在促进正面内容的传播和创新精神的培养，同时抵制各类不良信息和网络侵权行为。在实际操作中，网络平台需要严格执行用户的实名注册制度，确保每位用户的行为都能追溯到其真实身份，以便在发生违法违规行为时进行有效的法律追责。网络服务商应采取先进的信息技术手段，建立健全的内容监控系统，对上传到平台的内容进行实时审查，防止有害信息的扩散。对于查实的违法行为，服务商应及时采取措施，如删除违规内容，并依法向有关部门报告，必要时中断提供服务。《文明上网自律公约》提升了网络内容的质量，增强了公众对网络空间安全的信任，进一步推动了网络环境的正向发展。这些规定也促进了网络用户的自我约束，使其在享受信息自由的同时，也能够自觉维护网络秩序，共同构筑一个安全、文明、有序的网络社会。

在网络舆论场中，尤其是在面对公共危机时，人们的情绪和基于此生成的感性反应在舆论中展现出不寻常的活力和影响力。在管理这种舆论的过程中，特别需要注意避免舆论共振现象，即当一种舆论声音占据主导，其他观点被边缘化或压制时，会对社会稳定构成潜在威胁。网络舆情中的同质性与异质性特征使得网民群体可能会呈现出群体极化现象，这种倾向有时会推动舆论向极端化发展，从而扭曲舆论真实性并妨碍公共危机的有效管理。在处理这种感性的网络舆论时，应避免单纯的道理讲解或强制性引导，而应结合情感共鸣和理性分析，适度地引导网民群体，使其在认知和情感上达到平衡。无论是传统媒体还是新兴网络平台，均需承担起责任，强化积极健康的信息导向。这要求媒体在传播事实的同时，还应促进公正和全面的视角，为公众提供多元化的信息源，以减少偏见和误解的形成。对于可能发生共振的感性情绪，要培养新的关注点，分散公众注意力，缓解公众情绪。

在培养网络公众的理性批判精神方面，重要的是将网络素养教育与伦理道德培训相结合，以此来增强个体在网络空间中的独立思考能力，同时提升其对社会责任的认知。通过强化这种教育，网络公众将形成更成熟的个性和更强的公共责任感，有效地实现自我管理与自我约束。通过建立健全的网络公众参与机制和政府的有效回应框架，网络公众的声音被妥善考虑并作出回应。这种制度设计有助于促进公众与政府之间的互动，并且也有助于形成更广泛的社会参与与治理共同体。这样的双向互动既增强了公共政策的透明度和公正性，也提高了政策的接受度和效率，从而推动网络空间的有序与健康发展。

第六节　加强网络生态治理的法治保障制度

在数字化时代，网络空间的治理面临着复杂且不确定的风险。为了在法治框架内有效管理这些风险，必须深入理解网络环境中潜在的威胁及其规模。法律制度的构建需与技术进步相适应，确保网络治理的科学性与合理性。在追求网络安全的同时，也要考虑公民对便利性的需求，探索二者之间的平衡点。网络生态的法治化，旨在提高法律对技术创新的适应性，促进民主与理性的深度融合。网络空间的治理，应着力于理性与民主的双重考量，避免单纯依赖技术手段解决所有问题。行政法的作用在于为网络生态治理提供法治上的支持，确保决策过程公正合理。同时，强化网络空间的法治化管理，有助于构建清朗的网络环境，保障公众的正常社交活动。在新时代的背景下，依法治网的理念更加重要，法治的框架应贯穿互联网的各个发展阶段。

第四章
网络生态治理现代化的制度体系

适当的法律规制不仅能够增强公众对网络环境的信任感,还能促进网络空间的有序发展。

一、科学立法以建立健全网络法制体系

随着互联网发展,网络成为新的国与国之间较量的"没有硝烟的战场"。[①]个体在网络空间面临多种犯罪威胁,包括诈骗与黑客侵犯,这些行为严重危害财产、人身及名誉安全。因此,建立完善的网络立法,发展互联网法律保障体系,旨在规范网络行为,减少网络攻击事件。有效的法律框架应能够应对网络犯罪,保护用户免受不法侵害。

建立完备的法律体系是网络生态治理的法律前提和制度保障。加强网络法治建设,用法治来促进网络文明健康发展、规范管理,主要包括:

电子政务法规定了现代数据信息技术在公共行政领域的使用规范,包括应用的范围、条件与效力等,属于行政法体系中的一个新领域。2004年,国务院发布了《全面推进依法行政实施纲要》的实施意见,强调了电子政务体系的建设需求。该意见明确提出:"加快电子政务体系建设,推进政府网上工程的建设和运用,扩大政府网上办公的范围,逐步实现政府部门之间的信息互通和资源共享。"标志着国家致力于建立一个基于互联网的一体化政务服务系统,旨在优化政府运作效率,提高公共服务的透明度与可接触性。在我国,电子政务的立法框架采取了分散立法的模式,涵盖多个独立的法律领域,如数据安全、隐私保护和电子签名等。计算机相关法规主要涉及《计算机软件保护条例》《计算机信息系统安全保护条例》《计算机信息网络国际联网安全保护管理办法》等;互联网相关法则包括《互联网上网服

---

① 罗吉.公共危机管理中的适度反应研究:政府、媒体、公众的视角[D].兰州:兰州大学,2009.

务营业场所管理条例》《维护互联网安全的决定》《互联网信息服务管理办法》；信息相关法规包括《政府信息公开条例》和《信息网络传播权保护条例》等。电子政务法作为特别行政法的一部分，其法律结构复杂，旨在规范电子政府组织、电子行政行为、电子政务技术及其监督等行为。这种立法模式有助于细化电子政务各领域的具体法律要求，确保电子政务操作的合法性与效率，同时促进公共管理的现代化和网络化。[①]目前，电子政务的法律框架主要依赖于软法规定，而学术界对此的探索多集中在行政管理学范畴，导致硬法规和法学研究的不足。制定"电子政务法"单行法，设定一系列统一的原则和标准，是完善该领域立法体系的关键步骤。这样的法律架构可以解决现有的分散立法问题，还能增强整体法律体系的完整性和功能性。通过明确的法律指引，电子政务的实施与监管将更加规范，进而提高公共服务的效率和透明度。

在2015年，国务院发布《政府信息公开工作要点》，在国家政策文件中首次提出"政府数据公开"，此举标志着从"政府信息"向"政府数据"转变的重要转折点。在此之前，立法重点集中于信息安全，主要关注保护私人权益。然而，随着社会信息化的快速进展，立法焦点逐渐转向数据安全，更多地强调公共管理的安全制度。到了2019年，《政府信息公开条例》的修订旨在更好地适应信息化社会的需求，解决条例执行过程中出现的新问题。修订后的条例强化了政府数据开放的基本制度，以确保政府信息公开的标准、范围和原则能够与大数据的开放利用有效对接。这种调整既响应了技术进步的需求，也符合公众获取信息的新期待，确保政府在信息公开方面的透明度和责任感。第一，修订后的《政府信息公开条例》（以下简称《条例》）在信息公开方式上进行了关键调整，优先采取政府主动公开作为主要

---

① 高家伟.论电子政务法［J］.中国法学，2003（4）：6.

第四章
网络生态治理现代化的制度体系

公开方式。具体而言,《条例》第44条提出,当"多个申请人就相同政府信息向同一行政机关提出公开申请,且该政府信息属于可以公开的,行政机关可以纳入主动公开的范围。"这一规定促进了行政透明度的提升。第二,《条例》明确了行政机关主动公开信息应涵盖的内容,例如行政许可、管理服务、行政处罚及行政强制的依据、条件、程序及其结果。对于具有一定社会影响的行政处罚决定,也应当被包含在内。这一调整明确了行政机关在公开信息方面的职责,要求其不断增加主动公开的信息种类,以应对公众对透明度的增加需求。第三,对依申请公开政府信息的程序进行了完善,减少了此前存在的限制。根据《条例》第13条规定:"公民,法人或者其他组织可以根据自身生产,生活,科研等特殊需要申请获取相关政府信息。"而在新修订中,这一规定被进一步开放,以便于更广泛的公众获取所需的政府信息。《条例》第2条扩展了其覆盖的内容范围,将政府数据开放纳入了考虑对象。[①] 这一改变意在激励公众更广泛地利用这些信息,通过授权等方式减少对政府信息再利用的限制,从而最大化这些数据的价值和影响力。

网络安全是国家安全的基石,随着信息技术的发展,数据安全的重要性越发凸显。为此,相关的法律框架和监管措施被逐步制定和完善,以确保信息安全得到妥善保护。自2017年6月1日网络安全法实施,我国在网络安全领域的法律治理体系得到了显著加强,标志着网络安全管理正式步入法治化轨道。随着各种网络安全政策性文件和战略规划的发布,网络安全的法治化进程显著提速,促进了整个网络安全工作政策体系的形成。这些政策和法规提供了网络安全的基本框架,明确了政府、企业以及个人在网络安全维护中的责任和角色,共

---

① 郭志远,潘燕杰.大数据背景下网络空间治理的法治化研究[J].理论视野,2020(8):7.

同构建了一个更加稳固的网络环境。这一系列措施展示了国家对网络安全重视的程度，以及为适应数字时代的挑战而不断更新的法律体系。

在当前的法律框架下，针对数据安全存在几个需求亟待加强。

第一，加大对关键信息基础设施的保护力度，因为这些基础设施是网络安全的核心，同时也是攻击的主要目标。针对金融、能源、通信和交通等行业，必须持续提升关键信息基础设施的防护能力。为此，应当不断强化相关防护体系的完善。同时，实施《国家网络安全事件应急预案》，该预案旨在提高网络安全事件的应急响应与处置能力。起草和实施《网络安全审查办法》，便于预防和化解供应链中的网络安全风险。制定并发布《云计算服务安全评估办法》，有助于提高党政机关及关键信息基础设施的安全性、运营者在采购和使用云计算服务时的安全也会处于可控水平，确保服务的安全性和依赖性。

第二，数据跨境传输的安全可控。在全球化的背景下，数据跨境传输已经成为一个不可避免的现象。确保此类数据传输的安全性和可控性非常关键。安全性的核心在于如何有效管理和保护涉及关键基础设施和重要领域的数据信息。关于数据的重要性评估，更应关注数据产生的具体影响，而非简单地基于数据类别如国家数据或个人数据进行区分。《中华人民共和国国家安全法》和《中华人民共和国网络安全法》立足于国家安全的高度，形成了我国网络安全法律的基础，与《中华人民共和国刑法》和《中华人民共和国治安管理处罚法》等公共安全相关法律相辅相成，共同构筑了维护网络安全与商业信息系统利益平衡的法律体系。在这两项上位法的指导下，2017年4月发布的《个人信息和重要数据出境安全评估办法（征求意见稿）》进一步提升了对个人信息和重要数据跨境传输安全的重视，建立了一套完整的数据跨境流动安全评估的制度框架，确保了在跨境数据交换过程中，信息的安全和监管得到有效保障。

第三，数据安全等级的科学评定。建立科学的数据安全等级有助于明确数据保护责任，为此，制定相关的数据安全等级管理办法成为必然选择。《网络安全等级保护测评机构管理办法》便是在这一背景下出台的，其目的在于增强网络安全等级保护测评机构的管理，以规范测评行为，并提升测评能力及服务水平。对于数据安全等级的评估，应综合考虑数据在国家安全、经济建设和社会生活中的重要性，以及数据被破坏时对国家安全、社会秩序和公共利益的潜在危害。评估还需考量数据损害对公民、法人和其他组织的合法权益的影响。通过这种方式，数据安全的评估标准能够更加科学和合理，从而有效地为数据保护措施的制定提供依据，确保各类数据按照其重要性和紧急程度得到适当的保护和管理。这种分级方法有助于对策略的优先级进行排序，保障重要数据的安全性。

加速网络法律体系的发展与完善，提高法规监管的适应性和效能，是解决网络风险的关键。首先，网络立法应清晰定义其目的，即建立符合中国特色的网络法治体系，同时支撑国家安全的战略目标。立法过程中应充分考虑立法的全面性、系统性和实用性，有效整合软法和硬法的元素，确保两者在互联网法律体系中的和谐共存。立法活动需要评估现有法律框架的不足，从而在法律设计上实现科学和合理的优化。通过这种方式，可以确保网络法律不仅能预见并适应当下的需求，还能响应未来可能出现的挑战和变化，进而为国家的网络安全和社会的稳定提供坚实的法律保障。其次，推动网络立法的进程应专注于网络内容的构建和监管，制定互联网领域的基础性法律，包括针对网络平台治理、数字经济的法治规范以及企业在平台上的责任等。个人信息保护法、网络知识产权法及信息反垄断法等关键法律，是构筑健全网络法治体系的基石。互联网法律的条文需要精确规范，确保法律的有效性，并提高法律条文的操作性。这样的法律文本应详尽规定法律的适用范围和执行标准，使得法律不仅在理论上完备，也在实际操作中具有指导性和可执行性，从而有效地引导和规范互联网领域的行为。最后，在构建互联网法律体系时，必须注重国内外立法的协调与融合。国内法规应与国际法律标准相接轨，特别是在个人数据保护和网络犯罪制裁等关键领域，积极参与和影响国际规则的制定，以增强在全球网络生态治理中的话语权。同时，对现有传统法律进行网络化改造，包括对传统法律进行修订和解释，使之能够适应网络空间的特有需求。例如，将实体法律中关于责任、原则和司法制度的规定进行调整，使其在网络环境中依然有效。建立针对网络信息技术特征的专门法律，这些法律应特别针对网络电子商务和网络信息交流的实际运行，确保网络活动的正当性和安全性。在立法过程中，还需注意整体性立法与部门性立法的有效配合。部门性法规在制定时应避免孤立无援，与互联网立法的顶层设计和整体框架规划紧密结合，确保法律体系的协同和统一，旨在形成一个综合性、系统性的网络法治环境，从而更有效地应对网络空间的复杂问题。

在当前的法治环境中，软法与硬法的结合趋势日益显著，特别是在快速发展的互联网领域。硬法因其固有的滞后性和僵化性，往往不能及时响应信息化领域的迅速变化和扩展的要求。[①] 这种缺陷导致在处理新兴的网络问题和矛盾时，硬法可能显得力不从心，无法提供及时的法律解决方案。一方面，随着技术的快速进步和应用的广泛化，传统的立法程序和周期限制了法律对新情况的适应能力，造成了公共管理中的一些空白或灰色地带。这些区域往往成为责任推诿的避风港，依据"法无禁止即可为"的原则，各方可能逃避应尽的责任。在这种背景下，软法的灵活性和适应性提供了一种补充机制，使法律治理能够更加灵敏地反映社会和技术的快速变化。通过引入和强化软法元素，可以在不牺牲法律明确性和权威性的前提下，为解决新兴问题

---

① 石佑启，陈可翔.论互联网公共领域的软法治理［J］.行政法学研究，2018（4）：10.

提供及时的法律指导和框架。这种法律治理的混合模式，旨在充分利用硬法的严格性与软法的灵活性，以更有效地应对当前的治理难题。另一方面，在网络法律架构中，硬法的应用往往未能充分考虑网络空间内部的自我规制能力。网络空间的治理依赖于其特有的架构，能够通过自我规制机制实现有效管理。自我规制主要以两种形式存在：一种是由网络实体自行设定的规则，这些规则通常不具备法律上的强制力，占自我规制实践的大多数；另一种形式较为严格，涉及由自律机构制定的规范，这些规范需得到政府的审批才能生效。[①]这种自我规制策略本质上是为了响应政府的监管要求，尽管形式和强制性可能不同。通过这样的内部管理，网络空间能够在一定程度上自行解决问题，减少硬法规制可能引起的过度干预。因此，在制定网络相关的法律时，应当认真考虑自我规制的有效性和其在网络治理中的角色，以实现法律规制和网络自主管理的良性互动。

在网络空间的法治化规制中，政府的监管提高了权力行使的透明性和预见性，并且也有助于保障互联网领域的自由与创新。首先，政府在进行网络规制时，必须确立清晰的规制目标。这些目标应在政策制定及执行的每个阶段都认真执行，确保所有规制行动紧密围绕既定目标进行。规制行为应严格按照相关法律法规和标准来执行，避免对与规制目标关联不大的因素进行过多干预。[②]通过这种方式，可以确保网络规制活动不仅高效，而且具有高度的目的性，从而支持网络空间的健康发展与创新，同时增强公众对政策执行的信任。其次，在加强网络领域的法治化进程中，政府的规制权限必须明确界定。适当的法律和规章应当明确授予监管机构所需的规制权力，并严格限定这些权

---

① 安东尼·奥格斯.规制——法律形式与经济学理论［M］.骆梅英，译.北京：中国人民大学出版社，2008：112-115.

② 宋华琳.论政府规制中的合作治理［J］.政治与法律，2016（8）：10.

力的范围。对于政府在执行中可能出现的违法行为，必须明确法律责任，只有这样才能够确保政府行为受法律约束，提高行政行为的透明度和公正性，从而在我国互联网公共领域的规制中体现出法治化水平的显著提升。

为适应快速变化的网络环境，必须对现行的网络法律法规进行综合整合与更新，确保新法律与已有法规相协调。一方面，在于优化《互联网信息服务管理办法》《互联网站从事登载新闻业务管理暂行规定》《关于维护互联网安全的决定》《互联网出版管理暂行规定》等关键法规的衔接。新的立法需确保法律的灵活性和适应性，以及对网络舆情监督的法律清晰定义，包括监督责任、监督主体的权利和义务等。加快网络法规的更新进程，是应对网络空间挑战的必要措施。新法律综合反映互联网的发展趋势，旨在提高法律实施的有效性，保障网络空间的秩序和安全。另一方面，在网络环境中，立法工作必须适应其多变性，确保法律体系的完整性、全面性和系统性。这种立法的核心是为网络空间内的行为提供明确的法律框架，包括对网络媒介传播的各种监督和讨论行为的规范。有效的网络立法应当保障网络安全，防止不良信息和虚假信息的传播，确保网络舆论能够真实地反映公众的意见和存在的社会问题，以便更好地引导网络行为，保护个人和公共的利益，同时维护网络环境的健康发展。法律制度的这种完善将为网络安全和信息真实性提供坚实的法律基础，促进网络空间的正面功能发挥，防止和减少网络犯罪和侵权行为。基于此，针对网络立法应秉承相关的原则，具体如下：

其一，遵循确保网络的可持续发展和安全的基本原则。鉴于网络平台为公众提供了广泛的交流工具，同时也可能成为犯罪行为的渠道，法律的角色在于通过规范化的管理保护网络环境。立法应明确信息资源的安全级别，对不同级别的数据侵害行为规定相应的法律责任，以此维护公众信息的自由流通，并保障与国家和社会安全相

第四章
网络生态治理现代化的制度体系

关的关键基础设施的稳定运行。网络信息的储存和利用不能仅依赖于技术手段,而是应通过法律与制度的支持来确保技术的合理应用。完善网络法律体系是维护网络信息安全的基本手段,有助于在保障公众利益和国家安全的同时,促进网络技术的正向发展和应用。这种立法应聚焦于提高网络环境的整体治理质量,通过法律手段来强化网络空间的监管,确保网络作为信息交流的平台能在安全与自由之间找到恰当的平衡点。随着网络技术的迅猛发展,网络监管法律也需要持续更新以适应新的技术环境和挑战。立法工作必须灵活,能够快速响应技术变化,确保法律的相关性和有效性。网络法律的制定和修订应基于技术特性,旨在解决监管中遇到的具体法律问题。在网络法规的制定和实施过程中,法治的动态性对于法律规范的正确执行至关重要。由于社会主体对新法规的认识和适应需要时间,而法律实施时的社会环境可能已与制定法律时有所不同,这就要求立法者具备前瞻性的立法思维。在此过程中,维护公民数据和信息安全应始终是立法的核心原则。为此,在新法的制定与旧法的修订过程中,保持立法思维的先进性与网络技术的发展同步是至关重要的,以此来确保网络法规既可以反映当前的技术现状,也能够预见未来可能的发展,从而有效地管理和引导网络行为,保护用户的安全与权益。

在强化国家级网络安全立法的过程中,应优先考虑国家层面的法律制定,以减少对部门规章的依赖,这是确保公民数据信息安全的关键方向。目前,基于《计算机信息系统安全保护条例》《计算机信息网络国际联网管理暂行规定》《电子签名法》等现行法规,中国应吸取国际上如德国《多元媒体法》、美国《统一电脑信息传送法》的经验,结合本国的网络治理实际,由全国人大常委会领导制定全面的网络安全法。此法律旨在彻底改革当前的网络治理体系,提高网络立法的地位,并确保与国家文化传统相符。立法应明确网络监管部门、网络运营商及网络用户的权利与责任,细化网络治理措施,确保能够对网络上的不当言论如造谣、侮辱、诽谤他人，以及煽动国家动乱、损害国家利益的行为进行法律干预，包括采取封堵和屏蔽等措施。同时，立法还需考虑合理把握治理的限度，防止过度监管可能对网络技术的创新、公民表达自由、信息自由及民主政治等基本人权产生的负面影响。通过这种平衡，既维护了国家安全和社会稳定，又促进了科技进步和民权保护，支持国家治理体系的有效运行。

其二，强调技术手段与法律规范协同运作原则。鉴于网络环境的复杂性和技术性，法律制定需依赖现代信息技术，以确保法律的有效执行。例如，使用先进的舆情监测技术可以最大限度地减少黑客攻击和网络盗窃等犯罪行为的发生，同时确保违法行为的有效侦破和受到法律制裁。在这一过程中，中央和地方政府需提升对网络立法的重视程度，认识到其作为维护网络秩序和促进社会发展的基石的重要性。应当从国家整体战略的高度出发，制定符合国情且具有长期有效性的网络法规。地方政府应根据本地区网络发展的具体情况，制定和完善相应的地方性法规，实现中央统一的大政方针与地方特色化的灵活应用。此类法规应明确规定网络治理的责任主体，建立统一而具体的奖惩机制。同时，对网络违法行为的危害应进行量化，建立科学的危害评估标准和相应的赔偿机制，有助于提升网络管理的法治化水平，还能确保网络技术在促进社会经济发展中发挥最大的正面作用，确保国家治理体系和治理能力现代化。

二、严格执法公正司法以维护公平正义

在互联网时代，网络生态的治理结构已经发生了显著的变化，这种变化反映在执法、司法以及守法的主体上。传统上，执法主体主要是由行政机关构成，而依法行政主要聚焦于这些机构的行为规范。随着时间的推移，行政机关的概念也已经从一个较为模糊的广义术语转变为包括由法律法规授权的组织在内的更广泛的行政组织。当前，在

第四章
网络生态治理现代化的制度体系

网络数据治理方面，治理主体不再局限于传统的行政机关。政府与企业的合作，标志着治理模式的转变，其中除了中央和地方政府扮演着核心角色之外，社会团体、企业以及个人也开始作为治理主体参与网络空间的共同治理中。这一趋势突破了传统公共事务治理的框架，使得非行政机关主体也有了更多参与和发言的机会。网络生态的治理展现了其独特性，尤其是在大数据时代，公民个人的数据信息在互联网中占据重要比例，成为数据治理的主要利益相关者。同时，行政机关、基层自治组织和行业协会作为监管者，也与这些数据密切相关。随着信息技术和数据手段的应用，行政机关在行使权力时已经开始广泛利用这些工具，实现公共管理的现代化。国务院发布的《关于积极推进"互联网+"行动的指导意见》旨在将互联网技术的应用从消费生产扩展到公共服务领域，进一步强化了网络技术在公共管理中的作用。[1] 这种治理模式的创新依赖于政府自上而下的推动，同样需要社会公众的参与和反馈，形成自下而上的治理动力。随着社会对政府公共服务的需求日益增长，政府正在通过采用现代化技术，尤其是大数据，来革新其治理模式并提升服务质量。大数据的运用使得政府能够以一体化的流程处理各类事务，有效精简过程中的中转环节，显著提高了行政效率。大数据的引入，特别是在公共事务管理中，已经成为政府探索治理模式改革的新方向。这种技术的应用不仅优化了传统的公共服务流程，还对行政审批系统的改革起到了加速作用。通过整合和分析大规模数据，政府能够更准确地响应公众需求，实现服务的个性化和精确性，进一步推动公共服务领域的现代化和效率提升，实现了更加公开透明和响应灵敏的政府操作，以便更有效地服务于社会和公众。

---

[1] 陈琳.精简、精准与智慧 政府数据治理的三个重要内涵[J].国家治理，2016（27）：28-39.

在大数据时代，制定依法行政的法律法规需紧密关注数据的新型特征，涉及各类法规，包括法律、行政法规、地方性法规以及规章。立法过程中应重视从数据产生和使用的角度出发，确保法律框架能够全面覆盖并有效管理数据相关的行政活动，可以从两个维度构建相关立法框架。第一，加强数据安全保护。在数字化时代，每一次网民的网络活动都可能会留下虚拟的信息印记，这些信息印记则成为连接虚拟世界与现实世界的桥梁。但是，对这些数据痕迹的追踪和分析通常并不为公众所知，有时这些数据会被用于商业利益，可能对个人和社会造成伤害。因此，加强数据安全的法律保护至关重要。立法应确立保护个人数据的明确准则，防止数据滥用，保障公民的个人利益不受侵害。完善的法律规定，能够为保护公众和公共利益提供坚实的法律基础，确保网络空间的安全和公正。第二，注重对数据风险的防范与化解。在数据治理过程中，法律成为防范与化解数据风险的关键所在。法律既可以提供技术风险决策的哲学基础和逻辑框架，还能够确保政府行为保持在合理合法的范围内。通过法律的制定和实施，可以为数据治理提供明确的规范，促进在多元意见和复杂法律环境中的决策过程。法律的多样性和竞争性规则为数据治理决策者创造了一个充满挑战和机遇的环境。这种环境有助于促进健康的数据治理发展，还能提升公众对网络生态治理的接受度和信任感。

在网络生态的治理中，行政法需要精确地设定行政机关的组织结构、行为模式以及遵循的实体标准和执行政策，以确保对网络环境中的各种事件进行有效管理。网络法律体系的完善应旨在通过制度建设最大限度地降低风险发生的可能性。法律的固有属性使其往往难以迅速适应社会变化的速度，特别是在快速发展的网络环境中，现有法律体系常常难以涵盖新兴的情形和问题。[1]例如，"互联网＋政务"的快

---

[1] 王浦劬，杨凤春.电子治理：电子政务发展的新趋向［J］.中国行政管理，2005（1）：3.

速发展与电子政务相关立法的滞后形成了鲜明对比。同时，在个人隐私保护方面，现行法律也未能有效解决新的实际问题，导致立法显得略有不足。当前公众对网络治理的关注主要集中于信息公开领域，较少涉及对公民个人信息和数据的保护，导致数据开放与保护个人隐私权之间的不平衡。为此，政府需重新审视并更新网络生态治理的法律框架，确保法律与技术发展同步，同时综合考量公共利益与个人权利的保护，实现法律的现代化和适应性。

政府数据开放的扩展不仅增强了公共组织的管控能力，也带来了数据治理的新挑战。在数据共享的推动下，行政权力的扩大使得政府的监控能力在各个层面加强，这对个人隐私的保护提出了新的要求。同时，数据开放破除了政府部门对信息资源的独占，使私人部门能够更广泛地参与数据的利用。政府与私人部门在数据共享方面的合作虽然提高了信息的流通效率，但也暴露了在数据管理中公权力与私人权利的矛盾。这种矛盾尤其在个人数据保护方面表现明显，公权力的过度介入可能会侵蚀公民的基本权利。鉴于此，迫切需要通过立法来构建一个科学且有效的个人数据保护体系。这个体系以保护公民权利为核心，合理平衡公共利益与个人隐私权的关系。通过法律和政策工具，可以为公民个人数据提供坚固的安全保障，同时也能够确保数据的合理使用不会损害到个人的基本权益。

网络空间法治必须在执行层面上从严控制，提高质量。一方面，强化监管和明确操作规范，确保法律的正确解释和应用。执法过程中应杜绝任何利益导向的解释或曲解法规的行为，增强司法解释的准确性，避免法律规定在网络环境中的虚置。网络执法的执行应坚持从上至下的传递和层层过滤的原则，确保法律的一致实施不受扭曲或变味的影响，从而实现上下行动的统一和效率。为了降低网络执法的成本，应增强部门间的团结与协作，包括党委内部的组织、宣传、政法和统战等部门，共同推进网络法治的宣传和教育工作。对于执法不力的行为，需要建立严格的责任追究和奖惩机制。面对网络执法的虚假执行、延误或偏差未能及时纠正的现象，应加大监督和问责力度。建立的奖惩机制应将网络执法绩效与执法人员的职务晋升紧密联系，以此激励执法部门有效履职，提升执法的实际效果。另一方面，为提升网络执法的效果，关键在于加强电子证据的采集、储存及恢复技术的有效性。通过与科技前沿单位如高等学院、互联网企业和民间智库的深入合作，不断引入和掌握先进的电子证据技术，可以显著提高电子证据的法律效力及网络执法的专业能力。[1] 重视自主研发网络取证设备，提高取证的精确性，加快证据处理的速度，从而使网络执法更加迅速和精确。建立和完善网络信息数据共享平台，确保电子证据管理更加便捷、专业和智能化。

在网络生态的法治环境中，司法的重要性主要体现在通过落实刑事、民事及行政责任来维护法律秩序。根据《网络安全法》和《民法典》，网络行为若侵犯他人权益，侵权者需承担相应的民事责任。《刑法》及其司法解释进一步明确了侵犯公民个人信息的刑事责任，严厉打击此类犯罪行为。同时，作为推荐性的国家标准，《信息安全技术 个人信息安全规范》为个人数据的保护提供了详细的执法标准，这些法律和规范共同构建了一个多层次的网络安全责任体系，以确保网络环境的公正与安全。这一体系规范了网络行为，加强了个人信息保护的法律保障，确保违法行为能得到及时有效的纠正和惩处，保护受害者权益，同时维护网络空间的公共安全。

在中国特色社会主义法治体系的构建中，党的十九届四中全会提出了"完善和发展中国特色社会主义制度、推进国家治理体系和治理能力现代化"以及十八届八中全会"建设中国特色社会主义法治体系、建设社会主义法治国家"的重要任务。这些目标为全面深化改革

---

[1] 袁光. 网络执法面临的困境及出路研究［D］. 长沙：湖南大学，2017.

和依法治国指明了方向。特别是在网络空间治理方面,随着信息技术的发展和应用,对法治建设的要求也日益提高。网络生态的现代化和信息化推动了治理方式的转变,这是管理方法的变革,更是法治实践的深化。我国网络空间的治理从简单的政府管理逐步转向综合的政府治理,这一过程也体现了从法治政府向法治政府转变的重要步骤。为适应这一转变,需要持续强化法律框架,确保网络治理与国家法治建设同步推进,以法律为基础,以法治为导向,系统地解决网络空间可能出现的各种问题,从而保障网络环境的健康发展和公民权利的有效保护。这种以法治为核心的网络治理模式是实现国家治理现代化的关键部分。

三、全民守法以营造网络守法环境

互联网的兴起引领了数字时代的网络空间发展,为政府与民众间的互动提供了新的途径。在这个数字化迅速扩张的时代,政府部门可利用网络平台有效收集和分析公众意见,以便更精准地响应社会需求。网络空间缩短了信息传递的时间,也提高了政府政策的透明度和公众参与度。在治理网络生态的过程中,政府应深化对网络空间特性的理解,认识到其在社会治理和民主发展中的重要性。网络平台作为信息流通和意见表达的主要场所,要求政府在尊重言论自由的基础上,采取措施保护网络环境的健康发展,避免信息的误导和滥用。政府还应加强与网络媒体的合作,利用这些平台进行政策宣传和公众教育,提升公众对政策的理解和支持。

在互联网的发展中,网络平台媒介服务商承担了重要的角色,主要负责提供网络服务和托管内容。对于新闻信息的流通与传播,网络平台无疑是关键的媒介。然而,根据目前的法律和行政规章,网络服务商被赋予了内容审查与管理的职责,这一方针的实施使得服务商在执行中可能采取较为激进的措施,如过滤敏感词汇、删除帖子和封禁账号。这种管理方式，虽然从一定程度上确保了网络环境的秩序与安全，但也引发了一系列问题。由于网络服务商更多地扮演技术和服务提供者的角色，而非内容生产者，因此在执行内容管理职责时，往往面临技术和判断上的双重挑战，进一步增加了服务商的运营压力，还可能对正常的网络信息交流产生干扰，影响信息的自由流通。[①]网络服务商在内容管理上的行为，有时由于缺乏明确的界定标准或过于依赖自动化工具，导致处理结果粗糙，影响用户体验并引起公众不满。此外，这种模式可能也会抑制网络空间的开放性和创造性，对社会的信息公开和言论自由产生不利影响。在法律框架下，网络服务商的职责和义务被明确区分。网络服务商在面对自行发布的内容时，必须履行审查职能，并对可能引发的法律后果负责。对于第三方提供的内容，网络服务商则承担更多的监督角色，仅在满足特定法律条件——知情、技术可行性以及不超越自身能力范围时，才需进行内容审查和处理。除此之外，网络服务商还负有支持法律执法的义务，这包括但不限于提供必要的信息和技术支持。[②]对于网络媒体，其作为信息内容的直接发布方，负有更直接的内容审查和实时监控责任。网络媒体需要对其发布的内容承担全部法律责任，确保其所传播的信息符合法律规定，并积极预防违法信息的产生和传播。这种责任与义务的分配旨在维护网络环境的安全与清朗，同时确保信息的自由流通不受阻碍。

为解决网络空间中的信息质量问题和不实消息传播的系列问题，政府机构应在网络执法方面展现出积极的作用，及时处理违法内容，对虚假信息进行辟谣并对相关责任主体进行严厉的处罚，从根本上提升信息的真实性和可靠性。同时，提升新闻媒体行业的自律性，主要

---

① 皮勇.论网络服务提供者的管理义务及刑事责任［J］.法商研究，2017（5）：14-25.
② 涂龙科.网络内容管理义务与网络服务提供者的刑事责任［J］.法学评论，2016（3）：66-73.

第四章 网络生态治理现代化的制度体系

包括强化媒体从业者的专业技能和提高伦理水平，还涉及培育公众的网络素养，使其能够辨识并抵制不实信息。行业组织应被授予一定的管理权力，以便更有效地监督和规范行业内的行为，发挥其在保障信息质量和公信力方面的作用。

在法治社会中，公民既是受益者也是责任者，这种地位强调了守法精神的重要性。培养公民的守法精神是维护法律尊严和效力的必要条件，也是保障个体权利和自由的基础。

第一，加强网络法治宣传，提升公众守法意识。提升公众对网络法律的认识与遵守，需借助多种信息资源。制作法治宣传素材如标语、画作及传单，可以有效普及网络法律常识。特别是在法治宣传日这一特定日子，组织网络直播活动，邀请法律专家团队向公众提供实时的法律咨询服务，讲解相关法律知识，解答群众疑问，有助于大幅提升公众的网络法律意识。特定人群如青少年与老年人需要更为精准的法律教育与支持。强化这两个群体的法律教育，提高他们识别网络诈骗和低俗内容的能力是至关重要的。为此，应保持报警热线的畅通无阻，并提供及时的司法救助，以此加强公众的守法意识。

第二，加强网络法治教育，培育公众守法责任感。通过教育和宣传活动，可以有效增强公民对网络法律和规范的认知，从而促进其在网络行为上的自律。法律教育内容的丰富和传播渠道的拓展是关键。利用现代化的信息技术，如网络课程、互动式法律游戏和在线研讨会等，可以极大地扩大法治教育的覆盖范围和深度。针对不同年龄和社会群体的定制化法治教育内容也是提升教育效果的重要措施。例如，为青少年设计的网络安全和隐私保护课程以及为老年人提供的防范网络诈骗的指导等，都是适应特定需求的教育手段。开展定期的网络法律知识竞赛和问答活动，可以进一步激发公众的学习兴趣，还能够实时检测和评估公众的法律知识掌握情况。通过这些教育活动，公众对网络法律的理解将逐步加深，对自身在网络空间中的行为将更加审慎，自觉遵守法律规定。

第三，加强德法共治，加强公众自觉自律。强化对违法行为的惩戒，如增加法律后果的严厉性，结合建立完善的信用评价体系，可以有效规范网络从业人员的行为，确保他们在从事相关工作时遵循诚信和道德的原则。同时，利用中国的优秀传统文化资源和社会主义核心价值观，促进网络道德规范的内化。这不仅仅是通过宣传教育，更通过各种文化活动和社会实践，使网络道德成为公民内心的自发信念。加深公民对网络道德的理解和认同，使之转化为自主的网络行为，是提升整个网络法治生态的关键。网络道德的普及和内化有助于形成一种广泛的法治信仰，从而促进网络空间的法律和道德双重规范。

第四，明确自由界限，维护公众基本权利。法治为网络表达自由提供了明确的框架和界限。在全球范围内，尽管具体的限制可能因国而异，但关于禁止危害国家安全、煽动仇恨或暴力、侵犯个人隐私与知识产权以及损害未成年人身心健康等方面的行为通常存在一定的共识。在我国，宪法及相关的网络治理法律对这些内容的限制进行了明确规定，通过具体条款列举的方式，界定了网络表达自由的范围。确保言论自由与社会秩序的平衡，需要通过法律明确网络空间中的行为边界。这种做法有助于保护公众基本权利，维护网络环境的安全与稳定。通过具体且明确的法律条款，公民能够更好地理解其在网络空间中的权利与义务，同时这也为法律实施提供了清晰的指导。

第五，明确追究机制，惩处网络违法行为。法律责任的种类包括民事、行政和刑事责任。网络言论的失范行为需要依据法律进行严格的责任界定，确保责任追究的主体明确。对于构成刑事犯罪的网络行为，执法机关需依法采取严格的处罚措施。此外，针对侵害个人隐私或企业知识产权的网络行为，应优先采用司法途径进行责任追究，确

第四章 网络生态治理现代化的制度体系

保遵循"不告不理"的法律原则，尊重当事人的诉求和意愿。[①]为提高网络侵权行为的处理效率和公正性，建议建立网络巡回法庭等专门的仲裁机构。这些机构专责处理网络空间中的私人侵权案件，为当事人提供一个专业的裁决和申辩平台，可以有效地解决网络环境中的法律冲突，保护受害者的合法权益，同时维护网络社会的法治秩序。

此外，网络生态治理仅仅依靠法治是不够的，实现从"管"到"治"转变，还需要网络公众和社会组织自律，以及法治、德治、智治协同发力。

一是强化法治，提升法治化水平。必须坚持依法治网、依法办网、依法上网，做到有法可依、有法必依、执法必严、违法必究。近年来，我国已颁布了一系列保护网络安全、预防网络犯罪的法律法规，如《全国人民代表大会常务委员会关于维护互联网安全的决定》《中华人民共和国系统安全保护条例》《中华人民共和国计算机信息网络国际联网管理实施办法》《互联网信息服务管理办法》等法律法规，并在刑法、刑事诉讼法、民法、民事诉讼法等法律条文中明确信息安全条文。目前我国已出台有关规范互联网信息的条例和规定，比如，《互联网信息服务管理办法》《中华人民共和国电信条例》等。网络职能部门要依法加强监管，整治低俗之风。加强监管，违法必究就是要对网络上的违规违法、经济犯罪、民事犯罪等严格依法惩处，同时要建立网络长效监管体系，大力开展净化网络环境的整治活动，面对网络空间中危害国家安全、淫秽色情以及恶俗低俗内容，需要采取果断措施进行打击。对超范围经营和未成年人接入互联网的违法行为也需进行严格查处，维护网络环境的健康。为了更有效地治理网络空间，建议在现有互联网内容管制的法律框架上，进一步构建和完善符合国情的网络治理法规体系。网络法治的强化除了依赖于法律的严格

---

① 陈纯柱，韩兵.我国网络言论自由的规制研究［J］.山东社会科学，2013（5）：83-91.

执行之外，还需要通过广泛的宣传和教育来提升公众的法治意识。使用网络、广播、电影电视及刊物等多种媒体平台，加大法律法规的普及力度，特别是对青少年和中老年这两个关键群体的法治教育。建立健全的网络综合执法协调机制，加强网信、公安、文化等部门的协同合作，深入推进专项整治活动，是确保网络法治深入实施的关键。通过及时公开曝光新闻网站和自媒体账号的不良行为和违法违规典型案例，可以利用法治的力量清理网络环境，构建一个风清气朗的网络空间。

二是强化德治，探索以德治网。举办多种形式的活动，可以有效地引导网民建立正面的网络道德习惯和观念，有助于增强网民的"网德"，进一步推广"好网民"这一理念，使之成为网络空间中的主导文化。规范网络行为，设立"网民道德委员会"，该机构将负责监督网络行为，对不良行为进行道德评判并公开曝光，以此强化网络道德建设。这种做法能够对个别不良行为施加影响，还能通过道德和法律的双重手段对重大负面影响行为进行惩治。同时，开展网络公益活动也是提升网络道德的有效途径。通过"网络+公益"和"网络+慈善"的模式，可以鼓励网民积极参与到网络公益事业中来，便于形成积极向上的网络氛围，还能增强网民的社会责任感。

三是强化智治，全面提升科技化水平。提升网络治理的科技化水平是当前的必要策略。利用大数据、云计算及人工智能等前沿技术，可以有效加强网络空间的管理和监控。完善技术管网机制，对属地信息数据资源进行统筹，加大技术建设资金的投入，是优化网络安全技术的关键步骤。发展重大的网络安全科技攻关项目，也是提升网络治理效率的重要方向。构建"一体化"技术管理平台，涉及快速推进网信数据中心和网络应急指挥中心等关键技术系统的建设，提高网络应急反应能力和日常管理效率的问题。互联网新技术的安全评估、风险管理及应用研究的持续进行，对于防范网络风险具有至关重要的作用。同时，加强应急管控和网络攻防的技术手段，制定网信领域内的电子数据远程取证技术服务标准，完善数据恢复、电子取证、证据保存及证据展示的工作流程，是确保网络生态清洁的科技支持。通过这些措施，网络环境的治理将更加科学化、精准化，有效地净化网络生态，提升网络治理的整体科技水平。

第七节　加强网络生态治理的人才培养制度

网络空间安全的人才素质直接影响国家的信息安全防护水平。我国在网络空间安全人才培养领域正处于发展初期。虽然我国已有多所高校开设信息安全及相关专业，每年培养了数量可观的专业人才，但现有的教育体系仍存在一些局限性。随着网络空间安全被纳入一级学科，其教育与培养路径需求更为专业化与系统化。部分高校的网络安全专业依然依附于计算机或通信领域，缺乏独立完整的教育架构，并且目前社会上的网络安全培训机构尚未形成统一的认证标准，相关的科研项目也相对较少。为此，建立一套全面的网络空间安全人才培养体系显得尤为迫切。在这一背景下，政府应采取措施，从教育体制、社会培训及国家层面的统筹规划三个维度入手，构建一个更为完善的人才培养机制。通过这种多维度的结合，可以为网络空间安全培养出更多具有深厚专业知识和实践能力的人才。

一、构建网络安全人才的高等教育机制

网络空间安全依赖于人才的综合素质与责任感的提升。教育体系作为人才培养的核心平台，对于网络安全领域人才的形成发挥着基础性作用。考虑到大数据背景下网络安全需求的特殊性，高等院校必须

重视并改进相应的教学内容与方法。①众多高校已经积极响应这一需求，纷纷开设网络空间安全专业，旨在加强学科建设，培养具有实操能力的专业人才。在设计教育模式时，应细致规划教学目标与课程结构，同时搭建有效的人才培养机制。这样做可确保学生能够掌握必要的技能，以应对日益复杂的网络安全挑战。高等学校需评估并调整教学方案，确保其与时俱进，满足行业对高素质安全专家的需求。此外，还应鼓励学生积极参与实际项目与研究，从而提升其实战能力与创新意识。

在本科阶段，高等学校应提供一个使学生能够把握基础理论并应用于实际操作的教学环境。教育课程应拓展至交叉学科，以培养学生掌握多学科知识，增强其解决实际问题的能力。实验课程和企业实习为学生提供了将理论应用于实践的平台，从而增强其解决实际问题的能力。硕士阶段的教育则聚焦于研究型人才的培养，关注学生处理复杂问题的能力提升。在这一阶段，学生需深入探索网络空间安全的各个方面，包括基础、应用及相关技术，并能自主设计和实施网络空间安全相关的项目。博士生阶段的教育重点在于培养能够进行系统整合和创新研究的战略型人才。这要求学生具备领导大型网络空间安全项目设计、开发及后期维护的能力。此外，学生还应能识别并研究网络安全领域的新兴问题，推动我国在该领域的研究。

网络空间安全涵盖数学、通信、计算机科学、软件工程及信息管理与系统等领域。在多数高等院校中，这一领域原先作为研究方向存在，后随着其发展成为独立的一级学科，课程设置也开始吸纳上述相关学科的教学元素。这种跨学科的融合为网络空间安全的教育和研究提供了丰富的理论和技术基础，有助于培养能够面对复杂安全挑战的

---

① 陈钟，陈兴蜀，王文贤，等.网络空间安全人才培养的机遇与挑战［J］.中国信息安全，2015（11）：73-78.

专业人才。

第一，基础课程。这些基础课程从数学和计算机科学两大领域中汲取养分，形成了坚实的教学基础。高等数学和线性代数为学生提供了解决复杂问题所需的数学工具和思维方式。操作系统、数据结构以及 C/C++ 语言设计等课程，为学生构建了计算机技术的实践平台，使他们能够在技术操作上有所依托。[①]这种课程结构既增强了学生的理论知识，也提升了他们的技术实操能力，为进一步的专业学习打下坚实基础。

第二，特色课程。这类课程包括密码学、安全协议、计算机取证、物联网导论及信息系统导论等，为学生提供了理解和应用安全技术的基础。针对大数据环境，新增的大数据技术、物联网技术和信息系统导论等课程介绍了 No-SQL 数据库技术、Map-Reduce 模型以及 Hadoop 分布式存储模型等前沿技术。这些内容可以帮助学生了解在网络空间安全领域内最新的技术应用。密码学和安全协议等信息安全课程则深入探讨了保护网络、系统和应用安全所需的关键理论和技术。[②]为了从战略角度维护网络安全，网络空间安全专业还强调了管理学、社会学、政治学和法学等多学科知识的重要性。考虑到专业人才在行业中的道德责任，思想道德教育也被纳入课程体系中，以预防潜在的安全风险[③]。这些课程旨在全面提升学生的技术能力和职业素养，使其能够在复杂的网络环境中作出负责任的决策。

第三，实践课程。实践课程旨在培养学生将理论知识应用于实际环境的能力。此类课程包括网络攻防、计算机取证和信息系统安全

---

① 雷敏.北京邮电大学信息安全专业介绍［J］.中国信息安全，2015（11）：80.

② 封化民.人才培养：网络空间安全保障体系的关键环节［J］.信息安全与通信保密，2014（5）：22-25.

③ 魏清光.改革开放以来我国翻译活动的社会运行研究［D］.上海：华东师范大学，2012.

等，通过综合实验和课程设计，学生能够直面实际问题，提高解决问题的实战能力。课程的设置考虑到了大数据环境的具体需求，尤其是在实战项目的实施上，学校与企业的合作为学生提供了真实的操作平台。实践中，学生可以通过参与真实项目，更好地理解理论与实际操作之间的联系。针对大数据环境的特点，学生在实践活动中进行分组，这种分组方式使他们能够根据个人特点和优势，有效合作，共同解决复杂的网络安全问题。这样的教学安排既可以提高学生的技术实操能力，还能够促进团队协作与项目管理能力的培养。

在教育体系中，引入网络空间安全的知识和技能，从而使中小学生早期就树立网络安全意识，是一种前瞻性的教育策略。通过课程内容的整合，学生可以从小培养对网络空间安全领域的兴趣。建立一种选拔机制，能够识别出具有潜在专业天赋的学生，并为他们提供进一步学习和深造的机会。一是开展学科竞赛，旨在提高青少年对该领域的兴趣和参与度。通过设计具有适中挑战性的竞赛题目，可以确保更广泛的青少年群体能够参与进来，从而广泛激发他们的兴趣。完善竞赛的奖励机制也是防止优秀青少年人才流失的有效手段。通过这种方式提供实践和竞技的平台，可以激励学生深入了解网络空间安全的相关知识，还能通过奖励激发其持续的学习动力。二是创立道德黑客学校和培训班。设立道德黑客学校和培训班需要强化制度的严密性，以确保教育的质量和安全性。学校和培训班的管理制度及学员审查流程必须严格，以防止技术滥用并确保培养秉持正义的网络技术人才。这种教育模式需要从法律和伦理的角度对学员进行全面的评估。道德黑客教育机构应根据网络安全的动态需求，设计以实战为核心的课程体系，通过模拟真实的网络攻防环境来锻炼学员的应用能力。课程应从基础到高级逐渐过渡，详细地覆盖网络安全的各个方面，使学员能够系统地掌握所需技能。高校和专业公司利用假期为青少年提供的夏令营和冬令营，也是提升网络安全技能的有效途径。这些培训班依托于高校和企业的专业技术力量,为参与者提供深入的技术培训和实践经验,进一步增强他们的网络安全技能和职业发展潜力。三是设立网络空间安全青少年发展基金。创建网络空间安全青少年发展基金旨在支持网络空间安全领域青少年才俊的识别与培养。该基金主要资助包括学科竞赛组织、道德黑客技术训练等项目,同时提供奖学金给在这些活动中表现突出的个体。地方政府将负责此基金的监管工作,并定期发布关于基金运用情况与项目执行情况的年度报告。此基金的建立,确保了网络安全教育与青少年才俊培育的持续投入和关注。这些资助项目可以有效激励青少年投身于网络安全学习和实践,同时通过公开透明的监管与报告,保障基金使用的合理性和效果性。

高校在网络空间安全的教学培养中,需构建涵盖基础技术、实践操作与综合应用三个层级的教育体系。初级阶段,学生需在充足资源与资深导师的指导下,掌握核心技术能力。中级阶段,应深化对密码学、网络协议、防御与攻击技术、计算机病毒及主机保护等知识的实际操作应用。最终目标是使学生能够将累积的知识体系在复杂环境中灵活运用,提升解决现实问题的综合能力。[1]初级阶段,重点应放在构建资深师资队伍和先进的专业实验室上,确保学生可以在优质环境中学习必要的技能。中级阶段,学生需要在密码学、网络安全协议、网络攻防、计算机病毒识别和主机安全等领域进行深入实践,将课堂所学知识应用于实际操作中。在教育的最后阶段,学术知识与行业实践的结合显得尤为重要,应鼓励学生参与科研项目、企业实习和网络安全竞赛,同时支持他们在创新和创业方面的尝试,从而使他们能够在真实世界中有效地应用其专业知识,增强应对复杂问题的能力。

第一,加强实践环节。随着互联网技术的快速发展,大数据、云

---

[1] 喻钧,杜志强.网络空间安全新形势下的信息安全人才培养[J].价值工程,2015(30):247-249.

计算、物联网等新兴技术已成为研究和应用的热点。因此,传统的实验平台已不足以满足当前的技术需求,需要建立与这些新技术相匹配的实践环境。例如,建设专门的"信息系统安全实践环境实验室"可以让学生在实际环境中学习和应用安全攻防技术;创建"大数据安全实践教学环境实验室"则有助于学生掌握大数据存储与处理的安全问题;"物联网安全实践环境实验室"能够为学生提供在物联网环境下进行数据加解密等安全实验的场所。这些专门的实验室不仅提供必要的技术资源,还能通过实际操作让学生深入理解并掌握最前沿的网络安全技术。

第二,优化师资配置。在提升网络安全教育质量的过程中,优化师资配置是关键步骤。一方面,可以以网络空间安全为核心学科,积极引入国内外优秀的教育和科研人员,包括邀请产业界的高端人才加入教师团队,以此来提高教学质量,加强学术与实践的结合,增强课程的行业相关性。另一方面,建立定期的讲师认证制度也十分必要。通过每年统一组织的讲师认证考试,对合格的教师授予网络空间安全讲师执业资格,确保教师具备相应的专业能力和教学水平,进一步规范教育培训行为。在教材配置上,应鼓励高校教师与学生积极互动,定期收集学生在自学过程中遇到的问题。通过与科研机构的合作,共同开发和优化符合我国学生学习需求的教材,确保教学内容的科学性和及时更新。[①] 这种动态的教材更新机制有助于提高教学的实效性,同时通过全面监督教育培养过程,确保教育质量得到持续提升。

第三,多模式培养。为了更有效地培养符合现代需求的高层次人才,需采用多模式的培养策略。一是通过整合国内外高等教育资源和企业实力,共同创建针对信息化技术(如移动互联网、云计算、物

---

① 崔光耀,冯雪竹.强力推进网络空间安全一级学科建设——访沈昌祥院士[J].中国信息安全,2015(11):62-65.

联网、软件开发）和物流贸易（包括电子商务、物流管理、国际贸易）等关键领域的人才培养基地，可以极大地提升教育质量和实践能力。这种合作模式加强了教育资源的共享，促进了教学内容与行业需求的紧密结合，确保培养出的人才能直接对接市场需求。同时，通过落实高层次人才政策待遇，为所培养的人才提供必要的支持与激励，如提供先进的学习资源和国际交流机会，确保人才培养过程的高效与质量，进一步优化人才培养结构，使之更具前瞻性和实用性。二是为推动技术研发与产业化，可以设立人才创业基金，旨在吸引和培养软件、信息服务、云计算、物联网等领域的领军人才，既可以促进人才的集聚，又能够激发人才的创新潜力和创业动力。以此方式实现人才资源、教育机构和产业园区的有机融合与共同进步，形成一种新型的一体化发展模式，加速人才的实际应用，促进产业的快速发展和技术的广泛应用。三是加强网络空间安全的人力资源建设，高校需加速发展"网络空间安全"学科，并与企业合作，建立人才储备机制和动态评价体系。这一体系将支持实时监控人才状态，确保教育与行业需求的紧密对接。通过强化学科建设和深化企业合作，可以有效提升教育质量，满足市场对网络安全专业人才的具体需求，促进人才的快速成长和技能的实际应用。这种模式有助于形成持续的人才供给链，支撑国家网络空间安全的长期战略需求。四是建立一套系统的人才培养和选拔机制，包括创建专门的安全人才库。此举旨在培育并凝聚网络科技领域的领军人物、卓越工程师和高水平的创新团队。通过这种机制，网络安全队伍不仅在政治理念上坚定，业务能力上也更加精湛，并且在执行任务时风格优良，形成一支强大而高效的网络空间安全人才队伍。

第四，创新教学方式。一方面，通过运用MOOC（大规模开放在线课程）、微课等现代在线教育工具，能够实现实时互动授课，这种方式转变了传统教室中学生的被动学习模式，并且也允许引入更多其他院校优秀教师的课程资源，极大地丰富了学生的学习选择和体验。另一方面，建议各高校开发和完善自己的在线学习和实践平台。这样的平台可以让学生在掌握理论知识后，进行实际操作练习，同时教师能通过平台收集的数据分析学生的学习状况，尤其是可以识别他们在哪些知识点或技能上存在不足，进而提供更精准的指导和辅导。

第五，鼓励校企合作。为更有效地培养符合市场需求的网络空间安全人才，鼓励高校与企业之间建立更深入的合作关系。面对高昂的数据平台建设成本，这种校企合作模式可以为高校提供实际应用场景，同时降低高校单方面的财务负担。通过联合创建实验室、开展合作科研项目和共同开发课程，高校与企业可以充分发挥各自的优势。高校拥有扎实的理论研究基础和人才培养经验，而企业则掌握先进的技术和实际的项目需求。企业提供的实际工作环境为学生提供了宝贵的实习和实训机会，帮助学生将理论知识转化为实际操作能力，促进学生了解行业最新发展趋势。这种校企合作进一步优化了教育资源的配置，确保了教育质量与市场需求的高度一致，有效地提升了人才培养的实用性和前瞻性。同时，这种合作关系也支持企业和高校在技术研发和创新方面的共同进步，为产业界提供了能够直接贡献的高质量人才，包括技术实施者和战略规划者。

第六，鼓励开展海内外联合培养和学术交流。为提升网络空间安全领域的创新能力和国际竞争力，国内高校应积极与海外知名高校开展联合培养和学术交流项目。通过跨国教育合作，学生将有机会接触和学习国际先进的网络安全技术和理念，有助于学生拓宽视野，还能够促进不同文化和专业背景下的知识融合，从而加速网络安全领域人才的全面发展。这种国际合作还有助于构建更加开放和创新的人才培养机制，为我国网络空间安全的长远发展奠定坚实的人才和技术基础。

第七，鼓励高校以竞赛方式培养攻防技术思维。通过组织攻防竞赛，学生能在实战模拟的环境中识别自身技能的不足，同时锻炼应对各种网络安全挑战的能力。网络安全的独特性要求从业者要具备扎实的技术知识，还需要能够灵活应对不断变化的威胁。这种竞赛不仅能够测试学生的技术技能，还可以培养他们的创新思维和应急反应能力，使他们能在未来的职业生涯中有效识别并应对各种安全挑战。通过这样的实践活动，学生可以在早期识别潜在的未知威胁，为他们未来在网络安全领域的工作打下坚实的基础。

第八，加大政策扶持和资金投入。一是建立和维持一种多元化的资金投入机制。此机制应吸引包括政府、电信运营商、私人和社会资本在内的多方面资金，共同投资于基础设施的扩展和现代化。特别是电信运营商，需要增加对光纤宽带网络的扩展投资，以提升宽带网络的覆盖范围和服务水平。同时，地方政府应积极利用信息服务业发展的专项资金，支持互联网交换中心、光纤到户项目及云计算数据中心等关键基础设施建设。这些投资不仅可以改善本地区的网络服务质量，还能为区域内的信息技术发展提供必要的支撑。此外，还应鼓励私人和社会资本对信息交流平台、国际教育、跨境电商及物流、国际云数据中心等领域的投资，集合多方力量，加速信息技术产业的整体发展和国际竞争力的提升，同时创造更广泛的社会和经济效益。二是为进一步推动信息通信行业的发展，必须加大政策的支持力度。强化对信息通信基础设施的保护措施，确保光纤到户项目的验收与备案管理得到有效执行，同时规范宽带网络建设的收费行为，防止不合理收费影响消费者权益。政府需制定具体的发展规划，支持软件、信息服务和数字内容等关键产业发展。这包括出台针对信息传输服务业、信息内容服务业及信息技术服务业的扶持政策，以激励这些领域的进一步成长和创新。对于那些开展跨省或跨国信息应用服务的企业，政策应提供资金补贴、贷款优惠和快速通关等激励措施，以提升其业务拓展和市场竞争力。三是为有效推动我国网络生态治理的发展，地方政府和企业应加强与国家相关部委及其直属单位的沟通协作。我们的目标是确保在政策执行、制度创新、项目建设和资金支持等关键领域得到优先考虑和支持。应积极争取工业和信息化部等关键部门的支持，以便加快建设互联网区域交换中心和提升国际项目审批的效率。此外，地方政府和企业应共同努力，确保国家层面的政策支持能够与地方的发展需求相匹配，从而协同推动网络治理的全面进步。

第九，强化网络和信息安全保障。一方面，为全面加强网络系统的安全保障，需制定和实施网络信息安全的综合顶层设计。包括对关键的信息网络、主要的信息平台及系统进行持续的安全强化，建设包含电子认证、入侵监测和审计监管在内的多层次安全防护体系。这种系统化的方法可以极大提升整体的安全防护能力，确立一个稳固的安全网络环境，保障信息应用的安全运行。根据网络信息安全等级保护制度和分级保护的具体要求，持续进行安全风险评估，及时识别并消除潜在的安全威胁，实施必要的安全加固措施。同时，对于新兴技术的应用和推广，应持续进行跟踪研究，确保随着技术的演进，网信安全的防护措施也同步更新和加强，从而有效预防和减少安全漏洞。另一方面，增强应急通信的保障能力，关键在于加强关键基础设施的稳定性和安全性。强化关键枢纽的电力供应和消防设施，优化通信传输的布局，以确保宽带网络基础设施在应急情况下的可靠运作和耐久性。建立健全国际应急通信预案，确保在跨国网络和电信服务中，应急响应能够获得优先保障，从而维护关键时刻的通信畅通无阻。

二、构建网络安全人才的社会培训机制

社会培训在我国网络空间安全人才培养中展现了独特优势，具体表现在以下几个方面：首先，社会培训在内容设计上更注重针对性，紧密结合各类网络安全岗位的实际需求，使得培训内容直接服务于专业技能的快速提升。参与者可以通过短期培训迅速掌握必需的岗位技

能。其次，社会培训在参与门槛上相对较低，这一特点使其能够吸引更广泛的人群参与网络安全的学习，极大地扩展了网络安全教育的覆盖范围，从而增强了社会整体的网络安全防护意识和能力。最后，这种培训模式强调速成效果，通常以短期、高强度的课程安排，迅速提升学员的实际操作能力和技术解决问题的能力，满足了行业对于即战力人才的需求，也为快速变化的网络安全领域输送了大量实用型人才。这种培训的快速性和实效性是其突出特点，有效支撑了网络安全人才的及时补充和技能更新。

考虑到社会培训在网络空间安全人才培养中的重要性及其存在的不足，优化职业培训体系成为迫切需求。第一，建立全面的行业培训标准。这些标准应针对网络空间安全的具体需求，覆盖必要的知识体系、技能要求和技术水平，确保培训内容的科学性和实用性。行业标准的制定应涵盖评估和认证机制，确保所有培训机构均达到规定的教育质量。对于未能满足这些标准的培训提供者，应施以严格的监督和必要的整改措施，以维护培训市场的健康发展。鼓励行业内外专家参与培训标准的制定和更新，确保培训内容与国内外网络安全发展的最新趋势保持一致。第二，为保证网络空间安全培训的教学质量，应实施教师资格审核制度。该制度要求所有培训机构的讲师每年必须通过网络空间安全讲师认证考试，以获取或更新其执业资格。建立一个详细的讲师评级系统，依据其教学经验、培训效果和学员评价等多种指标进行晋升和评价。同时，应建立一个全面的培训讲师人才库，记录认证讲师的基本信息和职业发展历程，也包括其专业能力和历年的培训效果，确保培训讲师持续提升自身教学质量和专业能力，同时为培训机构提供一个可靠的参考，以促进网络空间安全教育的整体提升。第三，制定切实可行的政策，加大对网络空间安全社会培训机构的支持力度。包括提供资金补助、优惠政策及必要的资源支持，尤其是对那些成绩突出的机构，可以通过设立奖励机制来激励其进一步提升培训质量。政府可以发挥桥梁作用，促进高校和社会培训机构之间的合作。通过引入高校教授和行业专家参与社会培训，既丰富了培训资源，也提升了培训的专业水平，使网络空间安全教育普及到更广泛的群体。此外，建立专门的网络安全人才评价体系，该体系应由网络空间安全相关行业主导制定，明确各级人才的评价标准，并应以实际操作能力和实战表现为主要评价指标，辅以理论研究和项目参与。这种做法更符合网络安全领域的实际需求，避免过分依赖传统的学术产出作为评价标准，从而更好地培养符合行业需求的实战型人才。

三、构建网络发言人的政府培育机制

在互联网时代，政府与社会各界的沟通方式很多，其中设立网络发言人，运用微博、微信等方式发布政务信息是重要形式。网络发言人制度是新闻发言人制度的延伸，是新闻发言人通过互联网渠道发布新闻信息的一种制度。建立网络发言人制度，能够促进政府积极主动地发布政务信息，提高政府的工作能力和水平，正确引导和有效应对网络舆情。

网络发言人的角色由于其高频的互动性、广阔的传播空间和多样的表达方式，呈现出与传统新闻发言人显著的差异。网络发言人在满足日常的新闻发言职责外，还需适应数字媒体的独特需求，针对性地快速响应公众疑问，引导网络舆论。此角色可以从现有新闻发言人模式中演化而来，或根据网络传播的特性专门设立，以满足时效性和针对性的高要求，确保信息传递的准确性和效率。既要了解和熟悉所在机构的工作，政治和业务素质要过硬，也要掌握互联网舆论引导工作的方法和技巧，有较强的责任心。需要定期发布与机构相关的政务信息，积极在数字平台上接收和回应公众的意见及建议；负责即时通报本地区或本单位的突发事件及其处理结果，有效处理与本地区或本单位相关的网络信息及回应网民咨询。网络发言人还需深入研究和分析

网络舆情,与网络媒体保持密切联系和沟通,以确保信息的透明度和反馈的及时性,促进信息交流的流畅性和公众信任的建立。网络发言人的工作平台包括所有的网站,重点是本单位的网站、重点新闻网站、各类门户网站和大型社区网站等。但为了加强互动,促进政府的网络发言人更好地进行网络发布、在线交流与网帖回复,还可通过建立门户网站,开设网络发言人论坛,为各单位发言人提供一个集中性的交互平台,并与多家网站链接。网络发布内容主要涉及本地经济社会发展情况、政府重大决定或重要工作部署、重要或突发事件、媒体热点或危机事件、各单位需要向公众通报的情况、公众提出的需要答复的事项等方面。

从网络发言人的目标功能出发,团队工作包括网络舆情的监测分析、网络帖文的处置反馈、网上信息传播与意见沟通、政府机构的协同行动四方面内容。网络发言人工作内容的跨度大、互动性强、时效性要求高,客观上决定了网络发言人的工作机制是由领导决策授权、发言人牵头负责、工作团队成员相互协作、各相关业务部门高度配合的多层级、跨部门综合协调的运行体系。在这种看似松散、实为紧密的工作运行中,要完成网络发言人制度所要求的工作目标,网络发言人的工作团队至关重要。

网络发言人应该在24小时之内发布涉及面广、社会影响大的热点问题,以提高政务信息发布效率;同时,对涉及本地区、本单位的网帖,原则上在网帖首发后24小时之内以网络发言人名义予以答复,提高应对网上舆论的速度,把握网上舆论引导的先机。除此之外,还需要随着网络技术平台的发展和公众诉求的变化,在具体实践中不断加以完善,目前这一制度的主要特点在于对信息发布和公众诉求回应两个方面的时效性要求,以及在网络发言具体工作创新与深化过程中的开放性。

网络发言人需要充分发挥好以下几个方面的作用:一是明确表明

机构的立场，清晰阐述其态度和观点。网络媒体是一个平民化的话语和意见表达平台，拥有巨大的信息承载空间，经过公众传播、人际传播和自我传播等多种渠道的传播，呈现出实时化、互动化、多媒体化和自媒体化的鲜明特色。网络发言人充当主要角色，面对各种复杂信息的传播实时发布准确客观的政务信息，代表有关方面积极表达对公众关心的社会问题的立场、态度、观点，引导积极的网络舆论。二是正本清源，澄清事实真相。网络信息由于信源复杂，很容易出现可信度不高，信息偏差乃至失实等问题。网络发言人则承担着快速反应的重要职责，尤其是在网上信息不断流动的环境中，他们需对网络上的错误或误导性信息作出迅速反应，提供翔实的事实，纠正错误的认知，确保公众获得正确和全面的信息。通过这种方式，我们可以引导正确的网络舆论方向，防止误解的扩散，并维护机构形象。有效的信息澄清工作，可以及时消除负面影响，确保网络环境的信息真实性和健康性。三是避免矛盾激化，疏导网络公众情绪。意见表达情绪化是网络舆论形成的特点之一。个别网络公众利用虚拟身份出于情绪影响甚至故意的不良企图发表意见和观点，往往让一些网络公众在不明原因和有意引导中产生过激的网络情绪。网络发言人在面对网络上泛滥的不良情绪时，应承担起引导和疏解的责任，避免情绪的负面螺旋。在处理这些情绪时，应确保信息的透明度和反应的及时性，防止误解和不满的积累。通过提供客观和全面的信息，及时回应网络公众的疑虑，有助于平息不安情绪，引导公众理解并接受更加理性的观点。四是还原本质，主导形象传播。在网络环境中，构建与维护公众形象是至关重要的。网络发言人发挥着核心作用，需确保在线形象的正确塑造及积极传播。对于政府机构而言，优化网上形象已转变为一种核心的传播战略，致力于在公众视野中塑造一个可靠和响应快速的形象。一方面是要确保所有公布的内容都能准确反映其官方立场和政策方向，同时对外界误解或批评进行及时地正本清源。另一方面则需要网络发言人主动挖掘并强调组织的优势和成就，同时敏捷地应对网络上的不利情绪或舆论，通过及时更新信息、调整讨论焦点来引领舆论，确保网络交流的主动权掌握在自己手中。

从网络发言人的制度设计来看，其主要承担了四项基本任务。

一是提供网上舆情信息。网络发言人的主要任务是搜集相关的网络舆情信息，为网络发言人发布政务信息、回应网络热点、答复网民诉求等提供舆情背景、社会关注等基础性分析资料，使政府网络发言能够有的放矢、科学高效。网络发言人需要信息支持团队提供网络舆情信息的监测、舆情分析和趋势判断等服务，使政府网络发言保持权威性的同时，提高信息内容质量和传播效果。网络发言人所提供的网络舆情监测资料，不仅仅局限在零散、具体的网络信息，还要根据散乱、琐碎的网络信息加以提炼和分析，客观反映不同群体的诉求与意见，判断网络公众的主流态度与舆论动向，并对政府网络发言内容提出相关建议。

二是答复公众问政诉求。网络发言人的价值核心在于对网络公众问政诉求的解答，实现政府与网络民意互通基础上的公众认同。因而，网络发言人必须全面掌握与本单位相关的网络公众意见与诉求，并予以答复。

三是交流热点问题看法。网络发言人代表政府，网络公众的网上发帖不是简单的一回了之，而是通过网络与公众进行意见沟通的多重反复交流的过程。如果把网络公众看成政务信息的消费者，网络发言人就是政务信息的供给者，从供给与消费的相对关系而言，政府网络发布、网帖答复等网络传播行为都不是一次性的供给行为，网络公众也不可能对政府的网上信息只进行一次性消费。政府网上信息供给数量多且质量优，是政府网络传播应用能力高的体现，而网络公众信息消费行为的频度与深度则体现了人们对政府网上信息的需求度、政府网络传播的可接受度，以及网络公众自身所具有的认知力与判断力。网络发言人的网络传播行为最终能否取得预定的效果目标，判断的权力不在于政府自身，判断的标准也不在于网上发了多少信息，而在于网络公众对政府网上信息的接受态度、内容认知程度和意见共鸣深度。政府网络发言内容要得到网络公众认可和赞许，特别是关于社会热点问题和政府工作难点问题的话题，不是一次交流就能取得效果的，往往需要多个回合的意见交流，这种网络传播行为的信息供给和消费重合，就成为意见互动团队所要承担的工作任务，也是实现政府网络发言得到网络公众满意的关键环节。网络发言人要对热点问题进行客观、准确、权威的评价，就必须引入具有相关真实工作经历和一定业务知识水平的专业人士，而不是仅仅局限于单位内部的专业人士，还应该面向社会邀请媒体记者、专家学者等作为政府工作的观察员和监督员代表，来评价政府与公众的网上意见交流，切实提高自身的网络发言质量和水平。同时，网络发言人应对热点问题持续关注，不间断地与公众交流，才能从大量具体琐碎的网帖中，厘清具体问题与一般问题、个体问题与公共问题的关系，真实把握民意的普遍诉求，帮助政府提高对网络舆情的认知，使网络发言人工作不流于形式，做到有目标、有实效、有真情。

四是实现条块工作对接。网络发言人面向与回复公众诉求事项和吸纳意见建议时，需要同其他部门协同完成。网络发言人如不主动、不履行好职责，占据网络空间话语主导权，就会逐渐被社会舆论边缘化。其主要途径和渠道包括：

第一，及时、真实、准确发言。网络发言人在管理突发事件的信息发布过程中，需要尽早发布可获取的信息，避免等待全部细节完全明确后才作出回应。在初期，重点应放在描述事件的现象和已知事实上，避免对原因作过早判断或提出最终结论，有助于维持公众对发言人信息的信任，同时减少误导和不必要的猜测。在整个过程中，网络发言人应注重信息的准确性和适时性，以维护其公信力，确保公众获得及时而可靠的信息。

第二,听取公众声音。网络发言人的职责不应局限于发布信息和回应公众疑问,更重要的是在收集公众反馈后采取具体行动。针对网络平台上的公众讨论和提问除了要进行回应之外,还需采取实际措施解决问题。公众在网上与发言人或官方账号互动时,往往寻求解决问题的方案,而非仅仅表达不满或寻求安慰。因此,网络发言人在回应网民诉求时应深入了解其诉求的本质,迅速反应,有效调动相关资源,确保问题得到实质性解决。

第三,拉近与公众的距离。网络发言人的角色越来越趋向于成为政府与公众之间的直接桥梁,使得政府部门更接地气,直接接触社会层面的具体问题。此举不仅使公众的声音得到更快速的响应,也使得政府部门的服务更贴近公众的实际需求。例如,民政、税务等部门通过网络发言人,可以即时回应公众关切,解释政策含义,澄清误解,从而减少政府与公众之间的信息不对称。这种互动方式既可以增进公众对政策的理解和接受度,还能有效改善政府的公共形象,构建起更加开放和亲民的政府形象。

第四,勇于接受批评。政府开通网络问政、发言人论坛、官方微博等公众意见反馈渠道,增强与公众互动,主动为群众提供便捷的批评和监督举报方式。网络发言人对公众合理诉求给予解决;一时不具备解决条件的,可以创造条件;不符合政策法规的,可以有针对性地做好舆论引导,让公众愿意听取网络发言人建议,而不是形成互相批评甚至对峙局面。

第五,对热点问题勤于发言和评论。网络发言人的职责在于激活和维护与公众的互动,特别是在涉及广泛关注的议题上,应迅速识别并参与公众所关心的核心议题讨论中,提供基于事实的深入分析,以促进理解和透明度。网络发言人应避免仅传达固定观点,而应鼓励开放式的对话,以支持信息的多角度审视和深入探讨,帮助公众在理解复杂议题的同时，也参与解决方案的形成中，从而促进政策的广泛接受和支持。避免信息的片面性，确保公众能从多维度理解问题，为形成共识和社会和谐奠定基础。

网络发言人如何发言才能真正担当责任，已成为一项责任重大、使命光荣的政治任务。根据实践经验，网络发言人应不断提高基本素质，具备以下四项实践要领：一是尊重不同意见。网络论坛充满着不同声音，其中免不了有怨言狠话，这就要求网络发言人既要有同公众沟通交流的智慧，又要有善纳各种诉求的胸怀，平静面对不期而至的异见。二是杜绝官腔套话。网络语言中最招人烦的就是打太极式的官腔官调。作为网络发言人，在发言时要极力避免使用官话套话来应付网络公众的意见、提问。尤其是对敏感问题不宜躲躲闪闪、模棱两可、顾左右而言他，那样只会让网络公众在失望中更加情绪化。三是洞察网络民意。网络发言人代表着政府或单位，所发之言是公权力的权威声音。网络发言人除拥有相当的自主权力之外，还应当熟悉网络特点，洞察网络民意，即时阐释政策信息，有效引导网络舆情，和公众在真情互动中多说些他们希望听和乐意听到的实话。否则就不会有听众，就不会有权威。四是及时发声回复。网络发言人对网络民意作出及时、真诚、有效的回应，迟缓、拖延甚至置之不理，只会使虚假信息和传言乘虚而入，让更多不明真相的人被误导。网络发言人应及时回复，提高行政公信力，减少不明真相，促进政府形象塑造。政府在完善新闻发言人体系的同时，需深化政府网站的功能，整合网络发言人机制。这不仅要求新闻发言人熟悉与传统媒体的互动技巧，还需加强在网络环境下的沟通能力。通过政府网站，网络发言人可以实时更新公众关注的热点问题，并直接回应网民关切，从而提升政府信息透明度和响应速度。

第五章

网络生态治理现代化的实践路径

第一节 加强网络生态治理的思想引领

核心价值观作为文化传承与国家精神的重要载体，决定了民族的思想深度与社会的价值导向。在特定的历史背景下，这些价值观成为影响社会主流观念与民意的核心因素。在网络时代，文明的建设与生态的治理显示出其复杂性与系统性，它们与互联网的发展环境紧密相关，受到网民素质、媒介传播及官方治理效能的多重影响。适应数字时代的发展需求，认识并运用网络文明的发展规律，成为优化网络环境的关键。网络内容的建设与管理不应局限于信息的监管，而是应该更加关注其对广大网民行为模式的影响。网络空间内积极健康且富有深度的内容能够有效促进网民形成自律、自爱的网络行为，培育积极向上的网络生活习惯。

在全球化的信息时代，网络生态治理及网络文明建设已成为各国面临的普遍挑战。除了关系到国家安全之外，这也是适应媒体发展趋势的战略选择，同时也是当前社会治理创新的关键。针对国内外的情况，网络生态治理和网络文明建设应对提升国民的生活品质、增强文化软实力具有积极影响，同时对净化社会风气、保护青少年成长环境也至关重要。在这一背景下，全面推广社会主义核心价值观成为当务之急。在此过程中需要新闻网站和商业平台的共同努力，通过有效的传播策略，将这些价值观深入网络用户心中，进而影响整个社会。这种广泛的文化推广活动对于形成健康向上的网络环境，提升公民的道德素质和文化水平，具有不可替代的作用。通过这种方式，可以更好地引导公众舆论，增强社会主义文化的凝聚力和引导力。当前青少年学生的社会主义核心价值观培育显得更加至关重要，时不我待，任重而道远。

第一，坚持党的集中统一领导。为了强化网络意识形态管理，重点需执行网络意识形态工作责任制，要求各级党组织承担起明确的责任，确保在网络空间中社会主义核心价值观成为主流声音。一是各级党组织需要有效开展网络舆论引导，确保思想文化的正确导向，力图打造一个健康清朗的网络环境，积极营造积极向上的网络文化氛围。二是在构建网络思想政治工作人才队伍的过程中，应特别关注提升网络监管人员的政治敏锐性和技术熟练度。这类人才需要具备高度的政治鉴别力和专业能力，才能在网络新阵地上有效地进行思想政治教育和监管工作。为此，必须强化对这些工作人员的系统培训，不断提升他们在网络环境下的操作技能和政治判断能力。积极发展网络文明传播志愿者队伍也是非常有必要的，通过培育和强化这些志愿者的网络应对能力及管理水平，可以有效提高他们在网络空间的影响力和公信力，促进网络文明的健康发展。三是强化政府官员在网络环境中的行为指导与监督，确保所有政府工作人员严格遵循国家的法律法规及政治规范，积极传播正面信息，积极响应党的理论和政策。强化他们对网络规范的理解与遵守，确保其在网络空间中的言行符合政治纪律，成为传递积极公共价值观的模范。同时，也要鼓励他们积极面对并指正网络中的不良言论与行为，维护网络环境的清朗。

第二，强化政府主导的负责作用。在网络生态治理中，政府需扮演核心的引导和协调角色，确保发展理念始终坚持以人民为中心。政府应推动构建共建共治共享的社会治理模式，激励各类市场主体和社会组织积极参与网络空间的管理。为实现这一目标，政府需完善跨部门的协作机制，明确网络信息管理的职责，确保网信、公安、文化等相关部门的责任明确、协作有序。政府还应完善信息流通与反馈机制，如信息共享、会商机制及联合执法等，确保治理活动的透明性与效率。探索基层网格化管理，确保网信工作有效覆盖至社区级别，实现精细化、具体化的管理，从而提升网络空间治理的整体效能。

第三，压实互联网企业的社会责任。在加强网络生态治理的过程中，互联网企业应承担起不可推卸的社会责任。互联网企业要防止其平台被用于传播不当信息，还应积极参与到网络文明的建设中来，确保网络空间的清朗。互联网企业还需实施严格的内容监管制度，确保信息服务的正确导向，通过建立和完善编辑和审核制度，确保每项内容的合规性，从而避免网络谣言和不实信息的传播。同时，互联网企业要加大在技术创新和网络安全方面的投入，利用先进技术提升网络监测和管理能力，有效抵御和打击网络攻击、网络诈骗及侵犯隐私等违法行为，保护用户信息安全。此外，企业还需承担起普及网络安全知识和提升公众网络素养的责任，通过各种形式的宣传教育活动，增强公众的网络安全意识和文明上网行为，共同营造一个安全、健康、积极的网络环境。

第四，发挥网络公众的民主监督作用。实施网络监督员制度，为广大网民提供平台参与网络环境的整治，有效打击和减少网络上的不良信息，让那些扰乱网络秩序的行为无所遁形。通过这种方式，网络公众不再是被动接受信息的一方，而是转变为能动参与网络文明建设的力量。增强网络公众对不正之风的警觉性和举报能力，将促进网络文明的自我净化和提升。通过网络公众的直接参与，形成覆盖广泛的民主监督网络，增加网络舆论的积极导向，加强对网络空间治理的社会共识，为构建清朗的网络环境提供坚实基础。

第五，培养网络公众的自律意识。提升网络公众的网络行为自律是网络文明建设的核心。首先,教育的关键在于强化公共精神和社会责任感,从而提高每个网民的法治意识和社会责任意识。网络文明的普及需通过具体的教育和引导活动实现,如开展网络公共精神的主题教育,加强法治宣传,以确保网民在享受信息自由的同时,也能对其言行的社会影响保持清醒认知。其次,制定并不断完善网络行为准则,包括法律法规的普及,更应包括网络礼仪和道德的弘扬。通过制定具体的网络行为规范,引导网民遵循法治原则,实践文明上网行为。最后,通过实际的网络文明实践活动,如"争做中国好网络公众"活动,激励网民积极参与网络空间的建设。这类活动通过正面引导和榜样的力量,促进网民在日常网络生活中自觉践行文明行为,倡导理性、健康的网络交流,逐步形成健全的网络行为文化。

价值问题关乎根本,网络世界更需要价值指路引航。如何用社会主义核心价值观引导网络文明建设?"爱国、敬业、诚信、友善"作为公民基本道德规范,融入网络文明建设中,需要强调这些价值观的具体体现。网络文明观应倡导尊重国家法律与网络道德,展现对工作的专注和责任感。网络诚信体现为遵守网络交易的诚信原则,包括传递真实信息、避免虚假信息和误导性内容。网络环境中的友善表达和理性讨论是维护良好交流氛围的基石,强化自我约束,避免冲动和攻击性行为,共同促进网络空间的和谐与文明。在实施网络生态的严格治理时,政府必须以法律为准绳,持续优化网络内容,强化构建积极的网络环境。通过系统性地强化正面信息的推广,积极培养并推广健康向上的网络文化,确保网络空间被社会主义核心价值观及人类文明的优秀成果所浸润,极大地滋养公众心灵与社会风气。特别是对青少年,应构建一个充满正能量、高昂主旋律的网络环境,使网络空间成为安全、文明的交流平台。深化社会主义核心价值观在全社会的培育,具有巩固国家文化根基、增强民族精神力量的战略意义,是实现中华民族伟大复兴愿景的关键步骤。在互联网高速发展的当下,这一传统与现代技术融合的过程，特别是在大数据时代背景下，呈现出新的机遇与挑战。[①]借助国家大数据战略的实施，可以有效拓展社会主义核心价值观的现代传播途径，通过精准的数据分析和应用，促进价值观的普及和内化，助力于形塑社会主导思潮，凝聚社会共识，提升国家文化的影响力和竞争力。

　　社会主义核心价值观培育的价值意蕴主要体现在三个方面，其一，社会主义核心价值观在互联网和大数据背景下的培育体现了方法论的创新。传统研究依靠问卷调查或抽样方法，面临样本量小、更新慢的局限，而互联网时代提供的大数据环境，让研究者能实时捕捉到广泛的社会数据，从而对个体和群体的价值观态势进行更准确的监测和预测。大数据分析强化了对个体及群体行为模式的理解，从而为社会主义核心价值观的传播提供了科学依据，同时也为价值观的培育实践提供了新的路径，使之更具针对性和实效性。其二，大数据技术的引入为社会主义核心价值观的培育提供了全新视角。借助网络数据的广泛收集与分析，研究人员能够实时监控和评估公众对核心价值观的认同度和实践情况。这些海量数据成为解析社会行为和价值取向的重要工具，为制定相关政策和实施价值观教育活动提供了数据支持和决策基础。大数据的应用还促进了价值观培育的精准化和个性化，使得培育措施能够更贴近实际，响应群体需求，从而有效增强社会主义核心价值观的传播力和影响力。其三，大数据技术能够全面捕捉并处理有关社会态度、行为模式的海量信息，使得对群体和个体价值观态度的分析更加精准。这种方法能够将传统的价值观认知、认同以及实践行为转化为可量化的数据，进而通过深入分析这些数据，精准描绘出社会对核心价值观的整体态度和行为趋势。通过这种数据化的方法，

[①] 维克托·舍恩伯格.新时代：生活、工作和思维的大变革［M］.周涛，译.杭州：浙江人民出版社，2013：9.

政策制定者和文化工作者能够及时调整策略，更有效地引导公众理解和接受社会主义核心价值观，确保这些价值观在社会中的广泛传播和深入人心。数据化还能帮助及时发现社会意识形态中的潜在偏差，从而采取针对性措施，加强网络和社会环境的正向引导，确保网络空间清朗，社会意识形态安全稳固。

第二节　加强网络生态治理的文化培育

中华文化，作为民族的根和魂，不仅代表了中华民族的历史和智慧，而且也形成了独特的文化优势和深远的精神影响力。在全球化的浪潮中，中华文化的传承与发展显得尤为重要，文化自身的繁荣昌盛是民族复兴的基石，文化自身的繁荣昌盛能够增强国家的文化软实力，提升国家形象。为此，有必要使古代文化在现代社会中焕发新的活力，包括合理评价和选择传统元素，使其在现代文化语境中得到创新性的应用与展现，确保文化遗产的活态传承，从而更好地服务于社会发展和民族复兴的战略需求。

一、推动中华优秀传统文化创造性转换、创新性发展

在全球化及数字化浪潮中，中华优秀传统文化面临前所未有的发展机遇。利用"互联网+"战略，实现文化的创新性转化和传播。通过深入分析和研究社会大众对传统文化的需求，结合现代人的阅读习惯和接受方式，开发适应现代社会的文化产品和服务。此外，推动跨领域、跨行业的协同创新，将传统文化元素与现代科技、教育、旅游等行业深度融合，开发具有创新意义的文化表现形式，既可以扩大传统文化的影响力，还能促进经济社会的全面发展。

互联网作为现代技术的杰作，已成为传播中华优秀传统文化的新

阵地。利用互联网平台，可实现文化资源的共享与传承，使传统文化在数字化、可视化的形式下焕发新生。通过结合现代信息技术，中华传统文化的元素能够以更加生动、互动的方式呈现给公众，从而提升其吸引力和影响力。通过构建网络文化交流共享平台，传统文化可以更好地融入日常生活，还能够促进文化的多样性和文明的互鉴。此举对于推动中华文化的现代转化与创新发展至关重要，能够确保文化遗产在全球化背景下的持续传播。在网络平台上，优秀传统文化得以跨越地域和时间的限制，触及更广泛的受众，实现从本土到全球的文化输出。

互联网技术的迅猛发展有效消除了时空限制，架构了无缝的互通网络，实现了全球信息的无缝连接，显著缩小了各区域、不同群体之间的信息差距。计算机与互联网的普及，使得国民阅读行为从传统的纸质阅读逐渐转向数字阅读，阅读方式也由平面化向立体化发展。在这个背景下，中华优秀传统文化的传播与传承通过"互联网＋传统文化"模式，能够更加迅速、广泛且流畅地传播至全球，使世界更生动地了解中华文化的丰富内涵与精髓，同时将当代中国文化创新的成果推向世界。在跨界融合的过程中，因业态结构、资源配置与技术标准的差异，存在一定的阻碍和制约，影响了跨界合作的发展。为突破传统的中华优秀传统文化传承模式，需深入探索和融入"互联网＋传统文化"的思维与路径。利用互联网技术的优势，汇聚社会各界资源与力量，推动与不同社会组织、公共服务机构的技术共享、资源互补和优势整合，构建互惠共赢的合作模式。这种模式突破了传统文化传承的界限，拓宽了传播交流的覆盖面，增强了其影响力。通过这种跨界融合，能够共同挖掘和开发中华优秀传统文化的新产品、新形态与新领域，推动文化创意与创新的协同发展，激发文化创新的活力与潜力，进一步促进中华优秀传统文化的现代转化与创新发展。

非物质文化遗产是中华文化瑰宝，代表了民族的历史记忆和文化精神。这些文化遗产记录了民族的生活方式和智慧，体现了民族的价值观和审美情趣。保护和传播非物质文化遗产，有助于保存民族的历史和文化身份，也是提升国家文化软实力的关键措施。然而，面对现代化的冲击，许多非物质文化遗产正面临逐渐消失的危机，亟须找到新的传承与发展之路。非物质文化遗产面临的主要挑战在于其与现代生活方式的隔阂。在维系传统与现代之间寻找平衡，确保文化遗产既得到妥善保护又能与现代社会相融合，是当前的重要任务。网络技术提供了实现这一目标的新途径，它打破了时间和空间的限制，使非物质文化遗产能够以数字化形式存续和传播。

一要拓展非遗的网络化传播渠道。随着新媒体如微信、微博和各类应用程序的快速崛起，网络用户数量激增，互联网逐渐改变了公众的生活方式，并广泛渗透到社会各个层面。互联网的可视化、社交化和互动性优势，加之广泛的用户基础和其跨时间、跨空间的信息传递能力，使得计算机和智能手机等新型设备成为非物质文化遗产（非遗）传播的有效平台。非遗传承人可以利用这些数字技术平台，将自己的艺术制作过程和操作技巧转化为音视频资料，依靠互联网进行展示和推广，从而有效打破传统传播的时间、空间和地点限制，深入人们的日常生活。如此，网络化则成为非遗传播的新兴途径，为非遗的传承与普及开辟了新的视角和空间。

例如，在中国书法的网络化传播实践中，著名书法家可借助视频录制技术，将经典名帖的书写过程上传至各大网络平台。这类视频通常包括对名帖的风格讲解、字法和笔法的详细分析以及示范书写，让观看者能够直观地观察到书法中线条的启动、进行和终结。这种形式的教学不仅仅局限于理论传授，更侧重于技术技巧的直接展示，使得学习者能够在家中便捷地接受专业的指导和训练。这种传播方式也极大地推广了中国书法艺术，使更多人能够接触并欣赏到这一传统文化的魅力。通过屏幕，人们不只是学习书法，更是在感受一种文化的传

第五章 网络生态治理现代化的实践路径

递和传承。网络平台的普及，使得中国书法这一非遗项目的精粹得以跨越地域界限，触及更广泛的群体，促进了民族文化认同感的增强。观众在观看这些内容时，往往能够从中体验到文化的深厚底蕴和艺术的细腻情感，逐渐培养起对本民族文化的自豪感和责任感。网络教学的普及化不仅仅是技术的展示，更是文化自信的一种传递，它激发了人们对于传统文化的热爱和维护的意识。

二要创建非遗的专业化高端平台。中华民族非物质文化遗产类型多样，其中包括丰富的民俗文化，如各类节日庆典、生活礼仪等，以及技艺高超的工艺美术，如篆刻、丝织等。还有多种表演艺术，从四川清音到广东粤剧等，各具特色。针对这些多样化的非遗项目，建立专业化、高端化的在线平台显得尤为重要。此类平台可依托互联网的广泛覆盖和高效交流特性，为非遗项目分类建立独特展示和交流的空间。每种非遗项目都可在平台上拥有其专属的展示界面和交流论坛，以便爱好者和传承人之间的互动和学习。这样的设置有助于保持非遗内容的原汁原味，还能促进各类技艺的深入学习和交流。平台的运营宜遵循政府监管与多方共享的原则，确保内容的真实性和权威性。同时，它也提供了一个资源共享的环境，让非遗传承人和爱好者能够在此进行技艺切磋和文化交流，共同提升技能和扩展视野。通过这样的平台，非遗的魅力得以在更广泛的范围内传播，使公众作为旁观者的同时，也能够成为参与者和学习者，深入到非遗文化的精髓中去。这样的互动和参与，有助于非物质文化遗产的长远保护和传承，确保这些宝贵文化资产能够跨越时代，得到创新和发展。

例如，剪纸艺术作为中国非物质文化遗产的重要组成部分，其网络化传播具有广泛的社会和文化意义。专门的剪纸网络平台涵盖了多个功能性板块，每一部分都针对特定的功能和用户需求进行设计。平台的"剪纸动态"板块定期更新剪纸领域的新闻和专题报道，为剪纸爱好者提供最新的行业动态。"剪纸传承名家"板块则聚集了国内外知名的剪纸艺术家,展示他们的艺术生涯和创作经历,通过详细的艺人档案,让公众深入了解这些艺术家的生活和创作背景。"剪纸知识"板块,平台利用图文、音频和视频等多种媒介形式,对剪纸的各种知识点进行详细解读,使得这一传统技艺的学习和传播更加便捷和系统。"剪纸论坛"板块利用网络的互动性,搭建了一个文化交流的场所,使得用户之间可以通过讨论和交流激发新的创意和灵感,获取信息。"剪纸教学"板块则由多位剪纸艺术传承人主导,他们通过视频等形式,展示剪纸创作的详细步骤和工艺流程。为学习者提供模仿的机会,也为同行专家提供相互学习和批评指导的平台。这种专业化的网络平台设计有助于促进剪纸艺术的传播和普及,也为剪纸艺术的创新和发展提供了支持。

三要营造多元化的展示空间。在目前的非物质文化遗产展示形式中,场馆展示占据了主导地位,它让现场的观众能够直接观看并与传承人互动,这种形式的直接性和互动性是其明显的优点。然而,场馆展示也存在其局限性,特别是时间和空间的限制使得展示的持续性和观众的覆盖面受到影响。在这种背景下,"互联网+"的应用提供了突破传统的可能,具体表现在四个方面:第一,通过建立在线展示空间,非遗的展示不再受地点和时间的限制,可以实现24小时的全天候展示。这种线上展示空间不仅展示了非遗作品本身,更加入了传承技法的演示、相关活动的介绍以及非遗领域的最新成果,极大地扩展了非遗的影响力和辐射力。这一在线平台还具备教育和学习的功能,让更多的人能够在任何时间和任何地点通过网络学习非遗知识和技能,从而深入理解和欣赏非物质文化遗产的价值。第二,在传统文化的现代传播中,数字媒体艺术有着重要的作用,通过创建二维和三维动画模型,重新塑造非遗人物和场景。这种形式以动画和漫画的方式呈现,不局限于展示非遗生产工艺,还包括整个操作流程的动态展示,使得观众能够直观地理解并欣赏这些技艺。例如,重庆大学与中华文化动漫研发传播中心合作的《川剧动漫科普短片项目》，该项目利用数字媒体技术，详细展现了川剧的特色技艺，通过后期特效合成增强视觉效果，以更吸引公众的方式传达非遗文化的精髓。这种利用现代数字技术的展示方式提高了非遗传统技艺的可访问性，增强了其吸引力，使得更广泛的观众群体能以新颖的视角认识和体验非物质文化遗产。第三，运用摄影摄像技术记录非遗传承人的工艺展示为数字传播提供了强有力的支撑。这种技术不只捕捉技艺的每一步，还包括技能的讲解与创作的全过程，展现方式全面而多角度。通过这种形式，观众能够直观地看到非遗技艺的每一个细节，体验到传统文化的丰富内涵和精神价值。这种记录方式还深入非遗存在的原生态环境与文化空间，[①] 通过镜头展示非遗与其背后的自然和文化环境的交融，这是对技艺的展示，也是对其文化根源的探寻。在全球化的大背景下，这种视角的拓展使得非遗更具有说服力和感染力，能够触动现代人的心灵，引起他们对传统文化的共鸣。[②] 通过网络平台的在线展播，这些视觉记录得以广泛传播，而不受限于地域和时间，观众无论在何地何时都可以接触和学习这些珍贵的文化遗产。第四，运用VR技术重新构建非遗展示的方式，为公众提供了一个沉浸式体验传统技艺的新途径。通过虚拟现实技术，可以将非遗技术和艺术以高度真实的形式复原，还能使用户在虚拟环境中通过互动操作直接体验这些技艺。这种技术的应用，不只是再现了非遗的物理形态，更重要的是它提供了一种全新的学习和体验方式，使得非遗的教育和传播更加生动和有效。例如，在非遗舞蹈的展示中，VR技术能够构建完整的舞蹈场景和人物，使观众能够在虚拟世界中与舞蹈互动，在观看舞蹈表演的同

---

① 杨国兴.影像参与非物质文化遗产传承保护的作用及方式［J］.民族艺术研究，2015（3）：99-103.

② 吴斌.电视传播与原生态民族文化保护［J］.贵州民族研究，2008（5）：35-40.

时,还能深入了解舞蹈的历史背景和文化意义。这种互动式的虚拟体验,增加了非遗传播的吸引力,也极大地提升了公众的参与度和体验感。

中华非物质文化遗产,承载着丰富的民族智慧与深厚的民族情感,反映了古代人民在生产与生活中的独创精神和艺术实践。这些传统技艺服务于历史上的人民大众,也在现代社会中继续展示其独特的文化魅力。在全球化、文化多元化迅速发展的背景下,非遗面临着新的挑战和机遇。互联网技术的发展为非遗的传播与保护开辟了新的路径。通过网络平台,非遗可以突破时间与空间的限制,以多种形式面向公众,甚至走向全球,从而获得更广泛的关注与参与。在这个过程中,非遗不仅仅是被动地传递与展示,更是在与现代文化的交流互动中进行创新和发展。通过整合现代技术与传统元素,非遗可以以更加生动和互动的方式呈现,既提升了公众的文化体验,也增强了文化自信和民族自强的精神。这种新的展示和传播方式还可以激发公众特别是年轻一代的兴趣和参与,使他们更加主动地了解和珍视这些文化遗产。

二、实现数字文化的智能化、网络化、大众化

数字文化代表了一种文化进程的现代化演变,它利用数字化资源、智能化技术、网络化传播、实体化管理以及泛在化服务展现出独特的发展动态。这一文化形态随着信息技术、计算机技术、数字技术和互联网的进步而兴起,反映了数字社会对文化表达和文化传播方式的影响和改变。在术语的定义上,数字文化并不简单是"数字"与"文化"两个概念的堆砌,而是两者相互作用的结果,展示了文化内容如何在数字环境中得到创新与再创造。[①]从本质上讲,数字文化凸

---

① 胡唐明.公益性数字文化建设内涵、现状与体系研究[J].图书情报知识,2012(6):32-38.

显了文化的数字特性与数字技术的文化潜力的交融。它并不单单是技术的应用,更是一种文化理念和实践的转型。数字化不只是技术层面的变革,也深刻影响着人们的思维方式、沟通模式和社会互动。这种文化模式展现了技术如何深入文化生活的各个方面,推动了文化表达方式的多样化和文化传播的全球化。数字文化相较于传统文化形态,展示了更加显著的共享性与技术依赖性。这种文化形态依靠互联网、信息技术及数字媒介等手段加速了知识与信息的流动,从而重塑了社会文化的整体氛围,并形成了一个开放且流动的数字文化网络。[①]在数字文化的生命周期中,从数字产品的生产到内容的呈现,技术支持贯穿始终,这包括但不限于数字媒介的保存与信息载体的传播,以及多媒体设备的使用。这种依赖关系强调了技术在构建和维护数字文化方面的核心作用,同时揭示了技术发展如何与文化形态的演进相互影响。

最初,"治理"一词涉及控制、引导与操纵的意义,随着时间的推移,该概念扩展至涵盖私人与公共行为主体对共同事务的管理。[②]在此框架下,治理被解释为个体或机构等组织在公共或私人领域中对某事务的多种管理模式的集合。本质上,治理是一种基于调和的持续且互动的过程,而不仅是一个正式制度。治理体系通常基于多元主体之间的相对平等与相互信任,它是一种通过协调建立的非强制性自律体系。[③]这种体系的构建强调参与主体之间的合作与协同,而非单一权威的指令或强制。在文化领域,文化治理与文化管理虽然字面上仅一字之差,含义和重点却有显著区别。与侧重于具体技巧与技能的文化管理不同,文化治理更加强调通过多元主体的协调来主动探索创造

[①] 郑建明.数字文化治理的内涵、特征与功能[J].图书馆论坛,2015(10):15-19.
[②] 贝兆健.文化治理体系构建的上海实践及思考[J].上海文化,2014(8):63-73.
[③] 罗云川.公共文化服务网络治理:主体、关系与模式[J].图书馆建设,2016(1):28-32,38.

性的文化增生方式，旨在推动文化的包容性发展。①

数字文化治理构成了文化治理领域的一个关键分支，其复杂性体现在多个层次。在宏观层面，该治理除了需要与传统的文化管理相融合之外，还需要与经济、政治及地域等多种因素进行互动。数字文化治理的微观操作涉及数字文化系统内部的全周期管理，这包括但不限于文化内容的生产、加工、处理、服务、保存、传播、评价、更新以及再利用等环节。在这个过程中，内容与形式的治理是同等重要的，需要综合考虑。数字文化治理的实施强调技术与文化需求的高度整合，确保文化资源的有效利用与持续更新。

数字文化治理可从三个方面进行，一是数字文化治理涉及多个关键要素，包括信息基础设施、数字资源、文化制度、法规政策、评估标准以及相关的计算机和通信技术人才。有效的数字文化治理要求这些要素之间的协调与互动，以增强整体的协同效应。在处理这些要素时，关键在于理解各要素如何相互作用，并确保它们共同支持数字文化的持续发展和管理。二是数字文化治理依赖于不同要素的有效整合和相互作用。为了实现这些要素间的协同效应，构建一个有效的治理体系是必要的。此体系确保了各要素能够在数字文化的框架内有效协调，进而优化整个治理过程。在这一过程中，各要素的功能与影响力得以有效结合，推动数字文化的持续优化与发展。三是数字文化治理需要展现出较强的前瞻性与科学性，以预警潜在冲击并规避外部变化可能对数字文化发展带来的影响。确保数字文化服务能有效运行并发挥其作用也是关键所在，制定相关的约束与激励评估机制成为这一进程的重要组成部分。数字文化治理是技术或内容的管理，更是文化与技术的有机结合，体现了文化管理的战略性、宏观性与整体性。此种治理模式强调政府的主导角色，同时倡导社会多元主体的广泛参与，

---

① 胡惠林.国家文化治理：发展文化产业的新维度［J］.学术月刊，2012（5）：28-32.

以期实现数字文化的可持续发展并满足公众对数字文化的需求。治理的核心在于对数字文化内容与形式的综合管理，这体现了一种文化管理机制的创新。这种管理模式体现了对未来发展趋势的洞察与应对，强调了系统的整合和协调，旨在促进数字文化领域的持续进步和繁荣。

在未来，数字文化治理将借助大数据的力量，展现出更大的潜力和智慧。一方面，大数据的应用在模式发现、系统构建、竞争环境分析以及整体需求探索等方面显示出其独特优势。通过对大量相关数据的深度挖掘，大数据技术能够揭示先前未知的新模式和相关关系。它在趋势预测和缺失信息预测方面的功能，[①]为数字文化治理提供了宏观的视角和深刻的洞察。这种技术进步使得治理实体能够将原本看似"不可治理"的问题，转化为"可治理"和"能有效治理"的问题。另一方面，大数据技术已成为当前社会发展的核心技术支撑，同时也为数字文化治理提供了强有力的技术后盾。借助大数据采集技术，数字文化机构能够及时且准确地监控治理中的盲点，并获取关于数字文化产品的消费者评价。这些信息的采集和分析使得先前被视为"不可治理"的问题现在有了解决的途径。大数据不仅重新定义了数据来源和分析方法，还改变了决策的本质。在大数据的影响下，传统的服务和治理决策得以使用新的工具，这促进了决策模式的根本转变。决策方式从依赖主观经验转向基于客观数据，从管理层依据直觉作出的决策转变为依据实际数据制定的决策。这种转变强调了数据和事实在决策过程中的决定性作用，显著提升了治理的精确性和效率。

在大数据的背景下，数字文化治理面临多重机遇与挑战。随着大数据技术和理论的演进，公众对其属性的理解也在不断扩展，不再局

---

① 李广建，化柏林.大数据分析与情报分析关系辨析［J］.中国图书馆学报，2014（5）：4-22.

限于其技术层面的特征,如大规模数据处理、多样的数据类型、高价值信息和快速的处理能力。而是逐渐地对大数据的社会属性进行广泛关注,①如其作为一种意识形态、信息环境、思维方式和发展战略的角色。这种认识的深化表明,数字文化治理在大数据环境下越来越侧重于其社会属性。尽管大数据的技术特性为数字文化治理提供了坚实的技术基础,其社会属性却开启了治理思路的变革,为数字文化治理路径带来了创新的可能。这种变化强调了在处理数字文化问题时,除了要考虑技术支持之外,还应关注大数据如何影响社会结构和文化动态,从而推动治理实践的深刻变革。

第一,培育数据意识,以大数据理念驱动治理深化。在数字文化治理的过程中,大数据理念不只是作为技术资源的一部分,而是更深层次地根植于公众的认知之中,逐步影响人们的思维和行为模式。将数据意识整合进治理实践,可以极大地挖掘数据的潜力,实现数据红利的社会化分配。当前,数据处理的新时代理念强调三个核心变化:优先考虑全体数据而非仅依赖抽样,追求处理效率而不是过分精确,关注数据间的相关性而非简单的因果关系。这种理念的转变有助于突破传统治理中由信息不对称引起的障碍,进一步提升数字文化治理的科学性与效率。将大数据意识融入数字文化治理的过程,是对现有治理模式的一种要求,也是顺应数字化发展趋势的必然选择。采用大数据驱动治理有助于提高治理效能并防范文化冲击,大数据技术通过对庞大而复杂的数据资源进行高效地收集、存储、管理与分析,旨在通过精细化操作识别并填补文化发展中的关键漏洞。此过程中,各类数据源发挥着至关重要的作用,如数字文化服务的详细记录、频繁的数字文化活动、有偿服务的交易数据、非结构化的新闻内容和社交媒体中的用户信息及情绪表达。

---

① 刘叶婷.大数据对政府治理的影响及挑战[J].电子政务,2014(6):20-29.

第二，提高数字文化安全性，完善数据治理立法。大数据创建了一个以数据为核心的信息生态系统，在这一系统中，数据不仅是基本的运营元素，也是战略性资产。因此，数据安全成为决定信息环境平衡与可持续性的关键因素。数字文化安全对于维护整个数字文化治理生态系统的健康至关重要，任何数据处理上的失误都可能严重威胁到文化治理的成果。为保障数字文化的安全性，需要关注两个主要方面：一方面是保护数字文化的合法性权益，确保不侵犯到数字文化服务对象的隐私及合法权利；另一方面则是增强对于可能突发的公共危机的防范能力，以减少对数字文化发展的负面影响。[1] 基于此，在大数据环境中，数字文化治理的成功依赖于能够充分利用大数据技术，同时确保数字文化安全管理和应用策略的完整性。隐私保护是数字文化服务中必须解决的关键问题，以促进数字文化的健康和稳定发展。大数据的特性主要是对数据进行无止境的分析，但是自身难以避免隐私被侵犯的风险，而仅仅依靠信任机制和道德约束已不足以保护社会成员的隐私安全。为此，需进一步制定和完善数字文化治理相关的法律法规，以便能够提升数字文化治理的可预测性，同时还能有效避免由于法律不完善带来的额外数字文化风险。在这个过程中，法规的制定应当考虑大数据的潜在价值和隐含风险，确保数字文化生态系统的长期稳定。这种法律框架的完善，可以更好地规范数据的使用和保护，从而为整个社会构建一个更安全、更可靠的数字文化环境。

第三，在数字文化治理中，调整并协调多方利益关系，并建立科学的数据开发与治理标准，是实现有效治理的关键。通过大数据的四个思维维度——总体思维、相关思维、智能思维及危机思维，[2] 可以更

---

[1] 孙红蕾.小数据思维驱动下的数字文化治理路径探析[J].图书馆学研究，2015（18）：39-43.

[2] 张义祯.大数据带来的四种思维[J].信息系统工程，2015（3）：9.

全面地分析和理解数据。总体思维引导分析者从局部样本分析转变为对整体数据进行全面、系统的分析；相关思维促使关注点从简单的因果关系转向探索数据间的复杂相关性，无论这些联系是显性的还是隐性的。智能思维推动了从传统的自然思维方式向基于数据的智能分析转变，增强了处理和解读大量数据的能力。危机思维的重要性体现在对潜在风险的预警以及对策略和规范的不断完善中，目的在于面对不确定性时能够有效地规避风险。在大数据环境下，数字文化治理的范畴必须扩展，以适应数据量的爆炸式增长。治理的焦点需转向大量的碎片化信息、网络用户行为以及网络关系，并集中于实时数据、非结构化数据及这些数据间的交互关系。数字文化治理中的多元主体及其相互关系随着新时代的发展日益复杂化，导致治理结构和动态发生根本性变化。在处理这种复杂性时，必须审慎平衡信息伦理规约、商业价值与开放数据价值之间的关系。同时，数据的开放性与安全性之间的二元关系也需谨慎考量，以及背后的各治理主体间的利益博弈。在这一过程中，还需避免在提供服务的同时防止个人信息的无意公开，确保数据治理既支持数据的有效利用也保障个人隐私安全。数字文化治理需要高效地利用内部、外部以及公共文化信息资源，进行深入的数据分析和前瞻性的数据判断，有助于指导治理主体作出科学决策。随着数据的爆炸性增长，数字文化发展也得到了更加丰富的资源支持，同时也面临众多潜在的危机。这些大量增长的数据，虽然看似无价值或低价值，实则在适当的治理和分析下，能够提供极为重要的见解和指导。在这样的环境中，如果缺乏统一的协调和标准，各类数字文化治理主体单独行动，依据自身需求处理数据，将无法有效应对这些挑战，可能导致数据应用的多重困境。因此，建立和实施科学的数据开发与治理标准，是数字文化治理体系的关键组成部分，也是确保数字文化可持续发展的基础。

第四，加强顶层设计，建立系统的数字文化治理体系。当前，大

第五章
网络生态治理现代化的实践路径

数据已经被视为一种战略资源，其重要性可与自然资源和人力资源相提并论。① 因此，加速大数据的部署和深化其应用已成为推动经济增长、促进改革、调整结构、改善民生以及增强政府治理能力现代化的重要手段。② 在这一框架内，数字文化治理要求在微观层面进行策略调整和创新，更要求从宏观角度进行全局的顶层设计，以期最大化治理创新的效益。数字文化治理应被提升为战略发展的重要部分，通过整体性的治理理念进行科学规划，以促进数字文化治理的协同发展。随着数字文化治理在国家和社会治理中的地位日益突出，建立一个系统的数字文化治理体系显得尤为重要。这种治理体系应形成一个完整的闭环，确保治理活动的连贯性和系统性，以应对数字时代的复杂挑战。这种系统性规划既符合当前的大趋势，也是未来可持续发展的必要条件。

首先，在微观层面，应构建一个共享的异构数据整合概念模型。不同数据生产机构根据自身的需求生产和组织数据，采用各种表达方案、编码格式和文件格式，因此产生了大量异构数据资源。这些异构数据资源的存在设置了数据整合、分析和保存的多重障碍，直接导致了数字文化治理领域中数据爆炸与数据饥荒的并存现象。采纳和应用一个社会通用的概念模型，可以有效减少数据的异构性，进而提高数据的整合、集成、重用和保存的效率。这种做法既丰富了数字文化资源，也为数字文化的治理提供了强大的支持。

其次，中观层面，应构建一个结合主动与被动策略的数字文化治理模式。当前，大数据技术、语义网技术和数据采集技术的发展为这种治理模式的建立提供了良好的技术基础。这种模式的发展是应对不

---

① 王晓明，岳峰. 发达国家推行大数据战略的经验及启示［J］. 产业经济评论，2014（4）：94-98.

② 国务院关于印发促进大数据发展行动纲要的通知［EB/OL］.（2016-11-12）［2024-06-12］. http：// www.gov.cn/zhengce/content/2015-09/05/content_10137.html.

断增加的不确定性因素和突发事件概率增大的必然结果,尤其是在传统被动管理模式逐渐失效的背景下。此治理模式需要加强突发事件的应急管理功能,构建一个能在动态的现实环境中提供决策支持的系统。[①]这个系统应整合被动触发机制和主动识别机制,以便在数字文化治理中快速而有效地应对各种突发情况。通过这种方式,可以确保人员、技术和任务之间的协同互动,实现对突发事件的实时、有效和准确的应对。该治理模式的实施提高了治理的灵活性和响应速度,强化了治理结构对突发情况的适应能力,确保数字文化的健康发展能够在快速变化的环境中维持稳定。

最后,在宏观层面,制定适应大数据背景的数字文化治理战略。这种战略的核心在于综合和科学的数据治理规划,涉及数据生命周期中的所有环节,包括数据的生产、分析、组织、存储、共享和引用等。此规划应明确治理过程的主要原则和目标,还应详细定义各部门职责和操作规范,以及协调数据治理中的各种利益关系。政府作为数字文化治理的主导力量,有责任从国家层面加强对知识产权、数据安全和隐私权的保护法规的制定和完善,旨在净化数字文化的生态环境,维护治理生态系统的总体平衡,推动数字文化的协调与可持续发展,确保长期战略在实际操作中得到有效实施,同时,应急对策和政策调整应该具有足够的灵活性以适应快速变化的技术和市场环境。

以数字文化公共服务为例。数字文化公共服务属于公共服务范畴,数字文化公共服务在资源数字化、网络平台建设、筹资、管理等方面面临着重重挑战,需要社会力量参与,以补充资金、资源、设施、技术、经验以及服务成品等不足。作为一种既重视政府功能又重视社会组织群体相互合作、共同参与的管理方式和理念,治理理论无

[①] 杨峰.情景嵌入的突发事件情报感知:资源基础与实现路径[J].情报资料工作,2016(2):39.

疑对数字文化公共服务中的社会参与具有一定的启迪和支撑作用。政府与社会力量都可以作为治理主体，各主体之间以平等合作方式参与治理。这为数字文化公共服务引入社会参与提供了理论依据，对促进数字文化公共服务社会参与具有现实价值。

第一，治理理论的发展促进了数字文化公共服务领域多元主体的参与。该理论强调从基层到高层的公民参与，支持个体和集体积极投入公共行政，确保公共行政能更有效地回应公众需求。[①] 在这种背景下，我国的数字文化公共服务得到了显著的加强和改进，尤其是随着国家数字文化网、数字图书馆推广工程、公共数字阅览室建设计划等关键项目的推动。图书馆、博物馆等传统文化机构亦积极响应，通过数字化资源创建在线服务平台，使得公众可更广泛地访问和利用这些文化资源，进一步推动了数字文化公共服务的发展，提高了服务的可达性和质量。在这一背景下，引入治理理论有利于吸纳社会力量参与公共数字文化建设。治理理论提出，允许除政府以外的社会多元主体参与治理，为数字文化公共服务参与主体的多元化奠定了基础。公益性团体、公私企业、学会协会、科研机构、学校、军队等各级各类社会组织及公民个人都可以成为数字文化公共服务的供给主体，或为数字文化公共服务捐献资金与资源，或参与数字文化公共服务的管理、决策、建议、反馈等。这对实现服务民主化，促进服务供需对接，补充政府的财力、物力、人力等具有重要意义。

第二，治理理论强调了政府与社会主体之间的相互依存关系，为数字文化公共服务中的主体关系提供了发展框架。该理论揭示了政府与其他社会主体之间需保持交流，也应进行有效的互动，这种平等的互动关系对于促进数字文化服务的发展至关重要。这种网络结构既增强了服务提供者之间的协作，又优化了资源的配置和利用，从而提升

---

① 夏建中.治理理论的特点与社区治理研究［J］.黑龙江社会科学，2012（2）：125-130.

了公共服务的效率和质量。通过这种互联网络，各参与主体能更好地响应公众需求，共同推动数字文化公共服务的持续进步。多主体依存及主体间平等思想要求政府采用引导与利益协调的方式进行管理，社会主体自愿参与数字文化公共服务。共同治理网络结构是各主体参与意愿的体现，反映了社会主体的自发性参与，而非政府的强制性要求。正是这种自愿参与原则，使各主体之间能够建立一种平等、公平、互信的关系。根据我国数字文化公共服务供给的实际，主体平等性并不是要摒弃政府的主导地位，而是由政府主导下的社会参与日益向政府与社会合作转变。政府与社会主体以及各社会主体之间通过平等的对话、协商、谈判等方式参与数字文化公共服务建设，彼此之间是一种友好合作的伙伴关系。

第三，治理理论主张综合运用多种治理手段，为数字文化公共服务参与模式的创新提供了依据。在由多元主体形成的复杂的网络生态治理结构中，政府在处理各社会主体的关系时，除了使用行政手段外，还需要运用其他治理手段和工具，由过去单一依靠行政与法律解决问题，转变为更多地依靠市场机制及借鉴其他领域的方法进行治理。根据治理理论多种治理手段并存的观点，数字文化公共服务中可采用多种社会参与模式，并进行参与模式的创新，任何有助于增进数字文化公共服务效益与提高供给水平的方法、模式都可以应用其中。在数字文化公共服务领域，引入市场机制可使社会组织通过竞争成为服务供应主体。通过实施财政激励和利益补偿措施，可以激励更多社会资本参与文化项目的投资和建设。同时，借鉴公司治理中的法人治理结构，可以为社会组织及公民提供参与管理和决策的平台，提升服务管理的透明度和公众参与度。采用公私伙伴关系（PPP）模式，可以促进政府与社会组织之间的合作，拓宽合作的领域，共同推进数字文化服务的发展。

我国国家数字文化网、数字图书馆推广工程在资源数字化加工外

第五章
网络生态治理现代化的实践路径

包、网站系统建设、服务宣传推广等业务上与社会力量开展合作。在国家数字文化网的资源建设方面，尽管存在一个专门的资源建设部门，但该部门并不直接执行资源的数字化转换任务，而是选择将这一工作外包给专业企业。与此类似，数字图书馆推广工程也通过与IT企业的合作，将资源的数字化加工任务委托给这些企业，而国家图书馆则担负着最终的验收与审查职责。对于网站系统的建设，自2012年起，国家数字文化网与中国文化传媒网展开了深入合作，合作涵盖了网络硬件设备托管、软件的开发升级及网站编辑运维等多个方面。这种合作丰富了网站的信息内容来源，扩大了用户基础，有效节约了人力资源，提高了网站的专业水平。在服务宣传推广方面，国家数字文化网和数字图书馆推广工程选择与主流文化媒体建立合作关系，例如《光明日报》、新华社和文化报等，通过这些平台进行广泛宣传，此外还可以利用微信公众号、微博和移动App等新媒体渠道，结合这些传媒的优势进行数字文化公共服务的报道和推广，从而提高了公众对这些服务的认知度和接受度。国家与地方都为我国公共文化服务的社会参与提供了政策支撑，指明了社会力量参与的方向。政策现已倡导多样化的社会参与模式，包括购买、租赁、委托、特许经营、管理、捐助及投资等方式，以便为社会力量提供广泛的参与渠道。这种多元化的参与方式旨在促进与社会力量的合作关系，增强公私合作的效能，从而加强各类项目和服务的执行与管理。作为公共文化服务的组成部分，以上参与方式都可以在数字形式的公共文化服务中应用，把社会参与向数字文化公共服务扩展。

大数据已经引领了一个创新的时代，革新了人类理解世界和改变世界的方式。它孕育了新发明和新服务，预示着更多革命性变革的潜在发展。认识到大数据的价值是首要步骤，但更关键的是增强大数据的实际应用能力。即便是海量的数据，如果未被有效利用，其潜在的价值和效益也难以实现，最终只能是虚幻的美景。在数字文化治理领域，利用大数据的优势可以实现突破性的创新成果。这种利用既可以使得治理过程数据化、科学化和理性化，还能够推动治理智能化的进程，助力构建更加高效和美好的治理体系。

第三节　加强网络生态治理的道德建设

在当前的互联网时代，社会互动和日常活动的许多方面都依赖于互联网和相关的电子设备，如智能手机和计算机。互联网极大地方便了个人在获取衣食住行服务上的便捷性，如网上购物、点餐外卖、预订住宿与交通工具，以及在社交平台上分享日常生活和情感状态。这些活动虽然提高了生活效率，但同时也增加了人们与家人和朋友的互动频率，虽然大多数交流现在通过数字平台如微信和QQ进行。然而这种便捷性带来的是个人信息的广泛曝光。日常的互联网使用留下了丰富的数据痕迹，从IP地址到社交媒体动态，从个人填写的在线表单到网页浏览的cookies，这些都构成了个人的数字足迹。这些看似琐碎的信息汇聚起来，便会形成个人的数据画像，可能导致隐私的泄露，成为网络侵权行为的潜在风险源。

在当代互联网环境下，匿名性和虚拟性降低了侵犯他人人格尊严的成本。自媒体的兴起让每个人都能够发声，一些人在网络上轻易地发表损害他人尊严的言论。这种行为，通常由所谓的"键盘侠"所实施，他们在网络上的言论往往缺乏约束，有时候甚至无视事实和道德，对他人进行无端的质疑和攻击。网络空间中的人格尊严保护面临着新的挑战。尽管个体可能对自己的人格尊严受到侵害保持警觉，但在被侵权时，由于网络环境的复杂性，往往难以寻找到具体的侵权者并进行有效的索赔。因此，加强网络空间中人格尊严的立法和惩戒措施成为迫切需要。这不仅是法律的需要，也是网络文明建设和网络伦

第五章　网络生态治理现代化的实践路径

理强化的重要组成部分。

第一，保护网络空间的人格尊严有助于维护网络环境的秩序并提升其文化品位。随着互联网技术的进步与社会经济的发展，公众的生活方式被极大地便利化。人们可以通过网络连接世界，享受由此带来的各种生活便利。网络是信息的快速传播工具，同时也是公众表达意见的主要场所。然而，网络空间的多元性同时孕育了不同的声音和行为，其中不乏扰乱网络秩序的不良行为。在这种背景下，言论自由虽然是互联网的一大优势，但同样需要在法治的框架下进行适当管理，以确保不侵犯他人的人格尊严。法治的介入不仅保护了网络用户的基本人权，还有助于营造一个更加健康和文明的网络交流环境。通过加强法律的执行和完善相关法规，可以有效遏制网络空间的负面行为，从而推动网络文化的积极发展，确保每个网络用户都能在一个安全和尊重的环境中行使自己的表达权利。维护人格尊严需要从自尊及他尊的双重视角出发，除了需要规范个体的行为之外，也需要强调对他人的尊重。自然法的核心要义在于，任何个体的行为、言辞、表情或姿态都不应表现出对他人的仇恨或蔑视。此类行为通常被定义为侮辱，是对自然法的明显违背。自然法进一步阐述了每个人都应认可他人与自己生来的平等性的观点。对于人格尊严的保护，只有当政府及国家层面承担起明确的责任，通过法律的制定、规范及执行来确保其实施，法律才能有效发挥作用。这种法律保护为网络空间的文明和伦理提供了成长的土壤，也有助于网络环境中积极力量的涌流，压制并转化负面情绪，进而促进一个健康、正面的网络交流环境的形成。

第二，在网络空间中保护人格尊严是维护公民自由与权利的基础。尊重每个个体的独立性和自主选择权是网络文明的重要组成部分。公民通过网络平台表达意见、作出选择，并在此过程中保持个人独立性，显示出成熟公民的理性特质。人格尊严的保护体现了对个体价值的尊重，也是构建健康网络伦理的核心。网络空间作为交流的广阔平台，要求每位用户在享受表达自由的同时，也应承担不侵犯他人尊严的责任。保护网络中的人格尊严有助于营造一个秩序井然、相互尊重的交流环境。确保网络空间的人格尊严得到尊重，是推动网络环境健康发展的关键。保护人格尊严是维护公民基本权利的关键一环。人格尊严除覆盖生命、健康、身体的保护外，还扩展到精神层面，包括姓名、荣誉及个人自由等。遭受侵犯时，提升公众对于法律权益的认知，并通过法律手段追究责任，成为维护这些权利的必要途径。在此基础上，公众应被鼓励利用法律资源来保护自身的权益。加强法律保护有助于防止对个体人格尊严的侵害，也能够促进公民作为自由和独立个体的全面发展。确保每个个体都能够在尊重和被尊重的环境中追求更高的生活质量和人生价值。

虽然自由是现代社会的核心价值之一，但过度强调个体自由可能会导致对其他人或社会整体自由的侵害。理性的公民不应只认识到每个个体的平等权利，还应承担维护人格尊严的责任。自由的实现必须考虑到与之相伴的义务，这是确保社会和谐与文明的关键。在网络环境中，这种观念尤为重要，因为网络的匿名性和虚拟性可能促使一些个体忽视对他人尊严的尊重。因此，自由与义务的平衡是维护网络空间秩序的基石。同时，保护人格尊严是实现真正自由的基础。这要求公众的每一次思考、选择和行动都应符合尊重他人的原则，从而在整体上推动网络空间的健康发展和有序治理。强化这种责任感，可以促进网络环境的正面互动和文明对话，进而构建一个更为安全和富有成效的数字社会。

第三，维护人格尊严，有利于强化司法体系的实施效果。通过国家宪法、民法和刑法等相关法律框架，人格尊严得到了明确的保护。这些法律致力于保障个体的尊严不受侵害，也提供了网络行为规范的法律依据，形成了自由与尊严之间的有效平衡。宪法作为国家的基本法，其立法精神强调人权的核心地位，其中人格尊严作为人权的基本要素，被赋予了至高无上的保障意义。任何形式的侵犯、亵渎或侵害都是不被容许的。这种法律保护确保了个体在网络空间中的行为得到监管和指导，保障了网络环境的公正与文明。通过这种法律框架的支撑，可以更有效地推动网络文化的健康发展，确保网络空间的交流秩序得到维护。基于此，精细化法律体系中关于人格尊严的条款对于司法实践中更有效地保护公民权利是非常重要的。通过确保每个个体的人格尊严受到尊重与保护，司法系统实现了对公民基本权利的守护，也促进了社会的公平与自由。在网络环境中，尽管面临复杂的案情和多样化的参与主体，法律的执行依然需要坚持宪法的精神和法律的公正。在处理侵犯人格尊严的网络事件时，即使环境复杂，维护司法正义和法律的公正执行仍是首要任务。人格尊严作为一种基本人权，其保护不仅是法律的要求，也是社会文明程度的体现。在此过程中，每个个体都应有机会保护自己的尊严，同时负有维护他人尊严的责任。坚持人格尊严的保护有助于营造一个健康的网络文化，为每个网络用户提供一个安全、尊重的交流空间。这种环境有利于个体权利的实现，也促进了个体在社会中的独立发展和个性的完善。

第四，网络空间中人格尊严的保护有助于网络空间的健康和谐与政治发展。在网络环境中维护人格尊严是确保基本人权得到尊重的关键。实现这一目标可以有效降低网络暴力、舆论暴力以及个人隐私泄露等事件的发生频率，促进网络空间的和谐与稳定。为此，每位网民都应该承担起相应的责任，积极参与构建一个健康、稳定的网络社会中来。然而，在当今快速发展的社会背景下，公众面临的生活压力日益增大，这种压力可能使个别网民表现出更为浮躁和易怒的行为。网络是信息交流的平台，也常被视为释放个人压力的空间。这种心理状态下，即使是小的冲突也可能被放大，引发不必要的纷争。因此，在互联网时代，尊重并保护个人及他人的人格尊严是网络文化素养的核心要素。确保信息化环境中个体的形象不受他人操控，维持信息表现与个人真实性的一致，是实现自尊及赢得他人尊重的基础。[①]每个人都应被视为独立的个体而非手段，这种理念的确立是社会尊重与进步的标志。自尊和自律是获得他人尊重的前提。一个开放且进步的社会将有效地尊重和保护每个人的人格尊严，既有助于个体实现自我价值，还能够促进其在职业和生活中达到潜能的巅峰。当社会成员普遍尊重人格尊严时，整个社会的文化和伦理水平将得到提升，从而促进社会的整体进步与发展，确保社会的和谐与稳定。

公民道德的培养是提升个体能动性、创造性和自律意识的基础，也是满足社会整体需求的关键。在道德教育的支持下，公民能更好地理解和实践社会责任与义务，这对于社会道德的完善和网络环境的净化具有至关重要的意义。

第一，唤醒公民的主体意识是道德培养的关键。主体意识反映了个体如何主观和能动地响应外部世界的过程，这一观点在哲学和心理学领域都得到了广泛的探讨。这种意识的确立是网络道德完善与净化的基础。教育系统改革应当重视这一点，转变传统的道德教育方法，采取更加激发个体主体意识的教育方式。通过这种方法，教育不再是单向的道德灌输，而是成为促进学生自我反思和主动学习的过程，从而有效提升其道德判断和行为的能力。

第二，提升公民的主体能力是教育的核心目标之一，旨在培养个体在复杂的道德和信息环境中做出独立判断和决策的能力。这包括加强道德思维能力，如判断、推理、选择以及将这些思维应用于实际情境中的道德践履能力。这两种能力相辅相成，通过提升思维能力来增强实践能力，反之亦然。在网络时代，随着信息量的爆炸式增长，个体面对的选择变得更加复杂。网络用户必须学会在众多信息中作出明

---

① 张新宝. 从隐私到个人信息：利益再衡量的理论与制度安排［J］. 中国法学，2015（3）：22.

智的选择，例如决定何时及如何发布信息以避免侵犯他人权利。因此，批判性思维和道德判断力的培养变得尤为重要，这不仅涉及信息的筛选，还关乎如何在不侵犯他人的前提下自由表达。在培养主体能力方面，需要结合课堂理论与实际案例的分析。教育者应强化个体对复杂问题的理解和分析能力，通过开展针对性的讨论和辩论，激发学生的批判性思维。

第三，加强网络空间的法律约束是确保其健康发展的必要措施。法律提供了明确的界定，使网上行为得到适当的规范。特别是考虑到网络信息的广泛传播和潜在的匿名性，一些有害的观点很容易在网上扩散，因此需要通过加强法律执行来限制这些行为。此外，还需引导网民认识到，网络世界与现实生活是连续的，他们在网络中的行为同样受到现实法律和道德的约束。同时，提升网络技术的安全性和效能也是解决网络问题的关键。通过引入更高级的技术解决方案，可以提高网络安全，减少信息泄露和不当使用的风险。技术的提升不仅能防止网络犯罪，还能提高整个网络环境的稳定性和用户的信任度。通过法律的严格执行和技术的持续进步，可以有效地管理网络行为，保护用户的合法权益，维护网络空间的秩序和健康发展。

第四，强化人文素质教育。虽然网络技术是现代科技的成果，但人文教育却确保了技术使用不背离其服务人类的根本目的。整合道德教育与人文素质教育，可以在培养技术技能的同时加强对道德和文化价值的理解。加强人文教育对于提升个体的道德判断力至关重要。它使个体在面对网络中众多的信息和观点时，能够进行独立的思考和判断，主动作出符合道德标准的选择。通过这种教育，个体既可以学会技术的应用，也能够学会如何成为一个道德自觉的网络公民。将人文素质教育与网络使用相结合，有助于在全球信息化迅速发展的背景下，保持和传承社会的文化和道德价值。这种教育模式鼓励个体在网络空间内积极展现高尚的道德行为，从而提高整个网络社会的道德水平，实现网络环境的净化与提升。

公民道德的塑造受到多种社会环境的影响，包括政治、经济、文化及家庭等因素。这些环境共同作用于个体，逐渐形成和发展公民的道德观念和价值取向。随着网络技术的广泛应用，公众的外部环境发生了显著变化，网络成为影响公民道德观念的重要因素。在这一背景下，网络平台承担了重要责任，因为其在传递信息、塑造公众观念中的作用，更因为网络科技的普及直接影响着社会的结构和公众的行为模式。因此，网络媒介平台应致力于创建一个文明和有序的网络环境，支持公民道德的积极发展。确保网络环境的文明有序对提升社会文化水平有益，也是推动经济社会高质量发展的关键。网络环境的优化可以促进信息的健康流通，增强公众的道德意识，进而有利于社会的全面进步和群众利益的实现。网络媒介的责任在于不断优化其内容和服务，确保其对社会公众的积极影响，同时监管机构需加强对网络空间的管理，以发挥其对公民道德教育的正面影响。

第四节 加强网络生态治理的文明创建

网络文明建设是一项广泛且基础的社会系统工程，其涉及范围广泛，包括民生、科技、法律、教育及外交等众多关键领域，同时影响到个体、群体、组织与社区等多种社会构成，贯穿现实与虚拟的社会、经济、政治与文化生活的多个层面。因此，此项工程需要社会各界广泛合作，共同推动公民道德建设。在加强网络文明的具体措施上，应加强领导和协调力度，明确信息网络建设和信息传播的管理责任。还需鼓励并促进有益健康信息的发布，同时制止和防范网络上的反动、迷信、淫秽及庸俗内容的传播。对于网络机构和广大网民，应加强网络道德意识的培养，引导他们积极参与网络文明的构建中。相关的思想宣传部门、文化部门、新闻出版和信息产业部门等，均需承担起推动网络文明建设的职责。对互联网及其信息的采集和发布，应通过设立专门的管理机构来实现从广泛管理到专业管理的转变，以提高管理效率。

第一，维护网络文明建设是一个复杂的过程，需要法律和道德的双重支持。通过制定和实施一系列严格的法律法规及管理办法，为网络环境提供一个稳固的法制框架。法律手段除了要覆盖对网络行为的监管之外，还应涵盖对网络违法行为的处罚，确保网络空间的秩序和安全。加强网络管理，通过法律化的途径来推广网络文明，包括对违反网络法规的行为和个体施加法律与行政的制裁。例如，通过执行《互联网信息服务管理办法》及《互联网电子公告服务管理规定》，加强对互联网服务的规范，确保网络平台不成为有害信息传播的渠道。同时，强化网络信息服务的管理，制止非法及有害信息的传播，保障网络信息安全，为社会公众创建一个安全、健康的网络环境。积极发展网络技术和服务，同时加强管理，确保互联网技术和服务为社会发展所用，避免其潜在的负面影响。

第二，为实现具有中国特色的社会主义网络文化发展，应重点发展现代化、全球化、未来导向的社会主义网络文明。这种文明应根植于中国的现实条件，承继中国的优秀传统文化，并吸纳国际上有益的文化成果。应通过建立一系列有吸引力和影响力的文明网站，以科学、健康的内容来填充网络空间，确保网络平台传递积极向上的价值观。政府与媒体机构需创新宣传方式，有效利用网络空间推广社会主义精神文明，激发社会各界的参与热情。系统地在线上展示中国的优秀传统文化，用更加生动的形式传播社会主义核心价值观。通过这种积极的引导和教育，培育网民形成正确的网络行为习惯和价值取向，加强网络空间的文化秩序和道德规范，共同推动网络文化的健康发展。

第三，为确保网络文明建设的有效推进，必须加强网络技术的研发与应用。通过利用先进的技术手段，可以有效地抵御网络犯罪、病毒侵害以及黑客攻击等威胁，从而维护网络空间的安全与稳定。技术的进步不仅能够防范现有的网络威胁，还能预防未来潜在的安全隐患。各职能部门如网络信息办公室、公安部门、工商管理部门以及文化监管部门也应强化对网络的监管。包括对网吧等上网服务场所进行常规检查，确保其符合安全标准，及时发现并消除安全隐患。对于存在问题的经营者，应采取停业整顿或吊销许可证的措施，严厉打击违法违规行为。同时，对于未经许可或非法经营的网络服务点，应立即进行取缔，保证网络环境的合法性和正常性。加强对传播不良信息网站的监控和封堵，确保网络文化的健康发展。

公众文明素养与公共精神、核心价值观的培育需要从以下两个方面进行。

一方面，我国的网民主要以青少年为主，为此，在网络社会的发展过程中，青少年的网络文明素养培育尤为关键，其信息处理技能直接影响整个网络社会的文明程度。网络素养主要涉及对网络信息传播的理解、信息的筛选与甄别能力，以及独立思考的培养。这些能力使青少年能够主动地筛选和消化海量信息，而不是被动填充或淹没。为了提升这一素养，教育系统必须重视批判思维和质疑精神的培养。除了涉及学术理论的探讨之外，还包括对日常生活和社会现象的深入分析。教育者应通过多种教学方法，如辩论、研讨会和批判性写作等，激发学生的讨论欲望和思维，引导他们形成和表达个人独立的见解。学校和教育机构应积极提供这样的教育环境，让学生在安全的学术氛围中自由表达，对接触到的信息和观点进行客观分析和独立评价。

另一方面，在强化公众的政治文化知识结构方面，应当重视思政教育与社会科学课程的深化与改革。当前教育环境下，加强政治学、逻辑学等学科的教育，对于提升公众的政治理解能力及批判性思维至

第五章 网络生态治理现代化的实践路径

关重要。这种教育不局限于传统的课堂学习，而是通过多元化的教学方式，如互动研讨、案例分析等，来构建完整的政治知识体系。应当采取措施改革传统的教育模式，通过提供多角度、多层次的知识讲授，使公众能够全面、客观地分析和评价信息。在面对复杂的网络信息时，具备了坚实的政治文化基础的公众更能运用逻辑和理性进行讨论，减少不理智的语言对抗。这一转变需要教育部门、政府机构及社会各界的共同努力，长期而系统地进行。同时，为了增强全体公民特别是青少年的网络安全意识和判断能力，可以通过网络平台、课程内容和线下活动等多种方式进行宣传教育。通过培养一支网络文明志愿者团队，监督网络内容，及时识别并干预不良信息的传播，可以有效维护网络环境的秩序与安全。

互联网传播信息必须是健康文明的，互联网本身、网站运作必须文明合法，对社会无不良影响，互联网网民对网络资源的访问和使用必须符合社会道德规范，有助于保持和弘扬中华优秀传统文化，有利于建设社会主义精神文明。早在2000年，我国便已开始实施全国性的网络文明工程，由文化部、共青团中央、国家广播电影电视总局、全国学生联合会、国家信息化推进办公室、中国电信、《光明日报》、中国移动、新华社、《人民日报》等政府部门和权威媒体机构共同发起。该工程提出了"文明上网、文明建网、文明网络"的口号，旨在引导公众形成良好的网络行为习惯，推动网络环境的健康发展。关于网络文明建设过程中出现的一系列问题，需要采取相对应的策略，具体如下。

第一，推动网络空间的德法协同治理，须在国家治理现代化的框架下，深化网络治理的价值取向和理念更新。这一过程中，坚持创新、协调、绿色、开放、共享的五大新发展理念，这些理念为网络空间的治理提供了全新的视角和方向。网络治理既需法律法规的规范，也需道德标准的引领，通过德法结合加强网络空间的秩序和文明程度。这种治理模式强调理念的先进性和实践的适应性,旨在促进网络环境的持续健康发展。这样的理念整合和创新,是网络文明建设进步的重要保障,也是社会主义核心价值观在网络空间的具体体现。一是坚持创新理念。要求不断更新治理的理念、内容和方式,确保这些措施能够适应快速变化的技术和社会环境。创新也意味着寻找更高效、更公正的治理模式,使网络法律和道德规范能更好地服务于公共利益,营造一个更开放和包容的网络空间。二是坚持协调理念。这主要涉及网上与网下治理活动的协调,以确保两者在标准和执行上的一致性;不同治理主体之间的协调,包括政府机构、私营部门及民间组织等;以及各种治理手段之间的整合,如技术监控、法律制裁与道德教育等。通过这种全面的协调,旨在建立一个协同高效的治理体系,从而在维护网络安全和促进信息自由流通之间找到平衡点,推动网络空间的健康发展。三是坚持绿色理念。强调对网络生态的保护和建设,意味着在设计、实施与网络相关的技术和政策时,必须考虑其对环境的影响,并积极采取措施减少这些影响。四是坚持开放理念。强调促进网络内部以及网上与网下的开放性和互动性。包括支持跨境数据流通、增强全球网络治理的合作,以及在确保安全和隐私保护的前提下,鼓励技术和信息的自由交换。通过这种开放的态度,可以促进创新,增强网络空间的活力和包容性,同时也能够更好地整合全球资源,对抗网络空间的分割和局限性。开放理念也支持构建一个更为广阔、多元和互联的网络世界,使不同文化和经济背景的用户都能受益。五是坚持共享理念。强调网络成果的普惠性,主张将网络治理的成效广泛服务于所有网民,确保每个人都能平等地访问和利用网络资源,共享信息技术带来的便利。共享理念也涉及保障网民的合法权益,确保他们能公平地参与网络空间的决策过程和享受数字经济的成果。在坚持五大发展理念的基础上,还需采纳和彻底实行协同、系统、科学、主动、动态的治理理念,确保网络空间治理的效果和持续性。协同治理强调各治理主体之间的合作和沟通，以实现资源和信息的最优配置。系统治理则着重于理解和处理网络空间的复杂性，通过整体的视角来解决问题。科学治理侧重于采用基于证据的方法，确保决策的合理性和有效性。主动治理要求提前预见和解决潜在问题，而不是被动响应。动态治理意味着随着环境的变化和新技术的发展，不断调整和优化治理策略和方法。这些治理理念共同作用，有助于构建一个更安全、更公平、更开放的网络空间。

第二，在推动网络空间德法协同治理中，必须构筑各方信任与合作的机制，以保证治理的有效性和持续性。随着网络技术的飞速发展，社会的信息化程度日益加深，网络已成为不可或缺的社会基础设施，这也为多主体协同治理提供了技术与实践的平台。当前，网络空间的治理要适应公共治理的发展要求，加速构建涵盖党政机关、民间组织、企业与广大网民的联动机制。这种机制的建立，依靠政策引导，更需法律支撑和文化塑造，实现从单一治理到综合治理的转变。在实践中，必须推进互信机制的构建，允许各治理主体在网络空间内部共享信息、资源，并协同解决问题。通过系统化的互动，各方能够在尊重与信任的基础上共同推动网络文明的进步。还应强化网络空间的法制建设，确保网络治理的法律框架明晰且具有可操作性，配合德治的推广和实践，形成有效的自律和他律机制。综合推进网络治理的现代化，重视并实施科学管理和技术支持，利用先进技术提高网络安全防护和监测能力，有效应对和减少网络犯罪行为。同样，加大文化引导和道德教育的力度，通过各种媒体和教育手段增强公众的网络道德意识，提升整体网络素养，推动网络空间的健康发展。这种多元协同的治理模式，有助于形成全社会共治共享的良好网络环境，促进社会主义网络文明的健康发展。

第三，在网络文明的构建中，德法协同治理体系的完善是关键。应积极整合法治与道德治理、经济激励与文化引导、行政监管与技术支持等多种治理资源，形成一个多层面、多维度的网络治理模式。这种模式需要法律的严格规范，也依赖道德的自觉遵守，还要利用经济手段调节、文化手段熏陶及行政手段监督，技术手段则提供支撑保障。通过这种全方位的治理体系，可以更有效地管理和引导网络行为，确保网络空间的清朗，促进网络文明的健康发展。一是确保网络治理的法治和道德治理并重，构建一个健全的网络法制框架，同时营造健康的网络文化氛围。通过法律与道德的互补，增强网络治理的综合效果。二是网络治理应采用多元化的方法，结合网络与现实的各类资源，实施基础性、渗透性及介入性措施，通过这种多维度的治理模式来替代单一的治理策略。三是网络空间德法协同治理还应关注网络内容的生产和传播，确保网络技术的发展与网络内容的质量同步提升。通过重构网民的网络生活日常，推广网络道德教育与法律宣传，有效应对网络道德和法治问题。这种方法不仅可以提高网络空间的道德水平和法律意识，还能够增强网络环境的公共性与共享性，使之成为促进社会和谐的有益空间。[①]

第四，在推动网络空间德法协同治理的过程中，必须确保目标和实际项目紧密对接，从而有效遏制网络失序与乱象。为此，网络文明建设的每个阶段都应明确其目标与具体项目，并确保这些项目能够实实在在地反映和支持这些目标。在治理目标方面，网络空间的管理应该找到开放性与有效性之间的平衡点，重点在于建立健全的网络伦理体系和确保网络空间的法治化。每一个治理行动都应以共同目标为导向，实现具体治理目标的高度协同。在治理项目方面，应广泛涉及国家、社会及公民层面的关键议题，包括但不限于网络主权的维护、网络社区的建设、网络用户权益的保护。网络生态的管理还应覆盖网络

---

① 杨嵘均.论道德的合技术化延伸及其网络公众性的生成[J].探索，2019（2）：171-179.

舆情、网络行为规范、违法网络行为及突发网络事件等方面，以确保所有治理活动都能有效协同并实现既定的社会效果。通过这种多层次、多领域的综合治理方法，网络文明建设可以更加有序且具有前瞻性，有效地支持网络空间的健康发展，同时确保社会大众的利益和国家的网络安全。

第五，网络空间德法协同治理，创新动力机制和健全保障及督导考核指标是关键。网络治理应围绕技术支持、制度完善和文化信仰建设三大核心支柱展开，这些因素为网络生态治理提供必要的保障。实现这一目标需要构建全面的道德体系、健全的法治框架和积极的文化氛围，同时提供必要的技术和制度支持。尤其是在制度保障方面，应形成具体可操作的网络治理规则，以及完备的监督和考核机制，确保网络治理活动的效果可评估、可追踪。这样的治理结构既可以促进网络空间的有序管理，还能够通过明确的考核指标来评价各项治理措施的执行效果，确保网络文明建设在正确的轨道上持续发展。

第五节　加强网络生态治理的行为规范

在《全国青少年网络文明公约》中，针对青少年上网行为提出的规范"要善于网上学习，不浏览不良信息；要诚实友好交流，不侮辱欺诈他人；要增强自护意识，不随意约会网友；要维护网络安全，不破坏网络秩序；要有益身心健康，不沉溺虚拟时空"，与《公民道德建设实施纲要》中所倡导的基本道德规范：爱国守法、明理诚信、团结友善、勤俭自强、敬业奉献，相互呼应。这些规范共同构成了对青少年网络行为的全面引导和规范化要求，强调了道德自律与法律规范的双重重要性，旨在培养责任感强、行为规范的网络公民。这种指导原则是网络环境中必要的行为准则，也是全社会文明进步的体现。

社会公众网络文明行为规范主要包括五个方面。第一，具备网络行为的责任意识和法律意识。网络空间，尽管具有虚拟性，但仍然反映了实际生活中的行为标准和法律界限。用户在网络中的交流、商务活动，甚至日常娱乐，都应遵循诚信和尊重的基本原则。网络中的数据和信息，尤其是涉及国家安全和商业秘密的内容，其安全性和私密性需要得到严格保护。遵守《互联网信息服务管理办法》等法律法规，对于确保网络安全、维护网络秩序具有至关重要的作用。任何违反这些规定的行为，不仅破坏了网络环境，还将面临法律的制裁。因此，增强网络使用者的法律意识和责任意识，是构建健康网络环境的关键一步。第二，具备网络行为的规范意识和安全意识。网络行为规范应基于对道德教育的实际应用，而非仅仅停留在理论上的讨论。实际中，"己所不欲，勿施于人"的原则具体反映在每个网民的日常互动中，即追求个人利益的同时，避免侵犯他人的权益。在这个基础上，网络用户的自律行为应遵循普遍接受的网络道德规范，从而形成一种保护自我和尊重他人的网络行为模式。这种模式既满足了个人需求，又减少了对他人利益的损害，进一步推动网络道德行为的正向发展。第三，具备网络空间和现实世界的心理调适能力。特别是青少年群体，在网络环境中可能会体验到人际交往、应对挫折的能力不足，甚至在现实生活中遭遇挫败后，转向虚拟世界以寻求慰藉或逃避现实的压力。为此，强化个体在两个空间中的心理平衡能力变得尤为关键。教育和引导青少年认识到网络空间的虚拟性，并学会在现实和虚拟世界间建立健康的心理调适机制，是构建网络文明的基础。通过提供正确的心理指导和建立有效的支持系统，可以帮助网民，尤其是青少年，更好地管理和表达情绪，防止网络空间成为无限制宣泄情绪的场所。第四，加强社会道德规范的学习理解。宣传和教育网民理解并运用马克思主义的世界观、人生观和价值观，是网络文明建设的重要方面。倡导和强化社会公德、职业道德、家庭美德，将传统道德教育的方法和资源应用于网络道德的塑造，以培养网民的道德自觉。这既涵盖了将社会传统道德教育转化为网民个人道德信念的内化过程，也强调了精神文明建设经验在网络空间的应用，旨在通过持续教育提升网络用户的道德标准，以实现网络行为与现实行为的道德一致性。第五，加强网络文明话语的规范使用。网络环境下，话语具有显著的社会性和传播性，尤其对青少年影响深远，他们通过网络平台表达见解、参与社会互动。网络话语的多样性和即时性，虽然提供了表达自由，但也带来了信息过载与价值观念的多样化。因此，提升青少年的话语权意识，并引导他们理解和掌握规范的网络话语使用技能，是防止负面舆情扩散、维护网络秩序的关键。通过教育增强他们对话语的选择性和批判性，可以促进更理性、更负责任的网络表达，从而形成健康的网络舆论环境。

互联网上的种种不诚信现象严重损害了诚信环境，引起社会各界广泛关注。因此，倡导与建设网络诚信，已成为全社会的共识。诚信作为中华民族的传统美德，是指个人在立身处世、人际交往中以诚实不欺、信守诺言为准则进行自律和他律的一种道德行为。要深入开展道德领域突出问题的专项教育和治理，同时加强政务诚信、商务诚信、社会诚信和司法公信建设。网络诚信已成为全社会关注的问题。

社会存在决定社会意识，社会环境对网络公众思想道德的影响很大。网络诚信问题根源在于现实社会，是现实社会诚信问题在网络社会中的延伸和体现。然而，与现实社会的诚信问题相比，网络诚信问题具有一定的特殊性，具体体现在以下几个方面：第一，网络诚信难以考核检验。在网络空间中，个体的行为展现出显著的虚拟性和匿名性。这种特性使得个体在网络中的身份和行动可以轻易隐藏，从而挑战传统的道德和信任体系。尤其是网络环境中的匿名性问题削弱了传统社会关系中基于身份和行为的诚信验证方式。第二，网络诚信缺乏舆论监督。不同于现实社会中的面对面交互，网络交往不受物理空间的限制，主要是在一个开放的社会中进行，通常涉及非熟人之间的互动。在这样的交互中，个体以匿名或半匿名的形式活动，使得现实中依靠熟人关系网进行的道德和诚信监督机制难以发挥作用。网络用户的交互往往仅通过符号和文本进行，这种沟通方式的非直接性和非个人化特征减弱了传统的社会约束力量，导致网络空间的道德建设和诚信维护主要依赖于个体的自律。第三，网络诚信需要道德自律。网络主体行为具有独特的匿名性、虚拟性，道德机制在网络公众行为中的自我监督作用减弱，从而造成网络欺骗行为。在这种情况下，倡导与建设网络诚信需要网络主体不断加强道德自律，使诚信成为网络社会的基本行为规范。只有这样，整个社会才会有序、健康地发展。

政府和媒体作为公众信息环境的主要建构者，在恪守及时、客观、基本原则的同时，应当尽可能提供相关的知识性、解释性和引导性的信息，帮助公众建立完整、清晰的社会信息环境，为公众行为提供科学的决策依据：

一是及时准确公开信息。2007年我国颁布了《中华人民共和国政府信息公开条例》，旨在保障公民、法人和其他组织依法获取政府信息，提高政府工作的透明度。因此，政府主动公开信息，通过政府公报、政府网站、新闻发布会及报刊、广播、电视等便于公众知晓的方式公开，切实保障人民群众的知情权、参与权和监督权。应对谣言，最好的方法就是政府主动发布信息。政府在搜集掌握了相关信息之后，要在第一时间，用最快捷、高效的方式将真相传递给公众，打破政府与公众之间的信息不对称。对于一些难以很快查明原因的突发事件，也不能等到所有细节都清楚了再发布信息，而是要掌握多少发布多少，多说现象，少说原因，慎下结论。信息发布要准确，一旦发布信息，就必须确保内容真实准确。不论是处理突发事件，还是常态化工作，真实准确是新闻发布的第一要素。

二是坚持正面回击和澄清。面对网络谣言，逃避和封堵都是不可

第五章
网络生态治理现代化的实践路径

取的，必须积极主动地应对，对谣言进行积极的干预。一方面，我们需要核实谣言信息。一旦出现谣言或可疑信息，要在第一时间监测，迅速进行分析研判，向主管部门求证，核实信息真伪；另一方面，要主动正面辟谣。网络辟谣要按照正面、主动的原则，用科学的方法来进行。对于网上流传的谣言信息，要结合技术分析弄清谣言传播的主渠道，确定网上信息发布、论坛发帖、博客、微博等不同的网络辟谣路径。政府要及时发布公共事务、突发事件信息，用正确的信息抵制谣言。政府在公共事务的管理及公务活动中，应及时发布政务信息，及时回复网络公众问题。针对网络谣言的传播，政府除了应当发布真实消息外，更重要的在于使这些真实的消息能够取信于民，这才是辟谣的核心要求。换言之，政府在辟谣时，绝不能仅仅满足于真实消息的发布，而更应当关注这些消息的可接受性。

  网络文明志愿者队伍的构建旨在培养一支具有坚定政治立场、优良个人品质和高级信息技术能力的团队。这些志愿者必须展现出坚定的政治信仰，深入理解马克思主义和现代社会科学理论，具备辨析社会现象的深度洞察力。同时，他们应精通网络技术，能够娴熟处理网络中的各类挑战，并在遵循网络道德和法律准则的基础上进行操作。志愿者队伍的有效运作需依赖于其成员在解决网络问题时的原则性，确保其在网络空间的积极影响。一是坚定政治立场。志愿者需展现出明确的政治立场和足够的辨识力，能够在网络事件发生时迅速并准确地进行判断，避免受到错误或误导性信息的影响，促使他们在面对网络中的复杂情形时能够保持清晰的头脑，指导和影响他人正确理解事件，增强网络环境的正面引导作用。这一原则也是确保网络交流清晰、健康的重要前提，有助于构建一个更为理性和有益的网络对话空间。二是明确任务导向。网络文明志愿者的工作任务重心在于积极推广正面信息，积极引导并参与网络讨论，确保讨论的健康与建设性。这些志愿者需致力于在网络环境中传播积极正面的声音，通过理性讨论和文明交流促进网络文明。同时，志愿者也负有抵制和反驳社会不稳定因素的责任，如需在网络上遏制和批评那些危害社会稳定或破坏民族团结的言论。他们还应提升自身的网络素养，遵守网络法律法规，保持网络环境的清洁和安全。选拔此类志愿者时，其对任务的理解与承担程度是重要的考量因素，确保每位成员都能在维护网络文明中扮演积极的角色。三是结构优化原则。网络文明志愿者队伍应贯彻结构优化原则，通过涵盖多样化的专业和背景来强化队伍的整体功能。优化志愿者结构，包括不同学科、不同技能的成员，以实现专业互补，提升团队的整体效能。

网络文明志愿者工作成效提升的途径主要有以下几个方面。

一是建立网络文明志愿者培育机制。第一，基础教育课程应普遍面向所有网络文明志愿者，确保每位成员对网络新媒体的传播特性及其背后的舆论动态都具备基本理解。这类课程应涵盖新媒体技术的应用、网络信息的流变及其对社会影响的实际案例分析，旨在让志愿者对其职责和行动目标有清晰的认识。通过这些课程的学习，志愿者将能更有效地定位自身在网络空间中的角色，从而更专业地执行其职责。第二，进阶教育课程主要定位于展现突出能力的志愿者或是担任网络宣传职务的人员，课程内容聚焦于舆情分析、信息内容的创作与发布，以及有效的辩论技巧。这种区分化的教育路径确保了各类学习需求得到满足，从知识深度到实操能力均覆盖，进而助力志愿者提升其在媒介环境中的综合素养，更好地适应和影响网络文化环境。第三，工作实训是加强志愿者团队组织能力的关键手段，它为志愿者提供了评估自己影响力的机会，并通过成果展示来确认其价值。实训的核心目标是优化志愿者在网络中传播信息的迅速性和影响力。实操中，应选取中国的传统节日或重大纪念活动作为引发讨论的节点，引导志愿者围绕这些话题进行深入交流和宣传的热情。为了精确评估这些活动的效果，应在发布后的24小时、48小时及72小时进行跟踪分析，考查志愿者反应的速度、关键词的使用频率及其传播影响的持续时间。在实训内容上，既可以设置正面话题进行正能量传播，也可以设置热点话题引导志愿者。

二是配置网络文明志愿者组织架构。优化网络文明志愿者的组织结构，将其根据个人专长和职责划分为特定的工作小组，如"社会科学研究""节日活动发声""反谣辟谣"及"数据分析"等，具体实施落地到各个小组，既方便针对性培训，也能激发志愿者的积极性和创造力，逐步提高工作的专业化水平。从信息的产生到传递再到反馈，信息处理的整个流程需要通过多功能团队来完成。首先，应设立"数据处理"和"内容创作"团队，充分利用新媒体平台特性，提升信息筛选和创造的能力。其次，为了扩大信息传播的范围，"媒介运营"和"渠道发展"团队是不可或缺的，以实现信息的快速传播和覆盖。最后，为了精准评估影响力和调整策略，"舆情监测与分析"团队将通过反馈调整传播策略，确保信息传递的效果和效率。

三是建设网络文明志愿服务新平台。微信和微博的功能特点显示，微信公众号因信息推送频率有限，不适合快速更新时事，但其高效的图文编辑能力使其成为传递定制化文化内容的有效工具，类似于定向发行的电子杂志，特别适合进行深入分析或展示多媒体内容。相对而言，微博由于文字内容的字数限制，倾向于发布简洁的信息，其快速的信息更新能力和较高的开放性使其功能近似于广播电台，非常适合于即时新闻的发布和高效的信息交流处理。这两个平台各有侧重，体现了信息传播工具在功能上的分化和专业化。科学设计两微平台的发展方案需准确把握各自的功能特性，从而有效配置网络文明志愿者资源，确保信息传播的全面覆盖与优势互补。在构建新媒介平台的过程中，建立一套完善的运营机制至关重要，包括但不限于制定详细的内容生产计划、目标受众的扩展策略、严格的信息审核流程、明确的信息推送规则以及实时的数据监测系统。建设包含有效的在线互动管理和网络文明志愿者评估体系也是提升平台竞争力的关键。通过这种方式，可以提升内容质量，还能培养用户的信息消费习惯，增强平台的社会影响力，同时也能确保志愿者团队在信息推广和社会引导中发挥最大效能。

四是重视专职管理员的培育。专职管理员在网络空间中执行规范管理，确保信息流的正向流转，推动志愿者团队朝着建设性方向发展，提升网络文明的整体质量。通过这种系统化的培养与合作，可以更好地聚焦青年力量，发挥其在网络文明建设中的积极作用。

在公共危机的舆论管理中，新媒体平台成为年轻一代表达意见的重要空间。为此，必须通过结构化的引导策略，确保信息内容的安全和传播的透明性。政府与相关监管机构需采用先进的技术和策略，强化对网络信息流的监控与指导，确保网络信息传播的秩序与安全。此举旨在优化网络信息环境，通过制定和实施详尽的网络管理规范，提升网络舆论引导的效果，同时保证信息传播的正确性和建设性，以维护社会稳定和谐。

在新媒体环境下，政府的角色和职责显得尤为关键，尤其是在内容管理和舆论引导方面。政府需制定明确的政策框架，以确保网站内容和社交媒体平台的健康运营。通过强化监管，政府应加强对网络信息流的实时监控，及时识别并处理不良信息，维护网络空间的清洁和秩序。政府还应加强与网络影响者的互动，这些网络影响力人物在舆论形成和危机管理中扮演关键角色。政府不仅要关注网络影响者可能发布的敏感性内容，还要确保他们能意识到自己行为的社会影响及法律责任，引导他们成为积极的信息传播者，推动建设性对话和正面信息的传播。有效的舆论引导和危机管理，要求政府部门在维护法律尊严的同时，积极利用其权威性资源，引导公众理性参与网络交流，促进网络环境的稳定与和谐。

在网络文明志愿者的工作中，专职管理员除了要组织和指导志愿者完成各项网络任务之外，还负责资源的合理配置和工作规则的设定。此外，专职管理员还需在队伍建设上进行价值引导，通过提供教育和训练，增强志愿者的媒介素养和价值观念。有效的管理员应具备深厚的信息技术背景，熟悉志愿服务与宣传策略，能够确保任务的科学设计与实施。他们的工作不仅限于日常管理，更包括激发志愿者的积极性和创造力，构建积极向上的工作氛围。通过这种全面而系统的管理，网络文明志愿者队伍在执行网络正能量任务时展现出高效与专业，从而维护和提升网络环境的文明程度。

第六节　加强网络生态治理的话语导向

在加强网络生态治理方面，关键在于维护正确的话语导向，特别是在涉及公共危机和公众切身利益的议题上。例如，食品安全和健康相关的误导信息，因其直接关联到每个人的生活，往往能在网络上快速获得关注。为此，网络生态的管理者需对这些关键领域的信息流进行严格监控，确保提供给公众的信息是基于科学和事实的。维护信息真实性，打击伪科学的传播，是网络治理中重要的职责。

在当今的互联网时代，网络用户的话语权得到了空前扩大。网民能够通过多种网络工具和平台进行广泛的信息交流和内容创作，这种权利通常被视为网络话语的绝对权利。它赋予用户以最大程度的自由，用以表达个人观点、分享信息和展现个性。然而，这种权利的行使需要在不违反法律和网络道德的前提下进行，即网络话语的相对权利。这种权利要求用户在表达自己时，必须考虑到法律规定、社会秩序及他人权益，体现一种自律性质的自我约束。相对权利虽具有一定的限制性，但它帮助维护了网络环境的秩序和公正。尽管如此，多数网民更倾向于利用网络空间的自由性，以满足其自我表达和个性展示的需求。

网络话语作为网络文化的核心部分，体现了网民在文化领域的表达和权利，同时也暗含政治权力的属性。这种文化权力显著地影响着社会的政治与经济领域，通过网络话语文化引发的权力效应成为一个不可忽视的因素。网络话语的力量在于其对社会实践的主导性影响，这种主导性在网络舆情的形成和流变中尤为明显。网络舆情通常是指媒体和网民通过网络对某一热点事件或公共事务进行表态，这些表态不仅反映了公众的意见和态度，还可能导向特定的社会影响和公共决策。

网络话语作为社会文化的一个显著表现形式，具有深刻的政治和文化双重属性。在虚拟空间中，这种文化权利体现为网络用户自我表达的自由，同时也反映了其在文化层面上对社会议题的影响力。此类话语权，尽管根植于个人的表达自由，却在宏观上形成了对公共政策和社会发展趋势的影响。网络舆情，作为这种权力的直接产物，通过各种网络平台广泛传播，对特定事件或公共事务产生了显著影响。它反映了公众对于当前事件的立场和观点，并且能够在一定程度上塑造社会的认知框架和行为模式。因此，网络话语不仅是个体表达的自由，更是一种具有广泛社会影响的文化现象。网络话语权力在文化层面上的双向作用显著影响着网络舆情的形态与动向。一方面，积极的文化权力体现在网民以理性和规范的方式表达观点，有效传播主流价值观和正面信息，这种行为助力于塑造健康的网络环境，引导公共舆论向建设性方向发展。这种力量可称作建设性的文化权力。另一方面，当网民采用非理性或偏离规范的表达时，可能会对社会主流价值造成冲击，甚至引发负面舆情，这种行为被称为破坏性文化权力。这种力量能够在网络世界中快速扩散，对主流文化和社会稳定构成挑战。基于此，网络话语权的文化影响是一把"双刃剑"，既有可能推动社会正向发展，也可能带来潜在的风险和挑战。

确保公众话语权的行使合理有效,关键在于构建一种具有自律性的网络话语环境。这种环境鼓励每个网民在发表意见和信息时,自觉遵守社会道德、法律和网络公序良俗。这样的话语规范既强调自由表达,更强调表达的责任感和对公共利益的考虑,以确保网络空间的健康和谐。

一是从培养道德情感视角出发,以网络文明公约和网络道德规范等形式建构自觉、自律、自省的网络话语规范。在构建网络话语规范中,道德情感的培养是基础。涉及网民在面对网络内容时的心理反应与态度选择,正如他们对网络行为的评价可能表现为赞赏或反感。通过网络文明公约和明确的网络道德规范,可以促使网民在虚拟空间中形成一种内在的、自发的道德约束力。这种道德情感的培养,不仅依赖于个人的道德认知,也需要通过公共教育和文化引导。目的在于使网民在表达和交流时,能自然而然地体现出对善良和正义的尊重,进而自觉地维护网络环境的文明与和谐。基于此,为构建自觉、自律、自省的网络话语规范,应聚焦示范性教育资源网站、主题教育平台、互动社区等核心场所,倡导网络文明公约,树立道德行为典范。通过具有教育导向的网络平台如辅导员博客、教师微博、学校社交媒体账号等,传播和强化网络道德规范,确立行为导向。同时,依托网络教育人员、宣传员等关键人群,加强网络道德教育的实施,利用其示范作用推动网络道德情感的发展。

二是为构建自觉、自律、自省的网络话语规范,应依托网络法律法规进行规范,确立网络行为的法治基础。在构建网络文明的过程中,法律法规的作用是不可或缺的。网络空间,作为现代社会的一个重要分支,同样需要遵循法治的原则。网络行为的规范化依赖于明确的法律界限,这些界限确保个体在不侵害他人权益的前提下行使自己的权利。[1]因此,强化网络法规体系是构建网络文明的基础,旨在通

---

① 马克思恩格斯文集(第1卷)[M].北京:人民出版社,2009:40.

过法律手段明确网络行为的边界。网络自律的推动，需依赖于全面且具体的法律法规，以此促进网民在网络空间的自我管理和自我约束。通过这种方式，网络道德得以具体化，成为每个网民行为判断的标准。在网络环境中，自律意识的培养成为确保网络行为符合道德与法律标准的关键因素。①网络自律意识强调个体在无外部监督的情况下，主动遵守和执行网络相关法律与规范。这种自律要求个体识别并避免参与传播不良信息，还要积极维护网络环境的正常秩序。自律的实践促使每个网民成为网络文明的维护者，通过日常的网络行为展现责任感和道德判断力，确保网络空间的健康和有序。这种从内而外的自律推动了网络环境的正向发展，减少了监管的压力，并提升了网络话语的质量。国家层面上，应通过立法强化网络行为规范，制定"国家网络法"，确立网络行为的法律基础，促进网民遵循法律规范行动。这一法律框架旨在确保网络行为的合法性，并通过上位法的权威性规范网络话语。社会和教育机构层面上，应推行如《计算机网络使用守则》及《校园网络文明公约》等涵盖技术和行为规范的规章，也着重强调网络文化的正向影响，通过中位法的形式营造积极的网络文化氛围。个体层面上，鼓励遵循《网民网络道德规范》和《网民网络违纪处理条例》，为网民提供具体的行为准则和对不当行为的纠正措施，使用下位法的形式具体化日常网络行为的指导，从而促进自我约束与责任感的增强。这三部法律与规范的相互配合，共同作用于网络环境的综合治理，形成全方位的网络自律体系。

  语言文字仍是网络平台支持公众在线交际的重要符号。从最初公众对网络语言的态度之争到当前对网络语言使用状态的热切关注，这种变化折射出网络语言已然成为重要的符号，深刻影响着现实语言的使用。

---

  ① 马克思恩格斯全集（第1卷）[M].北京：人民出版社，1995：119.

第五章 网络生态治理现代化的实践路径

加强网络文明建设是国家行政职务，同时也是互联网从业者、使用者的责任与义务。我们倡议构建网络文明，语言要先行。网络语言生态是指互联网语域中语言使用的整体状态。和谐的网络语言生态，就是网络环境中，语言及其使用呈现出的一种文明有序的整体状态。

网络语言生态建设是一项系统工程。在以言行事的网络空间中，网络语言文明至少应包括两个方面：一是用语的规范、合宜、雅正，二是交际主体行为及其体现的文明观、道德观。笔者认为，回应这两个方面的网络语言文明建设议题，应以外治内修为基本原则，积极引导网络语言生活各参与主体协同努力，推进网络语言生态和谐，助力网络文明建设。

一是外治，即对语言使用者个体之外的网络整体环境进行治理。从国家管理层面来说，顶层设计者应做好源头管理，重视并完善互联网法律法规建设，关注教育引导的可及性、警示惩罚条款的落地性。网络虚拟空间并不意味着网络是现实空间的绝对映照。网络独有的虚拟性使很多问题更趋隐匿，网络治理一直在实践中摸索与推进。互联网平台建设者和从业者，应当自觉遵守国家相关法律法规、遵从职业道德规范、维护行业生态，同时提高语言文字素养、提升从业水平。网络媒体从业者应该注意语言的选用问题，不搞标题党博眼球，尊重新闻与报道的真实性，为公众传递真实、准确的声音；同时应注重语言文字使用规范，不应以"非官方"身份降低自我要求与从业标准。所有在网络上发布的内容都具有一定的公共展示性，对受众尤其是青少年来说具有一定的示范作用，因此，若语言使用错误、失范，会给尚处于成长中的青少年带来不良影响。

二是内修，即语言使用者在网络环境中具有文明交际、规范用语的意识和实践行为，不断提升自身甄别和获取信息的能力。第一，要注重网络用语的规范。每年的汉语盘点都会梳理一年中网络流行语的使用情况。这些流行语经过筛选与甄别，体现了网络语言的活力与社会生活的热点；而每年流行于网络的用语，数量远远超过盘点出的热语数量，其中不乏错用滥用、品位欠佳的用语，虽大部分日益被淘汰，但在一定时期内还是具有不良影响。李宇明先生谈到语言规范时曾强调，"雅正""规范""纯洁"都是要树立起语言运用的典范，并以此起到对社会语言生活的"匡谬正俗"的作用。第二，要自觉抵制网络语言暴力和网络语言歧视。网络空间不是法外之地，有礼有节地进行讨论、合理文明地表达观点，不用詈语、不进行人身攻击、不公布他人隐私是每个人应自觉遵守的道德底线。第三，要从网络上的海量信息中甄别出正确信息、获取有效信息。网络谣言污染了网络生态，是网络信息通道中的有害垃圾。甄别谣言，需要提升获取和解读信息的能力。

许多社会矛盾也可能通过语言表达出来。语言反映了社会生活脉动，网络与现实双轨并行，网络文明与语言和谐对现实语言生活、社会和谐发展有着积极影响。因此，构建和谐有序、文明清朗的网络语言生态具有重要的社会意义。当前，网络作为最大的即时信息交换场域，蕴藏着巨大的经济价值和发展潜力，对社会发展和个人发展都有重要的影响。个人信息甄别与语言运用能力的差异，影响着个体获得和享受信息的红利。和谐有序、文明清朗的网络语言生态，有利于传播优质信息、减少信息污染，将信息价值发挥到极致，为网络时代个人高质量发展提供优质平台支持。

第七节 加强网络生态治理的技术创新

在当前网络治理的实践中，信息技术涵盖了从基础数据处理到复杂的系统安全管理的广泛领域，是计算机科学和通信技术的综合应用。信息技术在网络空间的运用涉及信息的采集、传输、存储、加工

第五章
网络生态治理现代化的实践路径

和输出等多个环节,是确保信息流通与网络安全的基石。网络安全技术则专注于保障信息流的安全性和完整性,包括但不限于系统安全、物理安全、网络架构以及管理层面的安全措施。这些技术旨在防范和应对网络攻击、数据泄露及其他安全威胁,保证网络空间的安全和可靠性。随着网络信息的迅速扩散和影响力的增强,舆情治理亦需依靠先进的信息技术来实施。缺乏技术支持的网络舆情治理往往效果不明显,因此必须将技术创新视为增强网络舆情治理能力的关键途径。通过不断创新和应用新技术,如大数据分析、人工智能与机器学习等,可以提高舆情分析的精确度和响应速度,从而更有效地管理和引导网络舆论,确保网络空间的健康发展。

大数据使网络为多模态符号印迹分布提供了技术支持。媒介技术迭代升级,也使"三微一端"即微博、微信、微视频和客户端以多样态出现。

一、大数据安全技术应用

构建网络舆情预警系统是现代网络治理的关键。该系统涵盖了信息采集、分类、深度分析和预警的全过程。此系统首先通过技术手段自动化采集社交媒体、新闻网站、论坛等网络平台上的大量数据,随后利用先进的数据分析技术对信息进行初步筛选和分类。细致的分析可以识别和区分敏感舆情事件,以便对潜在的社会影响进行评估。在此基础上,预警机制通过对舆情趋势的综合判断,预测其可能的发展路径,并针对不同类型的舆情设计具体的应对策略。这种处理方式包括但不限于信息的正向引导、舆论的矫正以及对关键信息的快速反应。同时,建立专门的网络舆情监控中心,配备足够的人力资源以确保系统的有效运作。监控人员需具备专业能力,能够实时监控并对舆情动态作出快速响应,有效地阻止或减轻可能对社会秩序或公共安全产生影响的信息的传播。需要注意的是,这些监控活动需要在制度、技术支持和资金保障等多方面获得充分保障，以确保舆情预警系统的持续稳定运行。

信息过滤技术作为网络安全管理的重要工具，已在多个平台得到应用，有效地隔离和管理了可能破坏社会稳定的信息。这种技术可以配置为自动识别并隔离那些潜在的破坏性言论或具有误导性的信息，确保这些内容不会进入广大网民的视野。例如，某些论坛通过实行版主审核制度，对发布的内容进行事先审查，有效隔离了恶意内容和垃圾信息。特定论坛如新华社的"发展论坛"和人民网的"强国论坛"采用了分层讨论区的模式，如设立"深水区"和"浅水区"，这样的设计旨在根据用户的浏览习惯和内容偏好提供差异化的信息访问体验。在移动互联网领域，通过部署先进的过滤算法在入口和关键节点上实施严格的信息筛选，能够有效阻止不实信息的扩散，从而保护网络环境的清朗。入侵检测系统（IDS）弥补了传统防火墙在动态防御方面的局限，通过实时监控网络活动和分析数据流，以识别潜在的不当行为或未授权的入侵尝试。这种系统通过与国家级网关同步，利用敏感信息和关键词库来执行网址和网页内容的过滤。在局域网的应用中，代理服务器充当网络流量的中介节点，承担数据过滤的角色。通过在这些服务器上部署过滤软件，网络管理员能够设定具体的网站访问权限，调整网络带宽，控制数据流量，并对网络请求进行审查，从而有效地管理局域网内部的网络安全与访问政策，确保了网络环境的完整性和安全性，防止了敏感信息的泄露和不法网络行为的发生。

一是网络舆情预警技术创新。网络舆情预警技术的创新需依赖于信息技术的广泛应用，此技术主要功能在于将经分析处理后的舆情信息提交给相关监管机构。监管机构运用预警指标体系进行信息的安全性评判，根据评判结果判断信息是否具有预警意义，进而采取适当措施，防止舆情的负面影响扩散。网络舆情预警系统应通过网络技术被整合进各级网络舆情监管部门的信息服务系统中，形成统一、规范且具有联动性的应急信息服务体系，以最大化其预警功能的效用。目前，多数论坛已经采用信息过滤技术，这些技术主要包括图像过滤、关键词过滤、名单过滤、智能过滤与模板过滤等。网络舆情的主要传播渠道包括论坛、博客及网络媒体，这些渠道大多采用动态网页形式，动态网页的结构化信息特性增加了舆情信息抽取的难度。建立自动化的网络舆情监测与分析系统，旨在识别并阻止不良或非法信息，限制网络公众的访问权限。

网络舆情预警体系极为关键，有助于实现对网络动态的及时监控。政府部门关于舆情预警机制的建立，能够有针对性地进行网络监管，实现敏感信息的快速发现与上报。这样的系统使得信息能被及时公开，政府便可主动倾听社会声音，解决民众困扰，消减负面信息的扩散。在执行中，政府的电子政务部门需持续监视关键社区论坛，派遣专职人员进行实时监控，确保问题在初期即被发现并处理。网络舆情的预警人员需具备敏锐的政治洞察力，以便能够做到问题的早期识别与解决。政府在处理网络舆情时需展现灵活性与针对性。仅仅依赖预警机制是不足的，政府应对可能的危机进行深入分析，制定详尽的应对预案，确保在群体性事件发生时，能迅速调动所需的人力、物资和技术资源进行有效应对。

二是网络舆情处理技术创新。网络舆情处理技术的创新关注于信息技术的核心应用：清理与过滤原始数据，转化为格式化信息以供进一步的处理。此技术使得数据经过分类筛选后，能够就作者、内容、标题及主题等进行识别与预处理。该技术支持对网络舆情信息的综合监测与记录，确保信息的全面性、及时性及准确性。在网络舆情监测方面，技术应用于特定论坛或博客，对其中的热门帖子进行数据监测与分析，包括回帖数量的排序与记录，同时获取信息发布者的详细数据。新闻网页的处理则依赖于页面间链接的关系，自动搜寻与跟踪敏感信息。一旦系统识别出包含不良或非法内容的信息，应立即启动过滤或控制程序。这些技术在提供数据支持的同时,也为政府部门在决策时提供了参考,确保能针对网络舆情制定广泛接受的解决方案。此种技术的应用旨在优化信息流的管理,增强网络环境的正面影响,维护公众信息安全。

信息安全的本质在于防护信息系统或网络资源,避免其受到各种干扰、威胁或破坏。此问题受到广泛关注,被视为国家安全战略的关键组成部分。信息安全面临的威胁多样,包括信息泄露、假冒、非授权控制、侵犯权限、陷阱门问题、病毒攻击、媒体废弃及信息窃取等。网络信息安全专注于防止网络系统的硬件设备、软件程序及其系统数据受到未经授权的使用或访问,防止数据因偶然或恶意的因素被修改、泄露或破坏。确保网络服务的连续运行也是其核心任务,以保证信息的保密性、可用性、完整性及可靠性。在此背景下,网络信息技术的安全措施不仅确保了信息载体的安全,同时也保障了信息的安全,促进网络系统的稳定运行。

第一,采取数据加密技术。数据加密技术主要是通过移位和置换算法对基于符号的数据进行处理,包括对称密钥密码技术和非对称密钥密码技术。该技术广泛应用于开放网络环境中,主要用于动态信息的保护,有效阻止被动攻击,降低关键信息的篡改和盗窃风险。

第二,采取控制访问技术。控制访问技术在系统安全中发挥关键作用,通过截获并控制系统调用,实现对网络资源的保护。此技术基于身份识别,对资源访问请求进行严格控制,主要目的是防止网络资源被非法使用或访问。通过设置访问限制,确保只有授权的主体才能接触到敏感或关键的网络资源。

第三,采取防火墙技术。防火墙技术是维护网络信息载体安全的关键手段,它通过在内部和外部网络之间设立过滤封锁机制,来确保网络的安全性。这种技术根据功能和应用的不同,可以细分为几种类型:数据包过滤防火墙、应用网关防火墙和代理型防火墙。数据包过滤防火墙是网络的首道防线，具有处理速度快、易于维护的特点。它通过预设的过滤逻辑来检查流经的每个数据包，依据数据包的源地址、目标地址及使用的端口来决定是否允许数据包通过。应用级网关防火墙在网络应用层执行协议过滤和转发，通常部署在专用工作站上。该防火墙针对特定网络应用服务的协议进行操作，实施数据过滤，并对数据包进行分析、记录和统计，以生成详细报告。代理型防火墙，也称为链路级网关或 TCP 通道，是为了弥补数据包过滤与应用网关技术的不足而发展的。这种防火墙技术提供了更为深入的数据处理和安全控制，确保数据传输过程中的高级安全。

第四，采取网络入侵检测技术。网络入侵检测技术是信息安全的重要组成部分，根据检测目标和方法的不同，可以分为多种系统。其中包括基于主机的系统，旨在保护单个主机免受网络攻击；基于网络的系统，这类系统通常独立部署于特定网络，利用网络数据包作为分析攻击行为的基础，通过网络适配器实时监控和分析网络传输中的所有数据；以及基于内核的系统，这类系统通过实施多项安全措施，如防止缓冲区溢出和增强文件系统的保护，来提升系统的整体防御能力，从而加大潜在入侵者破坏系统的难度。

随着网络政治生态、经济结构和社会文化的深刻变革，网络已成为公众获取信息和交流的核心平台。网络空间的广泛应用虽然便捷了人们的生活，但也加剧了信息安全的风险。网络犯罪的频发使得信息安全的问题日益突出，进一步显现出采用先进网络安全技术的必要性。对于网络安全技术的发展与应用，多级别与多层次的网民鉴别技术管理体系构建显得尤为关键。这种体系在源头上对网民进行安全评估，确保信息流通的初步安全。加密技术的应用同样不可或缺，这种技术能有效保护信息数据，避免数据泄露或被恶意窃取。此外，网络安全软件的开发和部署对于保障网络空间的安全运行也起着决定性作用。深度包检测（DPI）技术等工具能够对数据包进行详尽的检查与控制，确保数据在网络中的传输与分配过程受到妥善管理。这些高级技术的集成与应用有助于维护一个健康的网络环境。

在全球信息化快速发展的背景下，信息安全和信息传播的控制成为构建有效话语权的关键。

一是国家必须推动数据发展的全面规划，增强本地数据库的构建及开放性，以减轻对外部数据库的依赖。顶层设计应依托国家战略性数据资源库，精确整合社会资源，发展全国范围的大数据中心和数据收集、汇总、应用机制。鉴于数据的战略性基础作用，推进数据强国的建设和数据统一开放平台的搭建显得尤为关键。公共数据资源的开放应优先覆盖交通、医疗及教育等关键领域，以促进数据资源的广泛利用和管理效率的提升。数据开放作为当前的发展必然趋势，是实现广泛数据共享的关键前提。在确保安全和风险可控的基础上，鼓励社会、企业与个人等各类数据持有者尽可能公开其数据资源，以此增强数据的流动性和公众的可访问性。此举有助于构建全国范围内的信息交流网络平台，并且通过提升数据自给能力，还能够有效减轻对西方数据库的依赖，避免通过数据平台进行的外部意识形态渗透。同时，这种数据的开放性和流动性增强，也为党的主流意识形态在网络空间的传播提供了坚实的支撑和广泛的传播渠道。

二是加快大数据安全化研究，制定数据安全标准。加快大数据安全化的研究与数据安全标准的制定，对于大数据行业的健康和有序发展至关重要。在大数据技术迅速演进的背景下，建立健全的数据安全标准显得尤为迫切。国内在此领域的工作呈现稳步推进的态势。2017年，国家信息安全标准化技术委员会发布《大数据安全标准化白皮书》，该文件进一步明确了大数据安全标准化的体系框架，并对安全标准的关键工作进行了清晰的规划，提出了实施大数据安全标准化工作的多项建议。这些进展表明，大数据安全化研究在国内已有清晰的发展方向，其成果对于国内大数据的信息安全构筑了坚实的基础，促进了大数据应用的安全高效利用，并为整个数据行业的规范发展提供了重要的技术支撑与理论依据。

三是加强法制建设，确保数据应用安全。政府相关部门需对大数据产业的法律法规进行系统构建，形成完善的监督管理体系。必须明确大数据舆情的应用目的、使用方式及范围的法律规范。在大数据法规中应重视个人隐私权的保护，如在行政许可法和网络安全法中纳入个人数据的收集与使用许可制度。利用大数据交易平台，结合适宜的政府监管措施与信息技术手段，可设定合理的数据使用规则，并明确数据主体的权利。包括确保数据主体的消除权、撤销权与损害赔偿权等权利的有效行使，从而支持意识形态工作部门在网络空间构建话语权的公信力，增强意识形态话语体系的传播效力。在法制与标准的完善之外，深入研究大数据环境下的网络安全问题和基于大数据的网络安全技术也显得尤为关键。实施信息安全等级保护和风险评估等网络安全体制，为解决信息安全问题提供了必要的技术和制度保障。

四是加强数据人才队伍的建设，提升网络空间意识形态话语体系传播针对性。数据本身虽然不直接产生价值，但价值却产生于数据的分析、开发、整合与利用过程中。大数据环境下的信息多元化与来源多样化，可能导致信息的不准确性，进而影响舆论导向的正确性。为了提升意识形态工作的预测精准度和决策合理性，以及增强话语体系的传播针对性，需培养能够精准鉴别数据真伪的专业人才，并使他们能够运用高效的分析方法和模型，对数据进行深入分析，形成决策支持的报告。强化大数据在网络空间意识形态相关领域的人才培养，建设具备专业技能的网络意识形态舆情监测与分析研判队伍，对于增强意识形态话语体系的传播针对性具有显著效益。

在互联网时代，培育社会主义核心价值观确实面临诸多挑战，尽管如此，仍需要坚持问题导向并勇于面对现实，可为解决这些难题开辟途径。利用大数据与社会主义核心价值观的培养之间存在潜在的互利关系，可以促进中国文化软实力的持续增强。

一是运用大数据思维创新价值观培育理念。大数据技术的应用已经引领了一个新的科学革命，这一革命在自然科学与社会科学领域均展现出明显的影响力。计算作为科学研究的一个核心组成部分，不再仅仅是辅助工具，而是成为推动科学发展的关键力量。这种变革体现在大数据使科学研究从追求简单性科学转向探索更为复杂的科学问题。在此背景下，大数据重塑了科学方法，也提供了新的视角和工具来处理社会科学中的复杂问题，如社会主义核心价值观的培育。该领域涉及群体构成的多样性、群体行为的复杂性以及对核心价值观的认知与认同等多重因素，均需借助复杂性思维来进行深入分析和有效管理。这种复杂性思维本质上是对大数据条件下信息处理的适应，它要求在理解和分析社会文化现象时，能够整合并应对庞大和多元的数据资源。在大数据推动下，社会主义核心价值观的培育应当充分利用现代信息技术，优化认知结构与行为模式的研究，从而有效提升文化理念的普及率。在现代信息科技的支持下，社会主义核心价值观的培育面临新的数据处理和分析环境。互联网、微信、微博等平台产生的数据不是静态的或简单的因果关系结构，而是展现了网民在网络环境中实时互动、学习、生活的动态实况。这些动态数据的收集与分析虽然具有一定难度，但处理后能较真实地反映公众行为和意识形态的变迁。在大数据时代，传统的数据采集和分析方法，如随机抽样等，可能不足以全面反映复杂的社会现象。相反，利用先进的数据采集技术，可以实时获取大量的即时数据。这些数据通过云计算和云存储的支持，实现了即时处理，几乎没有时间滞后。①对社会主义核心价值观的培育研究来说，大数据提供了一个全面收集和分析的新视角，使得研究可以覆盖更广泛的数据集，即所有收集到的数据均为研

---

① 黄欣荣.大数据时代的思维变革［J］.重庆理工大学学报（社会科学），2014（5）：6.

究对象,理论上"样本等于总体"。这种全面的数据分析支持了对社会主义核心价值观内在规律的深入理解,从而推动理念的不断创新和发展。

二是构建云计算的价值观信息数据系统。在新时代的信息科技环境下,构建一个能够满足存储、决策及分析需求的云计算价值观信息数据系统尤为重要。为此,需要开发一个专门的云平台,该平台应具备高容量存储功能,能够处理 TB 至 PB 乃至 ZB 级别的数据。这样的系统能够快速分析公众活动数据,并支持对数据进行低延迟访问,以便及时作出决策。云计算平台以其动态扩展性、虚拟化资源和按需服务的特性,为价值观数据提供了一个理想的存储和分析环境。这种技术框架允许资源共享,使得数据处理变得更加高效,同时也降低了运营成本。借助此类平台,可以实现对大规模数据的结构化、半结构化及非结构化分析,解决了传统方法在数据存储容量和分析速度上的局限问题。该平台的实施将促进对社会主义核心价值观数据的深度挖掘,从而更有效地揭示这些数据的内在价值。这种深入的数据分析既可以提高信息的处理效率,也能够为社会主义核心价值观的研究与推广提供了坚实的技术支持。

云计算技术在现代信息技术架构中扮演着核心角色,主要由三种技术支撑:虚拟化技术、分布式数据存储技术和海量数据处理技术。[①]虚拟化技术支持动态配置资源,为网民和研究者提供了灵活的硬件资源环境。此技术允许多种计算资源(如服务器、存储和网络)的抽象化,进而优化整体资源利用率,形成动态的 IT 基础设施。分布式数据存储技术通过联合多台服务器的存储能力,解决了单台服务器在数据容量和访问速度上的限制。该技术包括分布式文件系统、对象存储

---

① 魏祥健.云计算环境下的云审计系统设计与风险控制[J].会计之友,2015(1):101-105.

系统和数据库技术，旨在提高数据访问效率及扩展性。海量数据处理技术是云计算的另一支柱，允许对大规模数据集进行有效管理和分析，支持数据的高速处理和复杂查询。云计算平台依托这些技术，为社会主义核心价值观的培育提供了持续的技术支持和创新动力。在这个框架中，数据的存储、传输和安全得以通过云计算的协同和共享机制得到保障，确保了社会主义核心价值观培育信息系统的安全性和可靠性。

三是健全价值观信息汇集与分析机制。社会主义核心价值观的培育依赖于高效的信息汇集与分析机制。第一，破除数据壁垒，实现信息的集中处理和协作分析，以确保对社会主义核心价值观培育方向的准确把握。该系统应具备高效灵活并持续创新的能力，以维护其操作的畅通和稳定。第二，加强信息研判和预警机制。由于社会主义核心价值观的展现通常具有复杂性和不断变化的特点，尤其是公众关注的热点问题的快速变动和扩散性，这要求依托大数据分析来建立系统化和协同性的预警系统。这种系统能够及时发现和分析趋势性、群体性和普遍性的现象，实现问题的早期识别和预防。第三，需建立一套有效的对接机制，将大数据分析与社会主义核心价值观的培育工作紧密结合。这一机制应加强数据收集与分析的力度，并确保这些分析结果能够为价值观的培育引导提供准确的方向。同时，网络媒体在这一过程中扮演着关键角色，其负责人需确保信息的正确传达，为价值观培育提供坚实的支持。

四是建构价值观大数据资源信息库。社会主义核心价值观的培育在国家层面、社会层面、个人层面都有所侧重。在当代信息社会，人际交流的模式已从传统的面对面交流转变为非直接和虚拟的互动。因此，道德意识和认知也必须适应这种转变，从实体世界延伸至网络虚拟空间。在这个过程中，信息主体应当在缺乏外在规范和约束的环境中，自发地遵循正确的道德及法律规范，自主确定其价值坐标并实践社会主义核心价值观。网络环境中的行为规范，应以信息伦理为核心，强调无害、公平、尊重及发展的基本原则。通过增强个体的道德自律，可在国家与社会层面上维系和提升核心价值观。这种自律不仅促进了个人道德的成长，也对整个社会的道德体系和价值观的培育产生了积极影响。这种自主的伦理实践为网络社会的健康发展提供了支持，确保了信息交流的道德和法律标准得到遵守。

大数据技术为社会主义核心价值观的培养提供了新的视角和工具。在这一过程中，理论认知、情感态度、意志决定、行为实践四个环节紧密相连，共同推动价值观的深层发展和实践。这种从表层到深层的发展过程，最终导致价值观的内化和外化。通过大数据的应用，可以揭示出影响价值观培育的多种因素和内在规律，从而提高这一过程的科学性和效率。大数据帮助识别和分析这些影响因素，优化价值观培育的途径，使其更加符合现代社会的发展需求。这种数据驱动的方法加强了对社会动态和个体行为的理解，从而更有效地支持了社会主义核心价值观的培育工作。

第一，大数据的连接功能，是影响社会主义核心价值观培养的基础。在对自然界、人类历史及精神活动的细致考察中，展现的是一个由无尽相互作用和联系构成的动态画面。在这个画面中，无一事物是静止不变的，一切均处于不断地运动与变化之中。这种普遍的联系揭示了世界的本质状态，是大数据在影响社会主义核心价值观形成中发挥作用的基础。价值观作为价值意识的集中体现，不仅系统化、理论化，而且还具备普遍性与高度的抽象性。[①] 它根植于非理性的价值意识与基本的理性价值认识之上，涵盖了欲望、情感、兴趣、意志等多个层面。尽管这些元素表现出某种隐蔽性与不稳定性，但它们却影响着价值观的塑造过程，是价值观培育中不可或缺的考量要素。大

---

① 盛春辉.从价值观形成的规律看价值观教育[J].求索，2003（4）：4.

数据通过其独特的连接能力，使其从多个不同来源的海量信息中洞察价值取向成为可能。平台如百度、阿里和微信等，分别在不同的维度连接了信息、商品与人际互动，展现了大数据的基本功能。这种技术促进了信息的获取和流通，加深了对个体及群体价值观状态的理解。例如，图书馆的借阅记录和网络页面的访问数据可以反映出个体的阅读兴趣和知识追求；宿舍的出入记录和运动平台的活动数据提供了生活习惯的直观证据；社交软件的使用频率和登录时长则透露了人际交往的偏好和社交活动的强度；食堂和在线购物的消费记录可以反映家庭的经济水平和消费倾向。这些数据的综合分析既可以揭示个体的行为模式，还能深入探索背后的价值导向，将原本不易观察的价值观显化，从而为青少年价值观的培养提供科学依据。因此大数据在现代社会中是一种信息的聚合工具，更是理解和塑造社会价值观的关键技术。

第二，大数据的反馈功能对社会主义核心价值观的培养起到了关键作用。这一功能并不局限于将数据连接起来，而是通过数据的综合分析揭示社会行为的内在规律和本质。社会规律与自然规律不同，前者是在人类有意识活动中形成的，体现了人的社会行动的规律性，这些规律在人的社会活动中显现出来，反映了现象的本质和未来的必然趋势。在大数据的帮助下，日常生活中看似难以关联的行为和社会现象通过数据被连接在一起，展示出其复杂性。通过构建数据库、开发数据分析工具，研究者能够揭示未知的走势和关键的驱动因素，识别异常现象，并分析数据间的相关性。这一过程揭示了隐藏在数据背后的社会关系的深层次本质。在培养社会主义核心价值观的过程中，从认知到认同，再到内化和外化，对社会行为规律的理解都显得至关重要。大数据提供的洞察力强化了这些价值观的培育工作，使之不仅基于理论推导，而且建立在对实际社会动态的深入分析之上。这种基于数据的反馈机制，加深了对社会主义核心价值观如何在实际中生效的理解，为这些价值观的更有效培育和实践提供了科学依据。

第三，大数据的预测功能影响着社会主义核心价值观培养的路径。大数据的预测功能依赖于大量数据的挖掘和模型的建立，通过分析和识别数据中的关联性，支持决策者制定和选择决策方案。大数据通过识别和应用数据中的规律，揭示现象的本质，预测未来发展趋势。在互联网时代，数据模型能够反映社会的实际状况，为核心价值观的培养提供了重要的信息基础。由于大数据的动态性和高速传播特性，它能够实时提供各个实施环节后的效果反馈，为进一步的计划执行和决策调整提供及时、充分的信息支持。这种功能使得大数据在成为信息收集工具的基础上，更是成为优化和精确核心价值观培养策略的关键技术。为此，大数据的预测能力在社会主义核心价值观的培育过程中可以使得培养方案可以更加科学地适应社会变化和个体需求。这样的技术应用，加强了对价值观培育效果的即时评估和对未来方向的预测，从而确保了培养工作的针对性和效率。

二、微博创新网络活动空间

微博作为一种基于网络的公共交流平台，用户能够通过简洁的图文更新来分享信息。这一平台利用网络技术，允许用户建立个人社区并进行即时信息分享。与传统博客相比，微博的内容通常由简短的文字和图片组成，使得用户无须复杂的技术知识即可快速获取信息。这种形式的简便性为广大网络用户提供了快速交流的机会，降低了参与门槛。就信息发送的便捷性而言，微博又被称为即时博客。微博极大地改变了人们的信息获取和分享方式。通过其独特的平台结构，信息传递更为迅速和广泛，展示了其强大的影响力和生命力。微博也因此扮演了网络世界的黑马角色，成为新时代的媒体新宠。随着微博在中国的迅速发展，2011年以来，官方微博已逐渐成为党和国家开展政务工作重要的网络工具。微博已经走进了很多人的生活，同时也走进了政治生活。官方微博是公民参政议政、政府倾听民意的重要工具，官方微博能够更好地发现公众的需求，了解公众的观点和态度，倾听公众的愿望和心声。这是参政议政方式适应微博时代的必然要求。官方微博在短时间内形成如此规模，与党的正确领导、政府的大力支持密不可分，同时也得益于互联网业界和社会各界的支持。我国官方微博已发展为网络舆论的主流平台，成为汇聚民智民力、展示政府形象的新阵地。

官方微博主要任务为：一是发布信息。包括但不限于政务动态、宣传教育、服务社会及舆论引导等领域。通过这一平台，相关部门能够及时发布涉及本地区或本单位的各类公开信息，无论是自行采编还是转载媒体报道。这些信息涵盖推动中心工作和业务职能的宣传教育内容，还包括服务民生的各类实用信息及在突发事件和谣言出现时提供的权威澄清，以正确引导公众意见。此外，官方微博每日至少更新一次，通过图文视频等多种媒介形式丰富内容表现，确保信息的有效传达。在发布信息时，还需注意使用平易近人的语言和维护平等的沟通方式，这有助于增强信息的接受度并维护官方形象的专业性与权威性。二是回复评论。对于网络公众发表的一般性评论可给予礼貌性回复；对于网络公众发表的建设性意见可给予鼓励；对于网络公众发表的恶意言论可不予理睬，甚至删除。在回复评论时要真诚平等，与公众平等交流、虚心倾听民声，不发表与官方身份不符的言论；要提高时效性，回复网络公众的评论要及时。三是征集民意。该平台通过吸引公众参与，以受欢迎的方式征询公众关于关键工作的意见，有效地掌握民情，从而提升科学执政的能力。这种互动确保了政府工作的透明度和为群众服务的质量，同时提高了政府的执政水平。同时，官方微博积极分析并回应公众的诉求，致力于问题的有效解决。这体现了微博平台的权威性和实用性。为了更精准地响应民意，相关单位应持续监控微博上的公众反馈，包括回复私信，以此分析并理解群众的需求和期望。对于一些群众集中反映强烈的问题，努力在实际工作中加以解决，然后再到官方微博中发布，不断提高社会公众对政府的满意度。如今微博已经成为最重要的舆论场。

微博作为信息传播和公众讨论的平台，已经改变了传统的媒体报道结构，特别是在话语权的分配和影响力上。传统主流媒体曾在信息传播领域占据主导地位，而现在，微博的广泛用户基础使其成为一个重要的信息源。尤其在重大突发事件报道上，微博往往能够提供更快速和全面的覆盖，其日更新量巨大，这使得舆论的焦点和讨论的热点逐渐向微博平台倾斜。微博上的网络影响者正逐渐分享并拓展原本由传统媒体掌握的话语权，这反映了网络舆论的影响力，也显示了微博在形塑公共议题和主流价值观方面的潜力。因此，对于政府而言，应主动使用微博，通过官方微博的运用，政府可以更直接地与公众沟通，有效地传递和弘扬主流价值观，同时在舆论的多元化环境中维持话语的影响力和权威性。在微博这个日益成为中国最活跃的舆论场的背景下，政府的参与是对新媒体环境的适应，也是一个战略举措，以确保在快速变化的信息环境中保持适当的引导和正面的信息传播。

官方微博就是利用新的信息化手段武装政府，推进政府工作的媒介，是现代网络和政府的完美结合。在建设服务型政府中，官方微博起至关重要的作用，政府及政府部门要善于运用官方微博，架起一座与网络公众乃至网上社团沟通的桥梁。既要加强对官方微博的规划和管理，也要善于利用官方微博与普通群众进行交流，发挥官方微博服务社会的积极作用，推动互联网健康有序发展，提高社会管理水平。善用官方微博，不仅可以更快更多地发布政情、民生信息，而且还能搭建服务平台、化解舆情危机、传播城市形象。微博既是政府与社会公众的沟通平台，也是提高政府办公能力和执政水平的重要工具，更是建设学习型政府的主要途径。当前，微博对经济社会发展产生越来越特殊的影响。政府应该善于使用微博。政府作为社会管理者，承担着引导公众实现国家经济发展、社会进步、民族复兴的历史使命。因此，我们必须紧跟社会发展的步伐，认真学习，不断提高自身的微博运用能力和素养，以便更好地服务群众。

加强和创新社会管理也成为政府面临的重大时代课题。借助互联网可以畅通公众的利益表达通道，促进政务工作的创新与改革，化解基层一些社会矛盾。官方微博是互联网发展与政务工作创新的实际运用，可以促进政务工作改革与社会管理创新，真正使政府和公众互动，"打捞"公众"沉没的声音"。官方微博作为一种新型的网络载体，能够使政府通过网络互动沟通，唤醒公众的理性表达和有序参与，以对话形式倾听民意；能够化解民怨，疏通和激活社会管理体制与机制，让社会在和谐健康的环境中实现发展目标。

官方微博对社会沟通的创新，主要体现在以下几个方面：一是公开透明。公众的基本要求就是公开，满足公众的知情权。透明度的增强有助于提升公众对政府决策的理解和支持。公开实质上也是一种改革，这种改革风险小，成本低，易于接受。公开二字有利于解决长期困扰我们的体制性问题。所以，官方微博对党务、政务公开来说是一大进步。二是服务当头。社会管理创新就是要变管理为服务，这种转变意味着官方微博除了发布信息之外，还需主动解决公众的具体问题，响应社会需求。公众诉求的及时处理成为官方微博的一项基本功能，体现了服务导向的治理理念。三是群众路线。社会管理说到底就是做群众工作、社会工作。微博里藏龙卧虎，群众中有很多智慧和真知灼见，任何时候都不能忽视公众智慧。所以，官方微博应该问情于民，使决策更加贴近公众的期盼。四是体现良性互动。良性互动是社会管理的基础，也是官方微博的灵魂。善于从微博里体察民意，倾听公众声音。通过与公众的持续互动，官方微博有助于政府及时发现并纠正自身的不足，有效消除误解，促进社会共识的形成。这种互动进程加强了政府与公众之间的联系，有助于提升政府形象，增强政府的公信力。该平台还使政府能更好地理解和满足公众的需求，增进双方的理解和信任。其作用显著表现在如下几个方面。

一是弘扬社会正气，改进工作风气。官方微博有益于科学理论普及、先进文化传播、社会正义弘扬。推进官方微博内容建设，积极运用微博拓展联系服务群众的渠道和手段，不断改进工作方式，为社会公众提供更多实用信息，丰富信息服务内容，满足公众多样化多层次的精神文化需求。

二是抢占话语权，发布权威信息。通过官方微博，政府能够确保在信息传播中占据主导地位，及时向公众提供最权威的消息，让公众能第一时间接触到重要信息，也有助于增加政府工作的透明度，从而赢得公众的支持和理解。

三是及时回应问题，强化受众认同。官方微博通过对公众关注的紧急事件、热点议题和敏感事项进行及时的沟通反馈，增强与网络用户的互动，快速解答公众疑问，促进了政府形象的正面构建，加深了公众的理解与支持。通过互动，官方微博既可以有效地强化受众的认同感，还能够提升政府在公众心中的信任度和接受度。特别是一些影响面较大的社会事件，善于利用微博及时回应网络公众关注的疑点、难点和热点，主动发布信息，积极引导舆情走向，让人们及时了解情况，获得网络公众支持。

四是强化互动交流，增进信任理解。官方微博作为政府与公众沟通的桥梁，极大地促进了信息的对称性，这对于社会的良性发展至关重要。通过这一平台，政府能够更直接地触及基层，深入了解社会心理和存在的矛盾，同时也让公众直接感受到被尊重和理解。在官方微博的帮助下，政府与公众的互动不局限于信息的单向传播，更包括意见的双向交流，这有助于增强双方的理解和情感联系。官方微博还是政府塑造亲民、服务型形象的重要工具。通过活跃的在线互动，政府能够积累人气，赢得公众的信任与支持。这种互动是新时代政府构建网络空间公共关系的有效方式，增强了政府的透明度，也提升了公共服务的质量和效率。

五是快速澄清真相，化解舆论危机。对于一些有意无意或者别有用心的人散布传播不实信息，制造网络舆情危机的行为，政府一定要善于在危机时刻把握话语权，化解舆论危机，实现管网治网成效。

六是接受公众监督，构建社会公信。通过微博的功能，政府在网络空间的问政和民主参与得到了加强，为公众提供了有效监督政府行为的途径。微博作为信息传播的工具，也是政府提高透明度和问责制的重要平台。在这个开放的环境中，政府行动和决策过程都受到公众和媒体的持续监督，从而提高了政府工作的透明度并促进了事件的快速解决。微博平台的运用也极大地提高了政府服务的效能，通过直接的反馈和互动，政府能够及时调整和优化其服务策略。这种公开的沟通机制不仅提高了公众对政府工作的满意度，还强化了政府在公共管理中的责任感。

政府在发布官方微博时需要把握以下几项技术要领：一是发布内容要具体而有针对性。微博字数有限，因此，内容不宜大而全，更不宜空洞无物。官方微博应该更加突出具体性、针对性。这样会产生更好的沟通效果。二是信息发布要区别对待，形式灵活。在官方微博的内容发布中，不同类型的信息应采用不同的呈现方式。对于需要展现权威性和专业性的信息，应通过原创内容进行发布，确保信息的准确性和权威性，而对于更广泛的公众话题，则可以采用转发并配以适当评论的形式，这样既保持了话题的连贯性，又能增加互动性，提升公众的参与度。三是话语要注重真诚平等。官方微博不同于官方文件，因此，发布信息要注意语言的平民化，避免使用教训人的语言，否则会适得其反。对于某些政府的告示、通知和文件，发布之时不宜原文照搬，应以通俗易懂的话语和风格发布在微博平台。四是注重微博的图文搭配。官方微博的发布方式要适应网络平台的特点。有效地结合图片和视频资源提升公众的参与度和关注度。通过在发布的文字消息中加入相关的音像视频内容，可以吸引网络公众的关注，提高转发量。五是根据微博使用节奏适时更新。官方微博应积极利用高峰时段，协调好每天的原创、转发数量，适时更新，以达到较好的转发效果，扩大官方微博的吸引力。六是强化民意，把握微博舆情。官方微博运营中需体现高度的风险意识，根据部门特征和具体情形预测公众反应，进行有效的防范与引导。在处理可能引起争议的话题时，官方微博应采取及时且有策略的回应方式。保障公共讨论空间的积极参与，防止话语权的流失，同时也能迅速对质疑进行澄清，有效解决潜在的社会矛盾。七是针对突发事件设立专门账户。设立专门的微博账户来处理突发事件，可提高信息处理的专业性和针对性，使得相关信息更易于被网络公众检索和分享，从而加快信息的传播速度。在公共危机或自然灾害发生时，这些专门账户能够快速发布相关的援助和进展信息，帮助政府有效管理和引导网络舆论，确保公众获得及时、准确的信息。八是配备专人负责监控管理。官方微博配备专门人手，设岗值班，监控情况，管理微博平台，与网络公众进行及时、真实、平等的互动沟通。九是理性对待杂音质疑。加强对官方微博人员的相关理论和技术培训。

三、微信拓展网络活动领域

微信作为一种多功能的通信工具，能够传递语音、文字、表情、图片、视频、地理位置等多种信息，同时支持视频聊天，因此受到了广泛的欢迎和使用。其特点是沟通方式更有针对性，更精准有效。官方微信特有功能主要包括：一是微信公众平台的关键字回复功能，使得网络问政可以实现即时回应。管理员只需在后台数据库中设置相应的关键字，官方微信即可自动根据公众提问的关键词进行回复，同时还支持管理员进行个别的人工回复，从而增强与公众之间的互动性和亲密性。这种新的传播方式和理念对政务信息发布平台具有革命性意义,有助于拓展网络问政的广度和深度,丰富获取政务信息的途径,提高行政效率。二是微信作为新的技术手段,拉近了政府与公众之间的距离。通过推送图片、视频等多媒体信息,有效传达交通路况、天气预警等重要信息,使市民能够及时了解和应对突发情况,提升了信息传递的效率和时效性。微信平台替代了传统政府服务窗口的部分功能,如咨询服务,极大地节省了人力和财力成本,同时提高了服务效率。此外,通过微信,政府部门能够更直接地与市民进行互动,收集民意、解答疑问,形成了一种便捷而高效的官民对话模式。三是由于微信网络公众体验已远胜于传统的短信和彩信。微信的社会化传播功能极大地丰富了政府与公众之间的互动方式。市民可以通过微信快速报警、求助、咨询和投诉,政府能够实时响应和解决问题,提升服务的响应速度和效率。官方微信作为新兴信息交互平台,可充分发挥其传播舆情、沟通便捷、使用方便等优势,有效拓展政府信息公开渠道,推动新时期政府信息公开工作的深入发展。

官方微信问政的作用主要包括:一是抢占舆论阵地。信息网络技术的发展与国内微信网络公众的激增,使微信成为重要的舆论阵地。传播模式的分散化与多渠道,微信平台的立体化功能,都使微信成为各种舆情的滋生土壤。官方微信在全面推进全媒体战略的基础上,应不断扩展网络问政的覆盖面和深度,以多样化的方式丰富获取社情民意的途径。通过及时回应市民关切、解决问题,政府能有效提升在网络舆论阵地上的影响力和公信力,有助于塑造政府的良好形象和威信,还能够支持政府在舆论场上占据和巩固重要的位置,确保公众对政府工作的理解和支持。二是提升政务信息辐射力。微信朋友圈因具有人际关系的扩张功能,成为公众最有价值的沟通工具。官方微信对提高政务信息受众面和辐射范围具有很大的帮助。三是提升政务信息传送的有效性。官方微信发布的信息比其他渠道更具有精确性,公众和网络舆论的认可度也更高,对提升政府的公信力具有促进作用。此外,微信的优势还在于参与的熟人更多。特别是在应对突发事件中,官方微信的及时介入,可以为政府赢得舆情控制的关键时间。当前官方微信发展的关键是围绕中心工作,与官网、微博等深入结合,利用其特有的强大功能,发挥出正面积极的作用。作为政府,应当在政务事业发展中更好地发挥微信的信息平台和价值引导作用,在互联网时代打造出一个最新的全媒体政务传播与服务平台,在政府与社会公众之间搭建起交流互动的新桥梁。

移动社交的快速发展刺激了微信公众号的大幅增长。在突发公共事件与社会热点话题中,微信成为一种广泛使用和备受欢迎的新型媒体,其对社会舆论格局产生的杠杆效应,势必推动政府、主流媒体争先入驻,以占领这一建立网络公信力的移动舆论场。随着官方微博的快速发展,其已成为网络公众获取信息的主要渠道,极大地丰富了政务信息的发布方式。官方微信与微博平台的结合,在信息传播上展现出了实时性和主动性,这使得通过这些平台发布的信息不仅速度更快,内容也更具个性化,从而获得了公众和网络舆论更高的认可度。官方微信在一些功能上,如发布预警信息和服务信息,甚至有潜力取代传统的手机短信预警系统。随着对微信管理的加强,该平台正在成为舆论引导的新阵地。政府通过微信的互动特性,正在形成一种新的信息传播和互动模式。然而,关键在于微信应该专注于实际解决问题,持续优化其功能,以确保其在服务公众时发挥最大的积极作用,真正成为政府与公众沟通的有效工具。

使用官方微信的过程中树立政府威信要注意解决以下问题:

一是官方微信要注重搭建良好的互动关系。官方微信的建立旨在纠正信息的偏向性,实现在多个舆论场中的话语权均衡。这一平台已逐渐演变为政府传递重要通知、应对突发事件以及与公众进行有效沟通的关键媒介。通过官方微信,政府的信息传播和互动能力得到了显著加强,从而极大提高了在危急情况下的应对速度。官方微信的重要功能是构建积极的互动关系,能够将接收信息的公众转化为政务信息的积极传播者,扩大了政府信息的影响范围,还有助于在社会中传播正面信息,增强公众的参与感和归属感。这样的互动方式加强了政府与公众之间的联系,也提高了信息传递的质量和效果,使政府在公共管理中更加透明和高效。

二是官方微信要强调个性化传播。官方微信由于其在手机和其他移动终端上的应用,与微博相比具有更高的私密性和直达性,这使得其传播效果更为显著。为此,官方微信在信息传播的策略上需与官方微博有所不同,强调更加个性化和针对性的内容传递。在官方微信的运营中,个性化表现在信息内容的定制化,还包括对公众留言和反馈的即时响应与处理。通过这种方式,官方微信能够更好地实现信息的价值化,提高信息的吸引力和影响力,同时也增强了公众与政府之间的互动和连接。这种个性化的信息服务方式对于提升公众满意度和参与度具有重要作用。

三是官方微信要在尊重网络运行规律的前提下,以有理、有情、合法的运营手段占领网络舆论阵地。因此,官方微信应出言谨慎,不确定不合法的信息禁止传播,微信语言和发布形式要符合网络文明。官方微信要获得百姓认可,一方面,要夯实相对传统的问政方式;另一方面,要充分尊重网络传播规律,实现网上办公和网下办公的通力协作。

在移动互联网时代,官方微信的管理和运营需要不断更新,以便将其塑造为一种新型的政务工作平台。通过官方微信,政府能够采用创新的方式进行网络问政,从而引领政务工作的新模式。一是正确定位。官方微信最基本的运营前提是信息内容的实用性与新闻性。因此,在战略定位上,官方微信应强调本地化,即官方微信覆盖人群应倾向于本地人群。所以,首先要确定官方微信平台的定位和网络公众的定位。不仅要看重粉丝数量，更应注重品质，而且要加强与巩固微信的关系圈子，注重微信群的口碑效应。二是内容个性化。官方微信的内容需聚焦于群体特性，以发展鲜明且个性化的内容来吸引不同的网络公众。通过对网络用户的分类，官方微信应精准地向各个兴趣群体推送相关信息。为增强信息的针对性和可读性，强调原创内容是关键。这种做法既可以确保信息质量，也有助于构建与网络用户之间的信任和互动关系，从而提高信息传播的效果和影响力。三是把握频度。微信的发布数量和次数虽没有硬性规定，但过频过快过密，很容易使人错过重要信息，忽略对官方微信的关注。为避免过多的信息推送造成网络公众的困扰，官方微信应着重控制信息的发送频率。推送的内容应简洁明了，力求做到信息的精练和高效，避免发送冗余或不必要的信息。考虑到接收者的时间安排和可用性，选择合适的时间进行信息推送至关重要。建议在公众可能较为空闲的时段，如早晨、上下班高峰前后或晚间，进行信息的推送，以提高阅读率和互动的可能性。四是加强互动。官方微信具有双向私密特征，不仅可以进一步融洽政群关系，而且可为群众提供一对一互动。做好微信互动方能更好体现为民办实事的执政理念。五是民意评估。民意评估是对官方微信评价意见的反馈。官方微信的主办者应注重收集观点信息，充分发挥民意调查的作用。通过系统地收集和分析公众对政策的看法和反馈，官方微信可以成为一个重要的政策评估和舆情分析工具，有助于地方政府准确把握民意走向，进而使政策制定更加科学、民意响应更加精准。这种双向沟通机制增强了政府与公众之间的互动，可以显著提高政府服务的透明度和公众满意度，从而有效地管理和引导社会舆论。

四、关键核心技术实现突破

在当前的网络生态治理中，核心技术的发展是至关重要的。技术的进步决定了国家在网络生态治理中的主导权和话语权，也是维护网络安全和国家安全的关键。因此，在新时代背景下，突破技术瓶颈，掌握互联网发展的主动权变得尤为重要。推动这一进程需要国家层面的战略部署和持续的技术革新，以确保在全球网络治理中保持领先地位，有效应对各种网络安全挑战。

一是打通信息大动脉，加强网络信息基础设施建设。发展网络空间的基础在于全面加强信息基础设施的建设。包括打通信息流通的重要通道，还涉及加速构建一套全面的关键信息基础设施安全保障体系。第一，在推动数字基础设施的快速发展方面，关键在于构建一个高效的信息传输网络，即所谓的信息高速公路。既包括动员多方力量，也包括高校中心的研发团队、技术专家以及运营商等，共同参与信息基础设施的构建和优化。这一过程涉及对当前信息基础设施的详细调研，需求的精确评估，以及目标的明确设定。为确保信息传输的广泛覆盖和高速性，应通过多种途径，包括有线和无线的方式，推进宽带网络的普及，尤其是将宽带网络延伸到家庭，提高网络的容量，增强网络承载多种业务的能力，包括为特定需求定制的互联网通道。在建设数字通信平台方面，宽带网络成为搭建各类网络通信和运营平台的基础，支持了各种网站、即时通信工具以及服务系统的发展，这些都是促进信息与数据共享的重要数字设施。至于基础研究的强化，则集中在自主研发关键技术如计算机操作系统等方面，构建以自主研发为核心的中国公网，以确保网络信息技术支撑体系的独立性和安全性。第二，为提升关键信息基础设施的保护效能，必须构建一个更为完整的保障架构。明确关键信息基础设施的识别和认定范围是基础，这需要列出明确的清单和认定标准；发展一个全面的保护框架，确保所有措施都被系统地执行；完善的法律制度和安全标准是保护关键信息基础设施的关键。这涉及法律和规章的制定，建立信息共享机制，以及加强管理层面的保护。尤其是对网络产品和服务的供应链进行严格的审查，以及不断提升网络安全技术的能力，都是确保基础设施安全性和可控性的重要步骤；利用大数据技术进行定期的信息安全和保密工作自查，及时发现潜在的风险和隐患，进行限时的整改，并确保所有问题得到解决。

二是为了强化国家信息技术领域的核心竞争力，迫切需要补齐技术短板并加速核心技术的创新和突破。这要求从决策层到执行层都必须保持坚定的决心和持续的努力，聚焦关键领域，尤其是那些对国家安全和经济发展至关重要的技术领域。通过加大研发投入、优化创新环境，以及强化产学研用结合，国家可以有效推动这些关键技术从研究阶段到实际应用的转化，进而确保在全球信息技术竞争中保持优势。第一，为实现信息技术领域的核心竞争力，需坚持自主创新的原则。这要求将创新置于国家发展战略的核心位置，持续掌握科技创新的主导权，并积极参与全球创新网络建设，确保国家在网络信息技术的全球竞争中占据有利地位。对于核心技术的发展，应给予极高的重视，将其视为稳定和推动国家科技进步的关键。在技术引进方面，需要摒弃对外部技术依赖的心态，持续保持开放和学习的态度，同时自信地追求技术超越。包括增强对引进技术的吸收、消化和再创新的能力。重点还应放在加强自主科技创新和基础研究上，这是巩固和扩展国家科技能力的基石。强化基础研究将为网络信息基础设施的持续发展提供坚实支撑。加大科研成果转化的力度，确保技术创新能够经受市场和实践的检验，促进科技成果的实用化，验证创新成果的实际价值，为国家的科技发展注入活力。第二，为确保国家信息技术的自主可控，持续的专注和决心是必要的。加快前沿技术的研发和提高核心技术的国际竞争力，尤其是推动国产技术的广泛应用，以实现从依赖到自主的转变。构建一套安全可控的信息技术体系，涉及从基础研发到应用各个环节。在网络信息产品的设计、生产及运营过程中实现完全的自主控制是核心。加强对网络技术的监管，尤其是对技术监听、非法交易等活动的及时干预和监控。同时，必须促进网络产业的安全可控发展，通过制定全面的技术应用规范和实施健全的管理制度，强化网络信息企业在开发和应用网络技术时的责任和规范性。这一过程还需加强对网络产业技术系统运用的规范制定，确保网络技术的开发和应用符合国家安全标准，并且还能够支持国家在全球信息技术领域的竞争战略。第三，为加强网络空间技术的基础研究，聚焦重大、尖端和基本技术。增加国家财政在网信领域的投资力度，逐步提升对关键核心技术的资金支持，同时优化投资结构，创新科技资金增长的机制。实施多元化的技术创投计划，特别是激发市场的活力，促使企业在技术开发和资金投入上形成正向循环。集中资源培养科技人才也是夯实技术基础的核心策略。应建立一个以学科、教育机构、重点实验室、科研基地和企业产业园为支撑的人才培养体系。

  三是以智图治，提高技术辅助网络生态治理水平。要有效提升网络生态治理的质量和效率，需要积极运用人工智能技术。人工智能作为当前科技革命和产业变革的核心动力，具备通过自动化和智能化手段优化网络管理和监控的潜力。第一，提升网络空间的智能化管理水平，必须深化对相关计算机网络系统的研究。开发和完善基于计算机系统主导、人工辅助的智能化管理技术，确保信息数据的共享与传输安全多样化。关键技术如网络入侵检测和信息加密技术的应用，对于增强网络数据传播的安全性至关重要。通过计算机网络技术的应用，可以构建智能化的管理系统，自动化处理信息搜索与管理任务，创建高效的信息检索程序。这样的系统设计既减少了人为操作错误的可能性，还大幅提高了管理操作的效率。同时，运用大数据、云计算、3D打印等先进信息技术手段，整合网络空间的信息系统，构建综合性数据库。通过这种方式，可以将人口、经济、社会等多方面的数据转化为活数据，这些数据具有海量规模和快速流转的特点，为网络生态治理提供了强有力的信息支持。这种信息资源共享平台的建立，将广泛应用于网络生态治理，有效提升治理质量和效率。第二，强化网络科学决策的基石在于全面整合大数据资源。通过网络大数据系统的优化，可以高效地收集并分析民意，实现对社会情绪和公众意见的动态监测。这种系统依托于网络调查的快速反应和低成本特性，通过数据融合与共享，快速响应网络事件，及时提供预警并自动产生详细的社情民意监测报告。大数据技术在网络舆情管控中的运用主要通过综合分析来自网络新闻、论坛、博客及微博等多个平台的数据，深入挖掘并理解公众舆论的动态，从而有效引导和控制网络舆论的发展和传播。同时，大数据还驱动了网络监管的现代化。建立宏观的预警和监测系统，追踪并估测网络运行状况，为决策部门提供科学依据，帮助其及时调整政策。大数据的应用也推动了网络决策的透明度。通过在公共决策体系中嵌入数据开放原则，推进了电子政务的数字化进程，确保了以数据驱动的理性决策，从而助力网络生态治理的优化及网络文明的构建。

参 考 文 献

（一）中文专著

［1］金振邦．从传统文化到网络文化［M］．长春：长春东北师范大学出版社，2001.

［2］刘文富．网络政治——网络社会与国家治理［M］．北京：商务印书馆，2002.

［3］胡键，文军．网络与国家安全［M］．贵阳：贵州出版社，2002.

［4］俞可平．全球化：全球治理［M］．北京：社会科学文献出版社，2003.

［5］张新华．信息安全：威胁与战略［M］．上海：上海人民出版社，2003.

［6］蔡翠红．信息网络与国际政治［M］．上海：上海学林出版社，2003.

［7］黄少华，翟本瑞．网络社会学：学科定位与议题［M］．北京：中国社会科学出版社，2006.

［8］沈昌祥，左晓栋．信息安全［M］．杭州：浙江大学出版社，2007.

［9］卢新德．构建信息安全保障新体系——全球信息战的新形势与我国信息安全［M］．北京：中国经济出版社，2007.

［10］郭玉锦，王欢．网络社会学［M］．北京：中国人民大学出

版社，2010.

[11] 亨廷顿.文明的冲突与世界秩序的重建［M］.北京：新华出版社，2010.

[12] 邵鹏.全球治理：理论与实践［M］.长春：吉林出版集团有限责任公司，2010.

[13] 沈逸.美国国家网络安全战略［M］.北京：时事出版社，2013.

[14] 惠志斌.全球网络空间信息安全战略研究［M］.上海：上海世界图书出版公司，2013.

[15] 刘峰，林东岱.美国网络空间安全体系［M］.北京：科学出版社，2015.

[16] 王帆，凌胜利.人类命运共同体——全球治理的中国方案［M］.长沙：湖南人民出版社，2017.

[17] 卢静.全球治理：困境与改革［M］.北京：社会科学文献出版社，2016.

[18] 陈岳，蒲俜.构建人类命运共同体［M］.北京：中国人民大学出版社，2018.

（二）外文译著

[19] 戴维·罗斯曼.网络就是新生活［M］.郭启新，刘文华，译.南京：江苏人民出版社，1998.

[20] 迈克尔.海姆.从界面到网络空间：虚拟实在的形而上学［M］.金吾伦，刘钢，译.上海：上海科技教育出版社，2000.

[21] 约翰·阿奎拉，戴维·伦菲尔德.决战信息时代［M］.宋正华，译.长春：吉林人民出版社，2001.

[22] 罗伯特·莱昂哈特.信息时代的战争法则［M］.王振西，等译.北京：北京新华出版社，2001.

［23］约翰·诺顿.互联网——从神话到现实［M］.朱萍，茅庆征，张雅珍，译.南京：江苏人民出版社，2001.

［24］曼纽尔·卡斯特.网络社会的崛起［M］.夏铸九，王志弘，译.北京：社会科学文献出版社，2003.

［25］劳伦斯·莱斯格.思想的未来：网络时代公共知识领域的警世喻言［M］.李旭，译.北京：中信出版社，2004.

［26］曼纽尔·卡斯特.网络星河：对互联网、商业和社会的反思［M］.郑波，武炜，译.北京：社会科学文献出版社，2006.

［27］尼尔·波斯曼.技术垄断［M］.何道宽，译.北京：北京大学出版社，2007.

［28］弗兰特·韦伯斯特.信息社会理论（第三版）［M］.曹晋，译.北京：北京大学出版社，2011.

［29］马丁·C.利比基.兰德报告：美国如何打赢网络战争［M］.薄建禄，译.北京：东方出版社，2013.

［30］George K. Kostopoulos.网络空间和网络安全［M］.赵生伟，译.成都：西南交通大学出版社，2017.

（三）中文期刊

［31］张欣.从国际关系角度看信息技术革命——《进入网络空间》评介［J］.现代国际关系，2002（9）：63-64.

［32］蒋昌建，沈逸.大众传媒与中国外交政策的制定［J］.国际观察，2007（1）：8.

［33］周义程.网络空间治理：组织，形式与有效性［J］.江苏社会科学，2012（1）：6.

［34］吕晶华.奥巴马政府网络空间安全政策述评［J］.国际观察，2012（2）：7.

［35］薛志华.权力转移与中等大国：印度加入上海合作组织评析

［J］.南亚研究季刊，2016（2）：42-47，5.

［36］黄志雄.国际法视角下的"网络战"及中国的对策——以诉诸武力权为中心［J］.现代法学，2015（5）：145-158.

［37］李慧明.全球气候治理制度碎片化时代的国际领导及中国的战略选择［J］.当代亚太，2015（4）：128-156，160.

［38］张晓君.网络空间国际治理的困境与出路——基于全球混合场域治理机制之构建［J］.法学评论，2015（4）：50-61.

［39］李雪威，王晓璐.美韩同盟新拓展：网络空间安全合作［J］.东北亚论坛，2015（4）：116-126，128.

［40］李艳.当前国际互联网治理改革新动向探析［J］.现代国际关系，2015（4）：44-50，62.

［41］齐爱民，盘佳.数据权、数据主权的确立与大数据保护的基本原则［J］.苏州大学学报（哲学社会科学版），2015（1）：64-70，191.

［42］程群.互联网名称与数字地址分配机构和互联网国际治理未来走向分析［J］.国际论坛，2015（1）：15-21，79.

［43］郭利民.2014年全球网络空间安全态势及主要建设举措综述［J］.信息安全与通信保密，2015（1）：71-77.

［44］杨嵘均.论网络空间治理国际合作面临的难题及其应对策略［J］.南京工业大学学报（社会科学版），2014（4）：78-90.

［45］郎平.全球网络空间规则制定的合作与博弈［J］.国际展望，2014（6）：138-152，158.

［46］董青岭.多元合作主义与网络安全治理［J］.世界经济与政治，2014，（11）：52-72，156-157.

［47］于志刚.网络安全对公共安全、国家安全的嵌入态势和应对策略［J］.法学论坛，2014（6）：5-19.

［48］檀有志.跨越"修昔底德陷阱"：中美在网络空间的竞争与

合作[J].外交评论(外交学院学报),2014(5):19-38.

[49]杨嵘均.论网络虚拟空间对国家安全治理界限的虚拟化延伸[J].南京社会科学,2014(8):87-94.

[50]虞崇胜,邹旭怡.秩序重构与合作共治:中国网络空间治理创新的路径选择[J].理论探讨,2014(4):28-32.

[51]陈颀.网络安全、网络战争与国际法——从《塔林手册》切入[J].政治与法律,2014(7):147-160.

[52]沈逸.全球网络空间治理与金砖国家合作[J].国际观察,2014(4):145-157.

[53]沈逸.后斯诺登时代的全球网络空间治理[J].世界经济与政治,2014(5):144-155,160.

[54]刘跃进.信息安全、网络安全、国家安全之间的概念关系与构成关系[J].保密科学技术,2014(5):12-19.

[55]蔡翠红.美国网络空间先发制人战略的构建及其影响[J].国际问题研究,2014(1):40-53.

[56]叶蕾,王玉蓉.2013年国际网络空间安全建设动态综述[J].信息安全与通信保密,2014(1):42-49.

[57]檀有志.网络空间全球治理:国际情势与中国路径[J].世界经济与政治,2013(12):25-42,156-157.

[58]刘杨钺,杨一心.网络空间"再主权化"与国际网络治理的未来[J].国际论坛,2013(6):1-7,77.

[59]蒋丽,张小兰,徐飞彪.国际网络安全合作的困境与出路[J].现代国际关系,2013(9):52-58.

[60]程群,何奇松.国际太空行为准则——博弈与前景[J].国际展望,2013(5):99-114,146.

[61]蔡翠红.国家-市场-社会互动中网络空间的全球治理[J].世界经济与政治,2013(9):90-112,158-159.

［62］汪晓风.中美关系中的网络安全问题［J］.美国研究，2013（3）：9-29，5.

［63］沈逸.从"棱镜门"看全球网络空间新秩序的建构［J］.学习月刊，2013（15）：38.

［64］郎平.网络空间安全：一项新的全球议程［J］.国际安全研究，2013（1）：128-141，159-160.

［65］蔡翠红.网络空间的中美关系：竞争、冲突与合作［J］.美国研究，2012（3）：107-121，5.

［66］奕文莉.中美在网络空间的分歧与合作路径［J］.现代国际关系，2012（7）：28-33.

［67］刘勃然，黄凤志.当代网络空间国际政治权力格局探析［J］.学术论坛，2012（7）：40-44，124.

［68］刘勃然，黄凤志.网络空间国际政治权力博弈问题探析［J］.社会主义研究，2012（3）：120-126.

［69］刘勃然，黄凤志.美国《网络空间国际战略》评析［J］.东北亚论坛，2012（3）：54-61.

［70］俞晓秋.信息安全与网络安全辨析［J］.中国信息安全，2014（8）：111-112.

［71］沈逸.全球网络空间治理原则之争与中国的战略选择［J］.外交评论：外交学院学报，2015，32（2）：65-79.

［72］韩洪涛，李凌莉.论习近平人类命运共同体思想的科学内涵［J］.洛阳理工学院学报（社会科学版），2018（2）：77-80.

［73］何晓跃.网络空间规则制定的中美博弈：竞争、合作与制度均衡［J］.太平洋学报，2018（2）：25-34.

［74］方芳，杨剑.网络空间国际规则：问题、态势与中国角色［J］.厦门大学学报（哲学社会科学版），2018（1）：22-32.

［75］黄志雄.网络空间国际规则制定的新趋向——基于《塔林

手册2.0版》的考察［J］.厦门大学学报（哲学社会科学版），2018（1）：1-11.

［76］董慧，李家丽.新时代网络治理的路径选择：网络空间命运共同体［J］.学习与实践，2017（12）：37-44.

［77］李传军.论网络空间全球治理中的国际合作［J］.广东行政学院学报，2017（5）：19-24.

［78］陈健，龚晓莺."一带一路"沿线网络空间命运共同体研究［J］.国际观察，2017（5）：60-73.

［79］惠志斌.全球治理变革背景下网络空间命运共同体构建［J］.探索与争鸣，2017（8）：98-102.

［80］吴宁.对中国参与网络空间全球治理进程的思考［J］.网络与信息安全学报，2017（7）：1-6.

［81］罗勇.论"网络空间命运共同体"之构建［J］.社会科学研究，2017（4）：21-29.

［82］芮必峰，张冰清.建立国际网络空间新秩序［J］.国际新闻界，2017（6）：6-19.

［83］赤东阳，刘权.从《网络空间国际合作战略》看我国维护网络空间主权的思路［J］.网络空间安全，2017（Z1）：11-16.

［84］苏红红.中美网络空间合作：现状、动因与前景［J］.东北亚学刊，2017（1）：59-64.

［85］侯云灏，王凤翔.网络空间的全球治理及其"中国方案"［J］.新闻与写作，2017（1）：5-9.

［86］崔保国.网络空间治理模式的争议与博弈［J］.新闻与写作，2016（10）：23-26.

［87］李灿.网络空间国际治理的困境及中国对策［J］.河南司法警官职业学院学报，2016（3）：89-93.

［88］张新宝，许可.网络空间主权的治理模式及其制度构建［J］.中

国社会科学，2016（8）：139-158，207-208.

[89] 杨嵘均.论网络空间国家主权存在的正当性、影响因素与治理策略[J].政治学研究，2016（3）：36-53，126.

[90] 颜琳，谢晶仁.试论全球网络空间治理新秩序与中国的参与策略[J].湖南省社会主义学院学报，2016（3）：46-51.

[91] 李洁.网络空间命运共同体意识及理念分析[J].新西部（理论版），2016（6）：100.

[92] 张焕国，韩文报，来学嘉，等.网络空间安全综述[J].中国科学：信息科学，2016（2）：125-164.

[93] 王明进.全球网络空间治理的未来：主权、竞争与共识[J].人民论坛·学术前沿，2016（4）：15-23.

[94] 匡文波，杨春华.走向合作规制：网络空间规制的进路[J].现代传播（中国传媒大学学报），2016（2）：10-16.

[95] 鲁传颖.网络空间治理的力量博弈、理念演变与中国战略[J].国际展望，2016（1）：117-134，157.

[96] 李凤华.信息技术与网络空间安全发展趋势[J].网络与信息安全学报，2015（1）：8-17.

[97] 王明国.网络空间治理的制度困境与新兴国家的突破路径[J].国际展望，2015（6）：98-116，156-157.

[98] 崔保国，孙平.从世界信息与传播旧格局到网络空间新秩序[J].当代传播，2015（6）：7-10.

[99] 李传军.论网络空间的合作治理[J].广东行政学院学报，2015（4）：5-10.

[100] 黄志雄.网络空间国际法治：中国的立场、主张和对策[J].云南民族大学学报（哲学社会科学版），2015（4）：135-142.

[101] 王世伟.论信息安全、网络安全、网络空间安全[J].中国图书馆学报，2015（2）：72-84.

［102］王明国.全球互联网治理的模式变迁、制度逻辑与重构路径［J］.世界经济与政治，2015（3）：47-73，157-158.

［103］刘勃然.21世纪初美国网络安全战略探析［D］.长春：吉林大学，2013.

［104］汪晓风.信息与国家安全［D］.上海：复旦大学，2005.

［105］杨馥萌.网络信息内容生态治理中的政府责任研究［D］.长春：东北师范大学，2022.

［106］张兆麒.国家治理现代化视域下的网络舆论生态治理研究［D］.哈尔滨：黑龙江大学，2022.

［107］吴凯.网络舆论生态治理中的思想政治教育传播研究［D］.上海：华东师范大学，2020.

［108］郭胜甫.网络生态协同治理的运行机理与实现路径研究［D］.杭州：杭州电子科技大学，2022.